JN060916

道路の現在と未来

道路全国連四十五年史

道路住民運動全国連絡会
編著

緑風出版

目　次

道路の現在と未来――道路全国連四十五年史

はじめに

道路住民運動全国連絡会は、一九七五年の最初の全国交流集会開催後に概ね一〇年間を区切りとして冊子を発行してきた。

「道路の上に緑地ができた」一九八五年十一月：文理閣
「くるま優先から人間優先の道路へ」一九九九年十一月：文理閣
「くるま依存社会からの転換を」二〇一一年二月：文理閣

そして四冊目の四五年史の刊行準備を二〇一九年秋より始めた中で、今回のコロナ禍という世界を揺るがしているパンデミックに遭遇。

世界中に広がるコロナパンデミックの中で、これまでの行き過ぎた新自由主義の弊害や自然と環境を支配できると勘違いしてきた人類の在り方などが様々な識者から発信されている。今後の新たなウイルスなどによる新型感染症の可能性も否定できない中で、今回の冊子で私たちは何をどのように社会へ発信すべきか等を考えながら編集作業を進めてきた。

コロナ後の日本社会の在り方については、次に掲げる「市民連合」の要望書の十五項目が実現されるべきではないかと私たちは考えている。

①立憲主義の再構築、
②民主主義の再生、
③透明性のある公正な政府の確立、
④利益追求・効率至上主義（新自由主義）の経済からの転換、
⑤自己責任社会から責任ある政府のもとで支えあう社会への転換、
⑥いのちを最優先する政策の実現、
⑦週四〇時間働けば人間らしい生活ができる社会の実現、
⑧子ども・教育予算の大胆な充実、
⑨ジェンダー平等に基づく誰もが尊重される社会の実現、
⑩分散ネットワーク型の産業構造と多様な地域社会の創造、
⑪原発のない社会と自然エネルギーによるグリーンリカバリー、
⑫持続可能な農林水産業の支援、
⑬平和国家として国際協調体制を積極的に推進し、実効性ある国際秩序の構築をめざす、
⑭沖縄県民の尊厳の尊重、⑮東アジアの共生、平和、非核化。
そしてこれらを実現する為の財源として
①軍事費の削減
②大企業減税の是正
③不要不急の公共事業の停止や中止

が欠かせないと私たちは実感している。

道路事業は始まったら止まらない公共事業の典型の一つであることは知られていることだが、二〇二〇年一〇月に陥没事故が起きた東京外環道の建設計画を始めとした全国の幹線道路計画などは、その多くが一九七八年の第四次全国総合開発計画を起点としている。このような歴史的経緯を踏まえて、これまでの周年誌では各地の住民団体の活動報告を中心にしていたのだが、それだけでは足りないのではないか？　という編集会議での議論から、今回の冊子では「今後に役立つ冊子」を編集方針として内容や執筆者なども吟味しながら本にまとめ上げた。

突然の道路計画発表に遭遇することが多い全国各地のみなさんにも、事例別の経験紹介などが参考になるのではないかと思っている。

編集委員会責任者：道路住民運動全国連絡会事務局長　長谷川茂雄

第1部　公共事業の実態と今後への提言

第1章　国土・地域再編の方向性とインフラ整備のあり方

中山徹

二一世紀に入り、国土と地域は大きな転換点にある。本論では最初に、なぜ政府は国土と地域を大きく変えようとしているのか、どのように変えようとしているのか、そのような変化が何をもたらすかを整理する。その上で、国民の視点から見た場合、国土と地域をどのように変えるべきか、それとの関係でインフラや公共施設をどのように整備すべきかを考える。

1　政府は国土と地域をどう再編しようとしているのか

新自由主義的改革としての国土、地域の再編

小泉構造改革、アベノミクスは新自由主義的な視点で日本を大きく作りかえる政策である。以前に作られた制度、その中には国民の運動によって勝ち取った多くの成果も含まれているが、それらを根本から見直し、多国籍企業が国際競争に勝ち残るのに役立つ制度に変えようとしている。

雇用の見直しもその重要な一つである。終身雇用、年功序列の賃金体系は、高度経済成長をはじめ日本経済を支えた根幹であった。ところが二〇世紀の後半に進んだ円高により、そのような雇用を維持すると人件費がかさみ、国際競争にとって不利になった。そこで二〇世紀の終盤から、正規雇用を減らし、不安定雇用を増やせるように制度を大きく変えた。また、高齢化とともに社会保障の公費負担が増える。限られた財源を国際競争の支援に使うためには、社会保障費の公費負担増を抑制する必要がある。そこで社会保障基礎構造改革が取り組まれ、サービス内容の見直しと国民の負担増が進められた。大手企業が国際競争力強化に資金を使えるようにするため、法人税の減税も進め、その減収を補うため消費税が値上げされている。このような一連の改革を新自由主義的な改革と呼んでいる。

本論であつかう国土と地域の再編も新自由主義的な改革の一環である。その再編の与件になるのが、急速に進む人口減少である。一般的に人口減少は、消費、労働力人口の減少など、経済的にはマイナスになる。そこで人口減少が進む中で、国土、地域をどう再編すれば、多国籍企業の国際競争力強化に資するかが目標となる。

日本の国土、地域はかつての高度経済成長期につくられている。国内で増え続ける人口を安価な労働力に位置づけ、海外から大量に輸入した石油や鉄鉱石を原材料とし、輸出主導型の産業構造をつくり出し、高度経済成長を成し遂げた。それを実現するため大都市圏で大規模な再開発を進めて経済中枢機能を集積し、大都市郊外では大規模な住宅団地を整備した。そうすることで、農村から大都市圏への大がかりな人口移動を実現させ、安価な労働力を確保した。また、大都市周辺や太平洋ベルト地帯に工業団地、コンビナートを造成し、港湾、空港の整備を進め、高速道路を中心とした交通網を全国に張り巡らすことで、大量生産にふさわしい国土を作り上げた。国土計画、都市計画を活用して輸出主導型の産業構造を作り出したといえよう。

ところが二〇世紀の終盤から輸出ではなく、多国籍企業による国際競争へと代わり、国内での生産は大幅に縮小した。さらに二〇〇九年以降、本格的な人口減少に転じた。高度経済成長期に作り出した大量生産、大量消費、大量輸出、人口増加を前提とした国土と地域の構造では、効率性が低下し、多国籍企業の国際競争にとって重大な桎梏となった。終身雇用、年功序列賃金体系が多国籍企業にとって桎梏になったのと同じである。そこでアベノミクスによる本格的な国土と地域の再編が始動した。

首都圏への一極集中と地方の縮小

国際競争の激化、産業構造の変化、人口の大幅な減少を踏まえ、アベノミクスがとった国土計画の根幹は、首都圏への一極集中である。二〇一五年八月に第二次国土形成計画が閣議決定されている。この計画の中心は、限られた財源を効率的に活用するため、かつてのように広く国土を利用するのではなく、首都圏へ集中的な投資を行い、首都圏の国際競争力を強化することにある。また、全国的には人口が減っても、首都圏では一定の人口を維持するため、国家戦略特区を活用した大幅な規制緩和を行い、需要と雇用の創出を行っている。

全国的に人口が減る中で、首都圏への一極集中を維持すると、地方では大幅な人口減少が避けられない。高度経済成長期は地方都市も市街地の拡大を進めたが、市街地の広がりが今のままで、人口だけが減少すると効率が低下する。そこで人口減少と共に、市街地を縮小させるコンパクトシティの考え方が導入された。これを制度化したのが二〇一四年に制定された立地適正化計画である。この計画の中心は、人口減少と共に市街地面積を縮小させること、郊外に拡散した公共施設や商業施設を中心部に集約することである。すでに二九一市町村が立地適正化計画を作成済みである（二〇二〇年四月一日時点）。

また、人口の増加、革新自治体の誕生、高齢化の進展などを受け、地域には多数の公共施設が整備されている。これらの公共施設の多くは市民生活を支える行政サービスの拠点となっている。人口減少、財政状況の悪化を受け、これら公共施設の削減と中心部への統合を進めようとするのが二〇一四年から始まった公共施設等総合管理計画である。すでに全都道府県、福島県帰還困難区域の三町を除く全市町村がこの計画を作成済みである。

この立地適正化計画と公共施設等総合管理計画で市街地の縮小、中心部への集中、公共施設の削減を進め、人口が減り、税収が減っても生き残れる地方に再編しようとしている。これが進むと地方向けの公費負担が削減でき、限られた財源を、首都圏で集中的に使うことができる。

さて、地方ではコンパクトシティという明確な方向性が示されているが、大都市をどう再編するかは、はっきりしない。タワービルを建て続けても多国籍企業が国際競争に勝てるとは思えない。その点で注意すべきは、二〇二〇年通常国会で制定された「スーパーシティ法」である。これは、個別に蓄積されているビッグデータを都市レベルで一元的に活用できるような仕組みを整えること、自動運転やドローンなどの先端技術の実証実験をしやすくするための法律である。将来的にはＩＯＴ（物のインターネット）、ＡＩ、ＩＣＴ（情報通信技術）などを駆使した未来都市の創造を目指している。そこでインフラとして想定されているのは、従来からある道路や上下水道などに加え、ITで活用するデジタルインフラである。急速に進む情報技術を活用した新たな大都市戦略として位置づけるべきだが、このような都市戦略が現在の大都市に対して、ハード面でどのような再編を強いるかは、まだはっきりとしない。ただしこのような動きには注意しておくべきだろう。

人口減少時代における建設投資の確保

人口が減少し、大規模な工場が少なくなると、一般的には建設投資も減少する。ところが、日本の産業構造を見ると、アメリカやヨーロッパと比べ、建設に関連する企業が多い。公共投資に頼った建設投資の拡大は簡単だが、財政的に厳しい中でそのような政策的判断は難しい。そこで規制緩和と誘導による民間投資の拡大が望まれる。首都圏への一極集中を続ける中で、都心部で規制緩和を行えば、民間の建設投資が見込める。また、地方でもコンパクトシティで中心部への集中を進めれば、新たな建設投資を創出することができる。

東京一極集中とコンパクトシティは、建設に依存した日本の産業構造と矛盾しない方向である。

2　政府が進めようとしている再編によってどのような問題がもたらされるか

国民経済の低迷

次に、多国籍企業の利潤追求に即応した国土、地域の再編が、国民や地域にどのような問題をもたらすのかを考えよう。国土再編の重点は、首都圏への集中であった。これは多国籍企業の利潤を保障する一方で、国民経済の低迷という大きな問題をもたらす。新自由主義的な改革を受け、大手企業や富裕層に利潤、所得が集中した結果、多くの中小企業や庶民にはお金が回らず、深刻な消費不況を招いている。

これは地域でも同じである。二〇一五年時点で首都圏の人口は二八・四%、三大都市圏の人口は五〇・二%である。ということは約半数の国民は三大都市圏外で暮らしていることを意味する。経済の活性化は貨幣の循環であり、その循環が滞ると経済が低迷する。利潤や所得が首都圏や三大都市圏に集中すると、それ以外の地域では経済循環が滞る。約半数の国民が暮らす地方経済が順調に発展するのか、それとも発展から取り残されるかは、日本経済全体にとって大きな問題である。

新自由主義的な改革によって、利潤、資産が、一つは大手企業と富裕層へ集中し、もう一つは首都圏へ集中している。この二つの集中が経済全体の循環を阻害する大きな要因になっている。

国民生活水準の低下

日本の地域には様々な文化が蓄積されている。そのような文化は博物館的な蓄積ではなく、お祭りなど生活の一部として、また伝統産業として継承されているものが多い。地域での生活が衰退することは、日本の様々な地域で蓄積されている多様な文化、伝統の喪失を意味する。

また日本の国土面積は広くないが多様な地形を持ち、多彩な気候に恵まれている。特色のある農産物が各地域で収穫され、様々な水産資源、森林資源を生み出してきた。地域に根ざした多様な産業は日本の豊かさの基礎である。地域の衰退は日本の多様な地形、風土に依拠した多様さの喪失に繋がる。

これらは単に歴史的なものだけを意味しない。世界的に環境問題が重要となっているが、日本の地方は再生可能エネルギーの宝庫である。地方の衰退は活用可能な再生エネルギー資源の放棄に繋がる。今後、観光は産業としてますます重要になるが、中でも体験型観光などが脚光を浴びている。その提供地域として地方は極めて重要であるが、地方が衰退すると将来に向けた資源が失われてしまう。

大都市には大都市の良さが存在するが、地方にも地方の良さが存在する。日本は長い歴史的蓄積の中で、様々なものが地方に蓄積されて、今後、活用できる潜在的可能性も大きい。そのような地方を失うことは日本の豊かさを失うことでもあり、国民の文化水準、生活水準の低下を招く。国際競争が進む中でこのような豊かさは他国では見られない日本の強みであり、それを失うことにもなる。

人口減少と東京一極集中の悪循環

そもそも国土と地域の再編を進める原因の一つは、急速に進む人口減少であった。その人口減少を引き起こしている最大の原因は合計特殊出生率（以下、出生率と略す）の低迷である。二〇一九年の日本の出生率は一・三六である。都道府県別に見ると最も低いのが東京都で一・一五である。二〇一九年だけでなく、東京都は一貫して全国最下位である。東京は保育所の待機児童数が多く、住居費も高いため、子育てしやすい環境とは言いがたい。また、通勤距離が長いため実質的な拘束時間も長くなる。このような要因によって、東京の出生率は長年、全国で最下位になっている。

東京に転入してくる人々は一〇代後半から二〇代後半の若い世代が圧倒的に多い。子どもを出産しやすい年齢層を、全国で最も子育てしにくい東京に集中させている。これからも東京へ人口が集中する限り、住宅事情が改善されたり、通勤時間が短くなるなど、子育て環境が抜本的に改善されるとは考えにくい。そのため、「全国的な人口の減少→首都圏への一極集中→子育て環境は改善されず→出生率が低迷→全国的な人口の減少」という悪循環に陥ってしまい、人口減少と東京一極集中がいつまでたっても止まらない。

大都市問題の深刻化と新たな問題の発生

首都圏や三大都市圏には改善しなければならない問題が山積みである。日本は津波、土砂災害、水害、地震など自然災害の多い国である。今の大都市圏は人口急増期に形成されたため、そのような災害の危険性はあまり考慮されていない。また新型コロナ感染症が広がったが、大都市圏は人口密度が高く感染症が広がりやすい上、感染者が急増すると医療崩壊の危険性が高くなる。

また、日本の人口増は急速であったため、公園、歩道や各種の公共施設を十分整備せずに、都市化が進んだ。そのため、快適な居住環境が確保されているとは言いがたい。

さらに、住宅問題も深刻である。公的な賃貸住宅が少なかったため、必要な面積が確保されていない民間賃貸住宅などが多く存在する。耐震改修も個人任せのため、なかなか進まない。

二〇二〇年の通常国会でスーパーシティ法が可決された。この新法は情報化時代に向けた新たな都市戦略である。これは、公的機関を含め各機関が保有しているビッグデータを一元的に活用し、新たな利潤追求の場を創出する計画である。さらに、ＩＯＴ、ＡＩ、ＩＣＴを活用し、都市と市民の暮らし全体を管理、収益対象とする戦略を展望している。この動きは、個人情報、プライバシーに係わる深刻な問題であり、情報化社会に向けた都市戦略がもたらす新たな弊害である。

人口減少はマイナス面もあるが、空間的には余裕ができる。人口減少によって生じる空間的余裕を活用すれば防災、公共施設不足などの問題解決が展望できる。人口減少によって空家が増えているが、それを活用すれば、住宅問題も改善に向かう。特にそれらの問題が最も深刻な首都圏でも、その状況を改善できるが、東京一極集中はそのような可能性を閉ざしている。

不要な建設投資の拡大

東京一極集中が進むと新たな建設投資が求められる。また地方でもコンパクトシティを進め、中心部へ集中させると、新たな建設投資が必要となる。

人口が減少する時代は新たな建設投資を控えることが可能であり、新たな投資は不足している公共施設の整備や防災対策に振り向けるべきである。ところが、東京一極集中やコンパクトシティは社会的に不要な建設投資を誘発し、必要な投資が進まないという問題を引き起こす。

3　国土と地域をどのように展望すべきか

首都圏への集中ではなく国土全体の維持

日本は出生数が減り続けているため、将来、出産する女性の数も減り続ける。そのため、当分の間、

図1　地方創生で掲げた人口目標

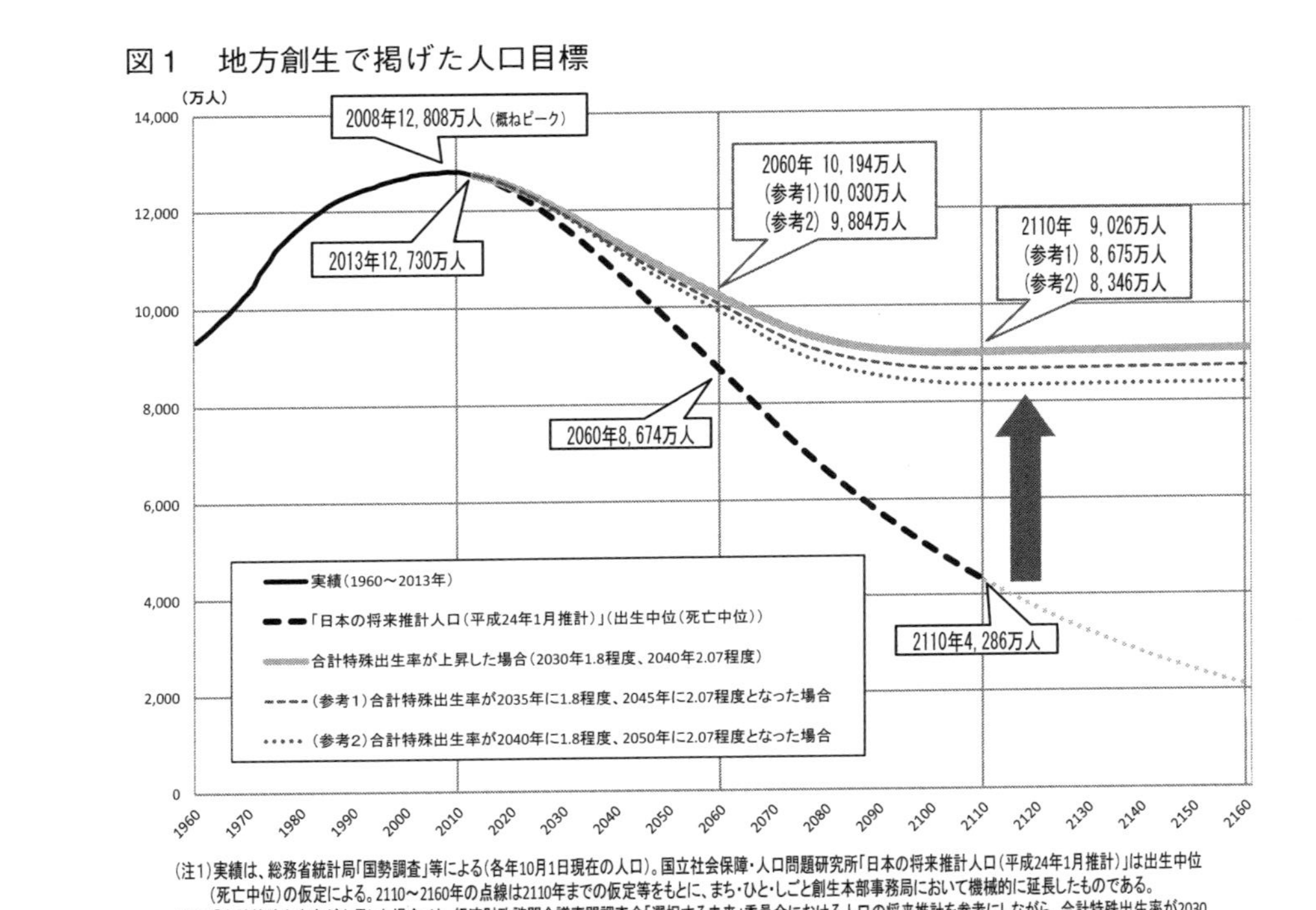

（注1）実績は、総務省統計局「国勢調査」等による（各年10月1日現在の人口）。国立社会保障・人口問題研究所「日本の将来推計人口（平成24年1月推計）」は出生中位（死亡中位）の仮定による。2110～2160年の点線は2110年までの仮定等をもとに、まち・ひと・しごと創生本部事務局において機械的に延長したものである。

（注2）「合計特殊出生率が上昇した場合」は、経済財政諮問会議専門調査会「選択する未来」委員会における人口の将来推計を参考にしながら、合計特殊出生率が2030年に1.8程度、2040年に2.07程度（2020年には1.6程度）となった場合について、まち・ひと・しごと創生本部事務局において推計を行ったものである。

出所：閣議決定「ひと・まち・しごと創生長期ビジョン」2014年12月より転載

出生率の回復だけで人口の減少を食い止めるのは困難である。地方創生では二〇四〇年に出生率を二・〇七まで引き上げることを掲げている。二・〇七とは一人の女性が一生の間に二人強の子どもを産むという意味であり、これが継続できると長期的に人口が安定する。

地方創生で掲げた目標通り二〇四〇年に二・〇七まで引き上げることができると、二〇九〇年頃に九〇〇〇万人程度で人口が下げ止まり均衡する。図1の一番上にひかれた線である。一番下の破線は出生率が現状のまま推移した場合の予測値である。この目標が妥当かどうかは議論すべきだが、一つの目安にはなるだろう。二〇〇八年の人口が一億二八〇八万人なので、九〇〇〇万人だと三〇%減になる。

先に見たように、三大都市圏に国民の五〇・二%、ほぼ半分が暮らしている。一方、首都圏をはじめとする大都市圏は人口が集中し、防災、生活環境など様々な面で問題を抱えている。高度経済成長期は大量生産、大量消費の時代であり、大都市圏に人口を集中させる経済的合理性があったかもしれない。しかし今後は、大規模な事業所で雇用を確保するというよりも、生活関連型サービス業、すなわち人々が暮らす周辺でたくさんの雇用が生まれる。人口減少が進む中で、首都圏への集中を維持すると地方では大幅な人口減少が不可避となり、それが国民経済という点から見ると大きなマイナスになる。

地方創生では将来的な人口分布の目標が示されていないが、全体で人口三〇%減を想定するのであれば、首都圏を含めた三大都市圏は四〇%減、それ以外は二〇%減程度とすべきである。そのおおよそのイメージは表1のようになる。

表1　全国の人口分布

	2015年		2090年		減少率（%）
	人口（万人）	割合（%）	人口（万人）	割合（%）	2015→2090
全国	12709	100	9000	100	29.2
三大都市圏	6377	50.2	3774	41.9	40.9
三大都市圏外					
人口5万人以上の市	4713	37.1	3770	41.9	20
人口5万人未満の市町村	1618	12.7	1456	16.2	10

出所：「2015年国勢調査」より筆者作成

二〇九〇年で人口が九〇〇〇万人程度になると、三大都市圏で暮らす国民は三七七四万人、全体の四一・九%。三大都市圏以外で人口五万人以上の市で暮らす国民は三七七〇万人、四一・九%で、三大都市圏で暮らす国民とほぼ同数である。

そして三大都市圏外の人口五万人以下の市町村で暮らす国民は一四五六万人、全体の一六・二%である。この地域で暮らす人は現在一六一八万人、それが一四五六万人まで減るため、減少率一〇%になる。この地域は中山間地域を多く含んでいるため、今以上の人口減は避けるべきだが、全体として三〇%の減少なので、この程度の人口減少はやむを得ないのではないかと思われる。

三大都市圏で暮らす国民の割合は、今よりも一〇%程度下がり四一・九%になるが、これは一九六五年の値（四一・六%）にほぼ等しい。一九六五年は高度経済成長の中盤であり、大量生産を支えるため、三大都市圏に多くの国民が移動させられた時期である。その人口を集めた経済的要因が消滅したため、二〇九〇年まで七〇年かけて五五年前の状況までゆっくりと戻すぐらいの計画を立てるべきだろう。人口減少は避けがたい与件であるが、その下で日本全体を維持するための人口配置を展望すべきである。

地域の特性を生かした経済振興

三大都市圏外でも人口減少となるが、その中で雇用確保を進めなければならない。重要な分野は二つある。一つは地域の特性を生かした産業の振興である。第一次産業、再生可能エネルギー、観光などは特に重要な分野である。二〇一八年度の食糧自給率は三七％（カロリーベース）であるが、一九六五年度は七三％でほぼ二倍である。二〇一八年の木材自給率は三六・六％で一九六五年の半分以下である。元々日本は豊かな農林水産業資源を保有していたが、工業製品の輸出と引き換えに海外からの輸入に頼るようになってしまった。二一世紀は国際的に人口が急増し食料生産が追いつかないと指摘されている。きちんとした農政を行えば国内での生産量を高めることができる。農林漁業で若者が生計を成り立たすことができるような政策が必要である。

日本のエネルギー自給率は九・六％であり、再生可能エネルギーは供給ベースで見ると七・六％にとどまっている（二〇一七年）。風力、地熱、小水力、バイオマスなど、日本は再生可能エネルギーの宝庫であり、それらの多くは地方に存在する。エネルギーの自給率を高め、そこでの雇用を増やすべきである。

観光も重要である。最近はインバウンド頼みの観光にシフトし、観光公害すら引き起こしてきたが、それが新型コロナ感染症の蔓延で、危機的状況に直面している。インバウンドに依存するのではなく、国内の観光を重視すべきである。そのためには国民の所得を高めること、労働時間を短縮することが不可欠である。その上で、観光が経済的効果だけでなく、市民生活、地域文化にもプラスになるような方向性を考えるべきである。

教育、医療、福祉格差の是正

もう一つは教育、社会保障分野での雇用を重視することである。全国的に少子化が進んでいるが、特に地方では少子化が顕著に進んでいる。一方、東京では若者が増え、保育所の待機児童問題が解決しない。そこで地方の保育所を統廃合し、東京で保育所整備を進めている。東京で保育所を整備するのは重要だが、地方で保育所を削減すると、地方では子育てが難しくなり、ますます若者の流失を招く。むしろ、首都圏、地方にかかわらず、子育て環境を維持、充実させることが重要である。

また地方では教育が特に重要である。住んでいる場所に関係なく子ども、若者に適切な教育環境を整備すべきである。小規模校であっても適切な教育が提供できるような教員配置を保障すべきである。高校生の減少に伴って高校の統廃合を進めると、高校進学と同時に都会に転居する家族が増える。

高齢化が進むと医療、介護が重要となる。地方で適切な医療、介護を受けにくくなると、地域で住み続けられなくなる。都会だったら助かった命が、地方では救えないという状況は至急改善すべきである。また都会だと様々な介護サービスが選択できるが、地方では特定のサービスしか受けられないという状況も改善すべきである。

地方では「人口減少→教育・社会保障予算の削減→教育・社会保障の悪化→人口減少」という悪循環が生じている。この悪循環を断ち切るためには、予算の削減ではなく、職員の増員が必要であり、そこで雇用を確保すべきである。

4　大都市圏は都市のあり方を根底から見直すべき

母都市と衛星都市の関係見直し

大都市圏は中心となる母都市と周辺の衛星都市から形成されている。母都市には工場やオフィス、大規模商業施設が集積し、衛星都市はベッドタウンで、母都市の雇用に依存している。この母都市と衛星都市を鉄道で結び、一体的な都市圏を形成している。

この大都市圏が形成される最大の要因は、母都市で大量の雇用が発生するということである。高度経済成長期は、大量生産、大量消費の時代であり、人口増加と輸出により、生産額が伸び続けた。しかし二〇世紀の後半になって大量輸出から海外生産へ変わり、また二一世紀に入って人口も減少しだした。その結果、大工場や都心部のオフィスで発生していた大量の雇用が減りだしている。一方、女性の社会進出が進んだ結果、家事、子育ての社会化が進み、関連する雇用が生み出され、高齢化と共に高齢者介護に関する雇用も急増している。最近では生活に関連する雇用が次々と生まれているが、それらは工場やオフィス街ではなく、生活の場で発生している。

さらに、インターネットの普及が進むと、大規模な商業施設のあり方も変わると思われ、雇用や商業施設を介した母都市と衛星都市の関係見直しが避けられない。

今後は衛星都市で安定した雇用をどう確保するのかという視点が重要となる。従来、衛星都市ではほとんど産業経済対策がとられていなかったが、生活関連型産業を中心に、地域でどのような経済循環を形成するのかといった政策が大切になる。

母都市、衛星都市の自律性確保

衛星都市は母都市のベッドタウンとして再編された。衛星都市の多くは歴史的に古く文化的蓄積が残り、都市近郊農村として農業も盛んであった。ベッドタウンとしての開発はそのような特性を無視し、特色の無いまちへと造り替えた。今後、経済、雇用面から衛星都市の自律を促すべきだが、その際、衛星都市の歴史的、文化的蓄積を踏まえた都市の独自性の回復と創造が必要である。

母都市も再編が重要となる。オフィスを中心とした経済中枢としての機能は残るが、大量の労働者を集める役割は次第に縮小する。母都市も経済重視のまちから、母都市で暮らす人の生活に軸足を移すべきである。大都市中心部には公園が少なく、暮らしやすい環境とは言いがたい。住環境も整っておらず、出生率も低い。文化面、経済面での中心的役割は今後も残るが、衛星都市とは逆に生活面に政策の重点を移す再編が重要である。

自然災害、感染症が問いかけたこと

自然災害の頻発に加え、新型コロナ感染症の蔓延は国土、地域のあり方を考え直す重要なきっかけになった。新型コロナ感染症から学ぶべきことは多いが、ここでは国土、地域のあり方に関係することを記しておく。

まず一つ目は、集中政策の誤りである。自然災害が多い日本では、集中による被害の拡大が避けられない。今回の新型コロナ感染症も大都市部での感染者が多く、いかに人々の集中を減らすかが大きな課題になった。政府が現在、進める国土、地域の再編は集中が最大のポイントとなっている。しかし、大規模な工場、オフィスが減る時代に、集中を進める合理的理由はなく、自然災害、感染症に対する脆弱性が明白となったため、集中政策の抜本的見直しが必要である。

二つ目は、平常時を基本とした合理性の追及が被害拡大をもたらすということである。効率性を重視して保健、医療機関の統合を進めた結果、医療崩壊が世界各地で生じた。コンパクトシティも人口減少で空閑地が生じても、行政効率を低下させないため、まち全体を縮めようという考えである。しかし人口減少で生じた空閑地は公園や公共施設用地に充て、まち全体の余裕、豊かさとして使うべきである。平常時を基本としてぎりぎりまで効率化を図ると非常時に破綻する。そうではなく非常時にギリギリまで活用できるように計画し、平常時はゆとりを持てるようにすべきだろう。普段からギリギリにすると大規模な自然災害や感染症に対応できない。その点が今回明確に示された。

5　日常生活圏の整備

コンパクト化は想定以上の人口減少を招く

政府は人口減少に対応して効率的な地域をつくるためコンパクトシティを掲げている。その根底にある考えは、周辺が不便になれば、同一市町村内でより便利な中心部に転居するだろうという考えである。しかし、それは行政の発想であって、実際はそうならない可能性が高い。確かに行政の思惑通り、転居する市民もいるが、そのように行動しない市民もいる。住み慣れた家から転居するのであれば、同一市町村内の中心部よりも、もっと便利な大都市圏に転居する人もいるだろう。東京に子どもがいれば、東京に転居する人もいる。周辺部から転居する人は、すべて同一市町村内の中心部に転居するという考えは、行政の発想にすぎない。コンパクトシティによって周辺部からの転居を促すと、市外への転出が増え、人口減少がさらにひどくなる。

日常生活圏を単位とした住み続けるためのまちづくり

日本はヨーロッパと比べ公園面積が狭く、歩道の整備が遅れているなど、経済力に見合った公共空間が整備されていない。また、防災的に危険な地域に多くの市民が暮らし、早急な防災対策が求められている。これらの状況を踏まえると、人口減少に対応して市街地を縮めるのではなく、人口減少によって生じた余裕を、公共空間整備と防災的に脆弱な地域の解消に充てるべきである。また、まちなみなどを考慮せずに建てられた高層マンションなどの低層化を進めるべきである。

そして周辺から中心部に転居させるようなコンパクト化ではなく、地域の居住環境を向上させながら、住み慣れた地域で暮らし続けられるようなまちづくりを進めるべきである。

まちづくりは日常的な暮らしの範囲を単位とすべきである。この単位を日常生活圏というが、一般的には一小学校区程度の範囲である。子どもや高齢者、障害者の日常生活はおおむねこの範囲内で充足するようにすべきである。この日常生活圏内に、子育て支援施設（保育所や幼稚園、小学校、学童保育など）、公民館などの社会教育施設、公園、町内会館、高齢者のデイサービス、障害者作業所など、市民の日常生活を支える施設を計画的に整備すべきである。これらの施設が充足している地域は暮らしやすく、そうでない地域は暮らし続けるのが困難になる。

日常生活圏はコミュニティの基礎単位となる。そのため、防災、防犯活動などもこの日常生活圏単位で展開すべきである。

日本のまちづくりは伝統的に小学校区を基本とし、コミュニティも小学校区を単位として整えられてきた。ところが立地適正化、公共施設等総合管理計画は小学校区を無視して進められ、日常生活圏が崩れだしている。このような計画が進められると、生活を支える地域の基盤が崩れる。立地適正化、公共施設等総合管理計画は見直し、日常生活圏の整備を進める計画に改めるべきである。

日常生活圏内での移動手段整備

今までの公共交通整備は、周辺部と都心部、工場地域を結ぶ高速の大量輸送手段が重視された。日常生活圏内の移動は、徒歩、自転車、自家用車が中心であり、十分な移動手段が確保されたとはいえないが、若年層中心の時代では、さほど大きな問題にならなかった。

しかし、日常生活圏内に公共施設や商業施設が整備されても、市民が自由にアクセスできなければ住み続けることが難しい。今後は高齢化が進み、徒歩、自転車、自家用車による移動が困難となる。日常生活圏内でどのような移動手段を確保するかが大きな課題となる。

従来必要とされた移動手段は、大量、高速の交通手段であった。しかし日常生活圏内の移動は、出発地と目的地が様々であり、大量輸送ではなく、個別の移動が大半を占める。通勤、通学とは異なり時間に限定されない。そして日常生活圏内の移動であり、高速性は要求されず、歩行者、自転車との親和性が重要となる。

一〇年、二〇年単位で考えた場合、自動運転への対応が重要となる。そのようなときに市民が科学技術の進歩を等しく享受できるのか、そのような技術を利用できる地域空間が整備されているかが重要である。地域空間の整備は短期間ではできない。長期的な計画を策定し、日常生活圏内のインフラ整備を進めるべきである。二〇二〇年の通常国会で成立したスーパーシティ法は、科学技術の成果を企業の新たな収益確保につなげるため、都市の仕組みを作り替えるものである。そのような方向ではなく、科学技術の成果が市民生活の向上に繋がるようにしなければならない。

日常生活圏内での住宅整備

新型コロナ感染症で様々なことが問題になったが、その一つが住まいの確保である。地域包括ケアでは地域で高齢者が安心して暮らせる住宅の確保を重視しており、その点では正しい。問題はなかなか実現できないことと、住宅の確保は高齢者だけの問題でないということである。

新型コロナ感染症の蔓延によりネットカフェが閉鎖され、そこを住まいとしていた人々の多くが住まい確保で苦心させられた。また、収入減により、家賃、ローンを払えない人が続出している。住宅の確保は生活の最低限必要な条件であり、この点が揺らぐと生活全体が破綻する。

住宅は量さえ確保できればいいのかというとそうではない。生活は公共施設や商業施設によって支えられ、様々な人間関係の中で成立している。そのような関係性の継続が、生活の安定に不可欠であり、どこでもいいから住めればいいとはならない。基本的には住み慣れた地域で暮らし続けるということが重要であり、日常生活圏内に年齢、所得に関係なく、特に介護状態の変化、所得の変化に機敏に対応できるような住宅を一定数、確保すべきである。

6　行政機関の再編と行政責任

権限、財源の移譲

短期間で大規模な工場用地を整備し、大都市圏の再開発を進め、全国に高速道路を通すような時代であれば、開発、まちづくりに関する権限、財源を政府に集中させる合理性があったかもしれない。また、インフラが不足し、ある程度の水準を確保しながら、急速に整えなければならない時代であれば、政府が一定の基準を定めることについても合理的根拠があったかもしれない。

しかし今後、そのような大規模な開発を急いで進める必要性は大きく減少する。すでに一定水準以上のインフラが全国的にある程度、整備されている。それに対して、地域の特性を生かした経済振興、日常生活圏ごとでのまちづくりが重要になる。このような整備は地域によって求められるものが異なる。そのため、政府に集中している権限、財源をできる限り、自治体に分散させ、地域の実態に即したまちづくりができるようにすべきである。その場合、都道府県よりも、市町村に権限、財源を移譲すべきである。

もちろんこのことは全国的な最低基準を廃止すべきというのではない。国民に対して最低限保障すべき基準は国が定めるべきである。たとえば保育所の最低基準は地方分権の一環で都道府県が条例で定めることになった。しかし、保育所の最低基準は国が定め、居住地に関係なくすべての子どもに最低限の保育環境を保障すべきである。それを満たしたうえで、地域の実情に応じて自治体の判断で上乗せ、横出しなどを決めたらいい。またそれらの措置を自治体が進められるように財源的に保障すべきである。

地方分権は積極的に進めるべきだが、それと自治体任せは同じではない。その点を踏まえつつ、開発、まちづくりに関する権限、財源は市町村にできる限り移譲すべきである。

日常生活圏に対応した行政機関の整備

市町村は日常生活圏を単位とした施策展開を重視すべきである。このような範囲で子育てしやすいまち、災害に強いまち、年をとっても暮らしやすいまちを創るべきである。

そのためには市町村の機構改革も必要である。市役所ですべての施策を行うのではなく、日常生活圏単位に出張所を設け、行政職員が地域で働く環境を整備すべきである。出張所に、高齢者担当、防災・まちづくり担当、子育て支援担当、社会教育担当、障害者担当などの職員を配置すれば、地域課題の解決が飛躍的に進む。もちろん出張所を新たに造る必要はない。地域にある空き家を利用すればいい。職員を新たに雇用する必要もない。地域での取り組み業務が増えると市役所での仕事が減る。その分、職員を出張所に異動すれば大丈夫である。

出張所を設け、出張所とコミュニティ組織の協働を進めるべきである。地域の諸活動をコミュニティ組織任せにしても十分進まない。出張所の行政職員と地域の各種コミュニティ組織が連携し、地域諸問題の解決に当たるべきである。そのような協働を通じて、行政職員は市民の視点に立った施策展開ができるようになり、市民は民主的な手続きなどを学ぶことができる。

行政責任の明確化

行政責任を曖昧にし、コストを削減するために民営化を進める行政が増えている。しかし民営化によって、人件費が削減され、職員の専門性が育たず、サービス水準の低下が生じ、結局、市民にしわ寄せがきている。行政が正規職員を非正規職員に置き換えているため、災害時に十分な対応ができないということも生じている。今回の新型コロナでも保健所や病院の削減、統廃合が問題になった。平常時を基準に、ギリギリまでコストを削減した結果、緊急時には十分な対応ができないということが生じた。行政の役割、何を基準に施策展開をすべきかなど、改めて考え直すべきである。

出張所を設けて、行政と市民の協働を進めるべきだと書いたが、これは行政の業務をコミュニティ組織に丸投げすることではない。行政責任を明確にし、協働のあり方を模索すべきだろう。

7　公共施設、インフラ整備のあり方

全国、都市圏から日常生活圏に

最後にこれからのインフラ、公共施設整備のあり方を述べる。まず一点目は、全国、大都市圏レベ

ルの大規模なインフラ、公共施設整備から日常生活圏内のインフラ、公共施設整備に重点を移すことである。今まで重点を置いていたのは、新幹線や高速道路、空港、港湾などの国土幹線、国土全体に係るインフラ、そして大規模な再開発、大規模な公共施設、都心部と郊外をつなぐ道路網、鉄軌道、都心部における地下鉄整備であった。人口が急増し、大量生産を進めた時代だと、このようなインフラを重視した合理性が存在したかもしれない。

しかしすでに見てきたように、今後そのような経済的背景は大きく減る。むしろ主な雇用は生活の場で発生し、日常生活圏の整備が生活に大きな影響を及ぼす。日本は他の先進国と比べ、日常生活圏内のインフラ整備や公共施設整備が十分進んでいたとは言い難い。かつてより予算的制約は大きくなるが、その限られた予算は日常生活圏内のインフラ整備、公共施設整備に重点化すべきである。

新規整備から維持管理に

従来、インフラや公共施設整備の重点は新設に置かれていた。また、インフラや公共施設を大量整備してから数十年が経過し、それらの多くは耐用年数を迎える。そのため、建て替えが進みかねない。限られた予算を有効に活用するためには、新たなインフラ整備や公共施設整備はできるだけ抑えるべきである。また、耐用年数を迎えても維持管理を適切に行えば、長く使い続けることが可能である。耐え替えよりも、長寿命化を優先的に考えるべきである。建て替えよりも長寿命化の方が予算は圧倒的に少ない。

すでに計画されている新規インフラ整備や公共施設整備は、今の状況で予算執行すべきかどうかを精査し、中止を含めて大胆に見直すべきである。予算の重点は維持管理に置き、長く使い続けるようにすべきである。維持管理が適切に行われれば、築年数の長い建物であっても問題なく使い続けることができる。

一律から独自性に

すでに書いたように、短期間に一定水準のインフラ、公共施設を大量に整備する場合、国が財源、権限を握り、国家的観点から進めた方が望ましかったかもしれない。また、自治体に十分な技術力が蓄積されていない場合、国が細かな基準を定め、それに沿って各地で事業を展開した方が、一定水準のインフラ、施設が整備されたかもしれない。

ただ、大規模なインフラや公共施設を急速に整備する社会的背景が減少し、反対に居住地での様々な整備が求められている時代に、国が権限、財源を掌握し続けるのは、むしろ弊害となる。

また、地域で様々な整備が求められる場合、市町村に技術力を蓄積すべきである。ところが立地適正化計画や公共施設等総合管理計画では、計画について国が細かな内容まで指示しており、それに沿って民間のコンサル事業者が計画を作成しているのが実態である。このようなことを続ける限り、いつまでたっても市町村に必要な技術力が蓄積されない。

地域の特性を生かしたまちづくりや日常生活圏での整備を重点的に進める場合、市町村が中心になって、計画を策定すべきであり、それに必要な権限、財源は市町村にゆだねるべきである。補助金や交付金ではなく、一般財源として保障すべきである。そして市町村の判断で、地域の特性に応じたインフラ整備、公共施設整備を進めるべきだろう。

行政主導から参加型に

大規模なインフラ整備や公共施設整備から、日常生活圏を中心としたインフラ整備、公共施設整備に変えるべきである。そのため、今まで以上に市民の意見を踏まえた整備が重要となる。市民の意見を聞くのは単に市民ニーズを把握するためだけではない。今後のまちづくりで最も重要なのは地域のことを真剣に考える市民をどれだけ増やせるかである。道路が整備され、公共施設が立派になっても、地域に関心の薄い市民が増えたら、地域の将来は厳しい。まちづくりは人づくりといわれるが、まちづくりの最終目標は地域のことを真剣に考える人をどれだけ増やせるかにかかっている。

市民が地域に関心を持つのは、主体的な関わりを通じてである。人間は実践を通じて成長する。市民参加は自覚的な市民を育成する上で不可欠なプロセスである。日常生活圏でのインフラ整備、公共施設整備を市民と行政職員が共同で取り組まなければならない最大の理由はこの点にある。

最後に

国土、都市、インフラ、公共施設等の整備は、経済、政治と密接にかかわっている。本論で述べたように日本の国土、地域は高度経済成長期に大きく変貌したが、それは国土計画、都市計画を通じて高度経済成長型の産業構造を築き上げようと当時の政府が判断したからである。それが地域と市民にもたらした弊害は大きく、その弊害を防ぐため、さらには新たな時代にふさわしい国土と地域を創り出すため、様々な住民運動が全国各地で誕生した。そしてそのような動きを背景に全国各地で革新自治体が誕生し、政府が進める政策から、地域と市民を守るため様々な施策が展開された。政府そのものを作り替えることはできなかったが、国民の運動や革新自治体の働きかけで、政府の政策に一定の歯止めをかけ、新たな展開すら部分的には勝ち取った。

二〇世紀の最終盤から再び経済が大きく動き、それを促進するため国土と地域が再編されようとしている。そのような再編は国土、地域に限らず様々な分野で生じ、それらを総体として新自由主義的改革と呼んでいる。そのような改革を食い止め、新たな方向性を見出すため、新しい主体形成が急速に進んでいる。一九七〇年代のように保守、革新が分岐になるのではなく、新自由主義か反新自由主義かが分岐となっている。すでに各地で新自由主義的改革に反対する保守と革新が共同し、新たな自治体建設が進んでいる。また一九七〇年代とは異なり、国政レベルでも変革に向けた共同が動いている。

様々な国民、市民運動が共同し、新自由主義的な政策を展開している政府、自治体を変えることができれば、新自由主義的な再編を食い止め、新たな時代にふさわしい国土、地域を展望することができるだろう。

参考文献等

・国土交通省のｗｅｂサイト「立地適正化計画制度」

・総務省のｗｅｂサイト「公共施設等総合管理計画」
・国立社会保障・人口問題研究所のｗｅｂサイト「将来推計人口」
・農林水産省のｗｅｂサイト「日本の食糧自給率」
・林野庁のｗｅｂサイト「木材需給表」
・資源エネルギー庁のｗｅｂサイト「日本のエネルギー二〇一九」
・人口動態については「平成二七年度国勢調査」

第2章　車と道路計画の現状と課題

上岡直見

1　道路に関するこれまでの動き

道路全国連の活動は、主に道路の建設・供用（自動車の走行）に起因するさまざまな負の側面や住民の権利侵害に関する取り組みである。その発祥は一九七五年の「道路公害反対運動全国交流集会」と記録されている。この前後から現在まで、道路事業に関して注目される大きな動きを次の表1に整理し、一九七五年と二〇一八年の高速（自動車専用）道路の整備状況を図1に示す。

道路に起因する種々の問題は高速（自動車専用）に限らないが、一般道は数が膨大で地図に示せないのでここでは省略した。国や地方公共団体は現在まで一貫して道路整備に邁進してきたように思われるが、その一方で一九九〇年後半以降は変化がみられる。ことに二〇〇〇～二〇〇一年にかけては大きな転換点を迎えた。バブル経済崩壊に伴い財源の制約が強まったこと、道路整備計画の基本となる交通需要の過大推計に対する疑問、道路関係公団の累積債務などが社会的に多くの議論を惹起した

表1　道路事業に関して注目される動き（年表）

1964	名神高速道路全通（小牧〜西宮間）
1968	大気汚染防止法に基づく自動車排ガス規制開始 （オピニオン）『マイカー亡国論』（湯川利和）
1969	東名高速道路全線開通（東京〜小牧） 「新全国総合開発計画（新全総）」策定
1972	（オピニオン）『日本列島改造論』（田中角栄）
1973	乗用車の窒素酸化物規制開始 運転免許保有者数が3000万人を突破
1974	石油ショックで東京モーターショー中止 （オピニオン）『自動車の社会的費用』（宇沢弘文）
1975	トヨタカローラが世界一の量産車に ガソリン無鉛化スタート
1977	「第三次全国総合開発計画（三全総）」策定
1982	中央自動車道全通
1987	「第四次全国総合開発計画（四全総）」
1988	西淀川公害訴訟和解 1991年以降のスパイクタイヤ製造中止決定
1998	「21世紀の国土のグランドデザイン（五全総）」
1999	東京都ディーゼル車ＮＯ作戦
2000	交通需要推計に批判高まる
2001	中央官庁再編により建設省と運輸省を統合し国土交通省発足 環境庁を環境省に格上げ 道路関係四公団民営化推進委員会 東京都「ロードプライシング構想」をまとめる
2003	東京都及び関連市、一定基準に満たないディーゼル車の走行を禁止
2004	国交省「将来交通量予測のあり方検討会」交通需要予測下方修正
2005	京都議定書発効、政府「京都議定書目標達成計画」策定 道路関係公団民営化、新直轄方式導入
2006	道路財源一般化を閣議決定、部分的に実施
2007	道路整備中期計画
2008	特定財源廃止を目的の通称「ガソリン国会」の紛糾で2008年4月のみ暫定税率撤廃 「将来交通需要推計に関する検討会」「道路事業の評価手法に関する検討委員会」で評価値見直しなど
2009	民主党政権、高速無料化を提言 道路特定財源一般化の改正法成立、55年ぶりに特定財源廃止
2010	笹子トンネル事故
2011	東日本大震災、福島原発事故
2012	「交通政策基本法」施行

からである。

二〇〇九年の民主党政権は「コンクリートから人へ」のキャッチフレーズを掲げて有権者の支持を得たが、実際には公共事業あるいは道路投資の抑制は民主党に特徴的な政策ではなく自民党時代から始まっている。

図2に道路事業の投資額の推移を示す。[注1] なおデータは物価補正をしていない実額である。日本社会党委員長を首班とする村山内閣（一九九四年）でも投資額は増加していた。減少は橋本内閣（第一次・一九九六年）からであり、総額で減少が大きい時期は森内閣（第一次・二〇〇〇年）から小泉内閣（第一次・二〇〇一年）の時期である。小泉元首相が唱えた「自民党をぶっ壊す」にも象徴されるように、同じ保守勢力の中でも既得権勢力と改革勢力の間での対立が存在し、一九九〇年代後半からは改革勢力が優位を占めた経緯がある。安倍内閣（第一次・二〇〇六年）でも小泉元首相の路線を継承して公共投資抑制の方針をとっていた。しかし東日本大震災から民主党政権の崩壊を経て揺り戻しもあり、二〇一二年の衆議院議員総選挙に際して安倍首相（当時）は「日本を取り戻す」のキャッチコピーのもと公共投資を増大させて日本経済の成長を目指すと主張した。安倍内閣（第二次・二〇一二年）では公共投資の増大を提唱して「先祖帰り」と揶揄されている。それ以前の自民党の「改革」路線を軌道修正するために、既得権に依存する勢力が民主党の失策を利用した背景が推定される。

また建設だけでなく維持管理費の面でも、森内閣（第一次・二〇〇〇年）から減少が始まり安倍内閣（第一次・二〇一二年）で最低に達している。現在では、過去に大量に建設してきたインフラの劣化が大きな問題となっている。道路関連のインフラについて点検を実施した結果では、二〇一八年度

図１　高速道路の整備状況

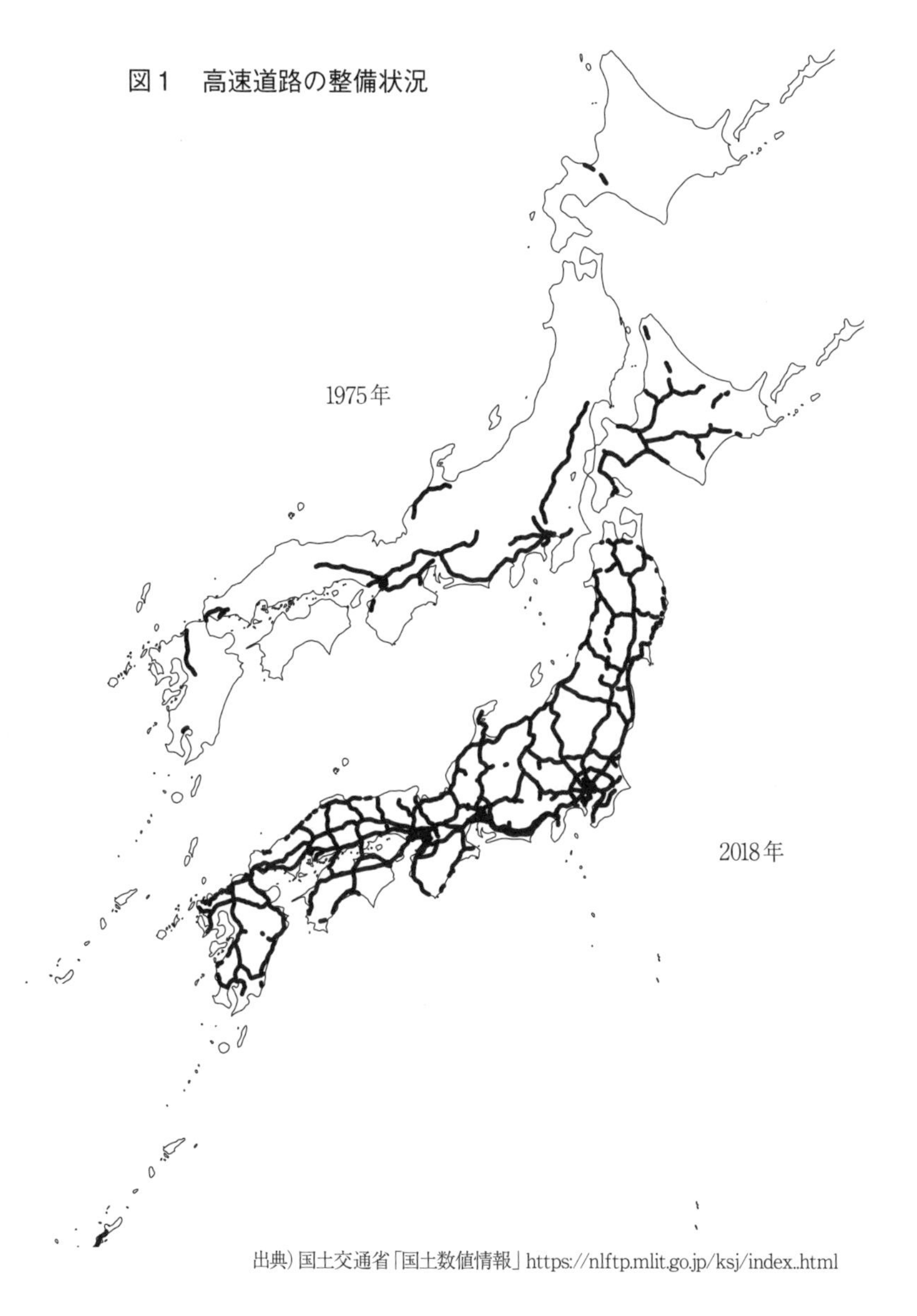

出典）国土交通省「国土数値情報」https://nlftp.mlit.go.jp/ksj/index..html

図2　道路投資額の推移

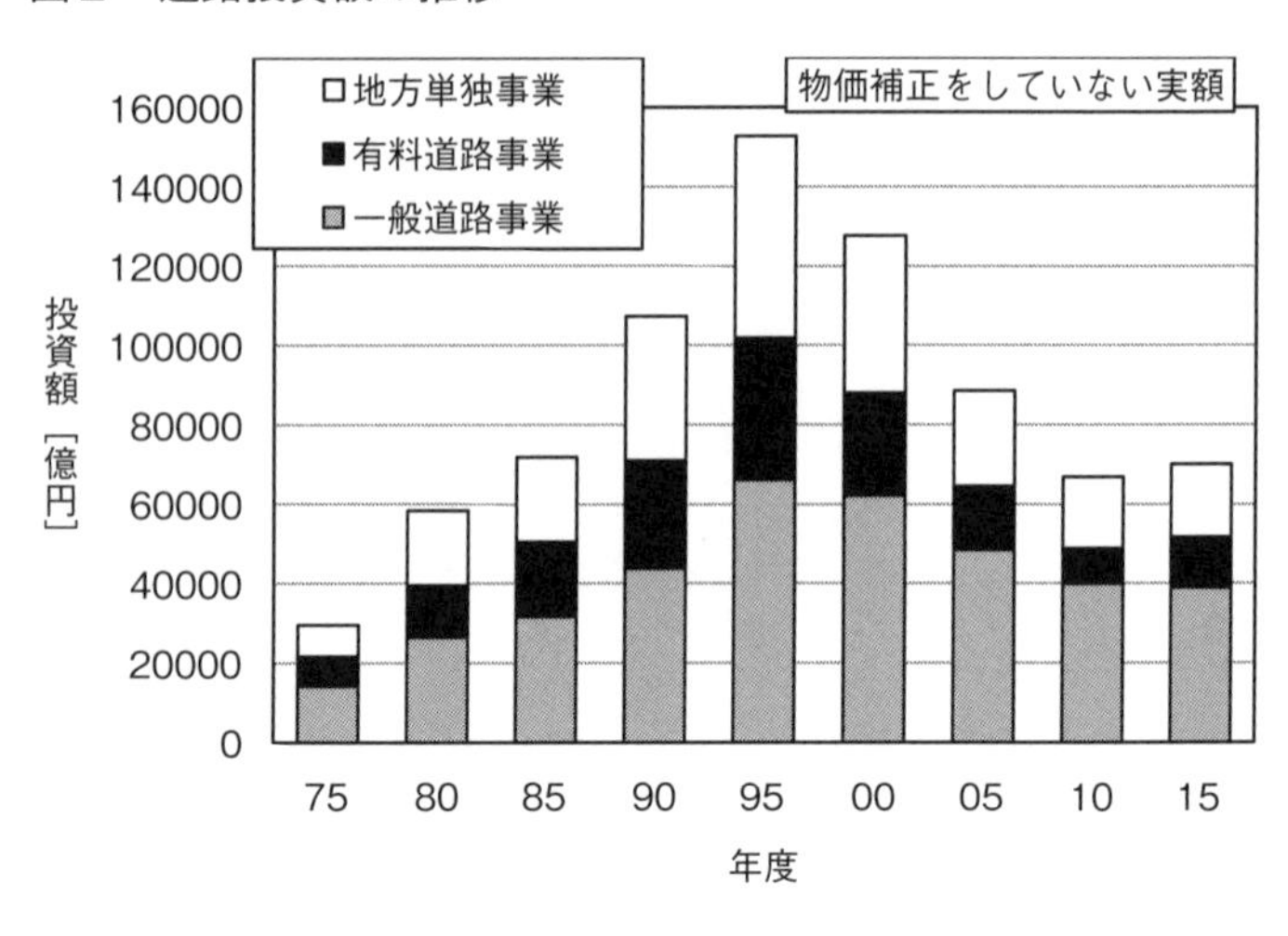

末において、七一％点検を終えたトンネルのうち四三％が、八一％点検を終えた橋梁のうち一〇％が、七八％点検を終えた道路付属物のうち一五％が、早期あるいは緊急に「措置を講ずべき状態」と評価された(注2)。

2　これからの国土利用のあり方

二〇二〇年一月より全国的に大きな影響をもたらした新型コロナの今後の影響については、執筆時点では予測困難である。自動車交通量については、移動の自粛・経済活動の低迷・テレワークの普及などによる人や物の動きの減少要因がみられる一方、宅配需要の増加など増加要因も考えられる。ただし総体として高度成長期のような「右肩上がり」の増加は今後考えられないであろう。かりに道路整備を行うにしても「量より質」の時代になった。ただし二〇二〇年以降、新型コロナ危

図3　国内の地域別の人口推移予測

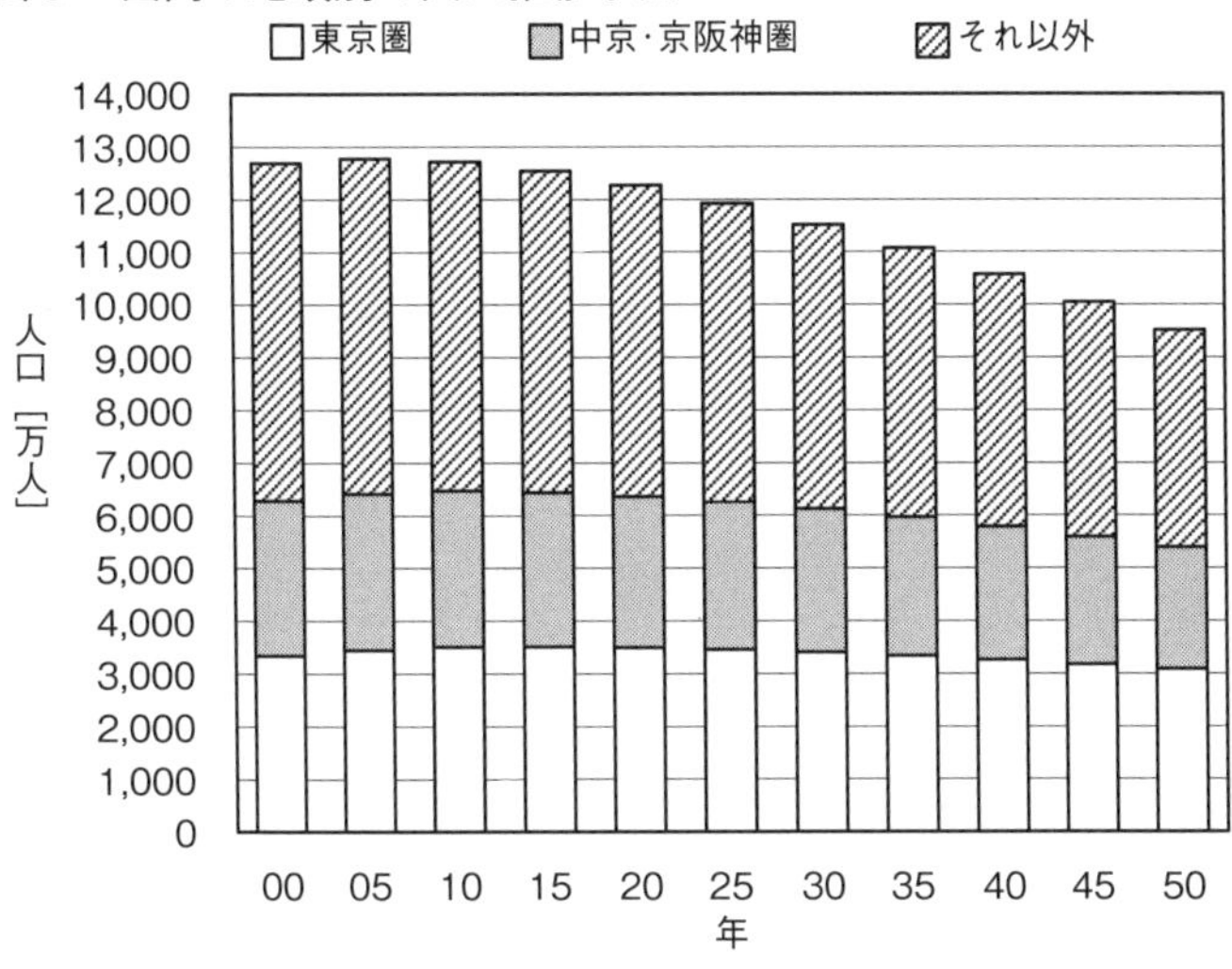

機終息後の経済対策では、交通需要とは無縁の経済対策として、ふたたび公共事業の拡大が行われる可能性もある。

将来の人口・年齢・国土利用についてはさまざまなシミュレーションが報告されているが、(注3)国土政策・交通政策と関連づけたものとして、東日本大震災直前の二〇一一年二月に国土審議会政策部会長期展望委員会が「国土の長期展望中間とりまとめ」を報告している。同報告書では、①長期展望の前提となる大きな潮流、②地域別にみた人口減少及び少子高齢化、③人口、気候等の変化がもたらす人と国土の関係への影響、④今後実施すべき複数シナリオによる検討の例、という分野別の検討が行われている。もし社会的諸要因が現状のまま推移した場合、二〇五〇年頃には総人口が一億人を下回り、高齢化率は約四〇%になると見込まれ、約四〇年後の「人と国土」の関係性が現在とは大きく異なると推定している。図3は、東京圏、中京・京阪神圏、それ以外の地域別に人口予測を示す。全体として人口減少の中でも都市集中が続く一方で三大都市圏以外の人口減少は加速する。これまでの都市間の高速交通体系においては、たしかに都市間における所要時間短縮効果は実現できたものの、いわゆる「ストロー効果」として、日本全体としては東京一極集中、あるいは北海道内での札幌集中、九州内での福岡集中をもたらしたのであって、都市間の高速交通体系が経済的・社会的機能の分散に寄与したとはいえない。高齢化がますます進展する中で自動車による都市間の所要時間を短縮したところで、一極集中の是正が実現するとはとうてい考えられない。

図4は北海道の道央部について、二〇二〇年に対して二〇五〇年に人口が半減すると予測される地域（一㎞メッシュ）を示す。現在人が居住しているメッシュのうち、黒色は人口が半減すると予測されるメッシュである。しかし現在も人口半減が予想される地域を経由し、あるいはそれらの地域に向けて高速（自動車専用）道路の建設が行われている。事業の目的として、たとえば北海道横断自動車道網走線の事業では「冬季災害に強い道路ネットワークの構築、圏域中心都市と物流・観光拠点間のミッシングリンクの解消、観光振興や地域産業の活性化に貢献」などが挙げられている。(注4) しかし無人地帯へ向かって高速道路を延伸しているようなものではないか。

3　人と自動車の動きかた

道路整備はそれ自体が最終目的ではなく、人と物がどのように動くのか、それに対してどのような

図4　人口半減メッシュと高速道路

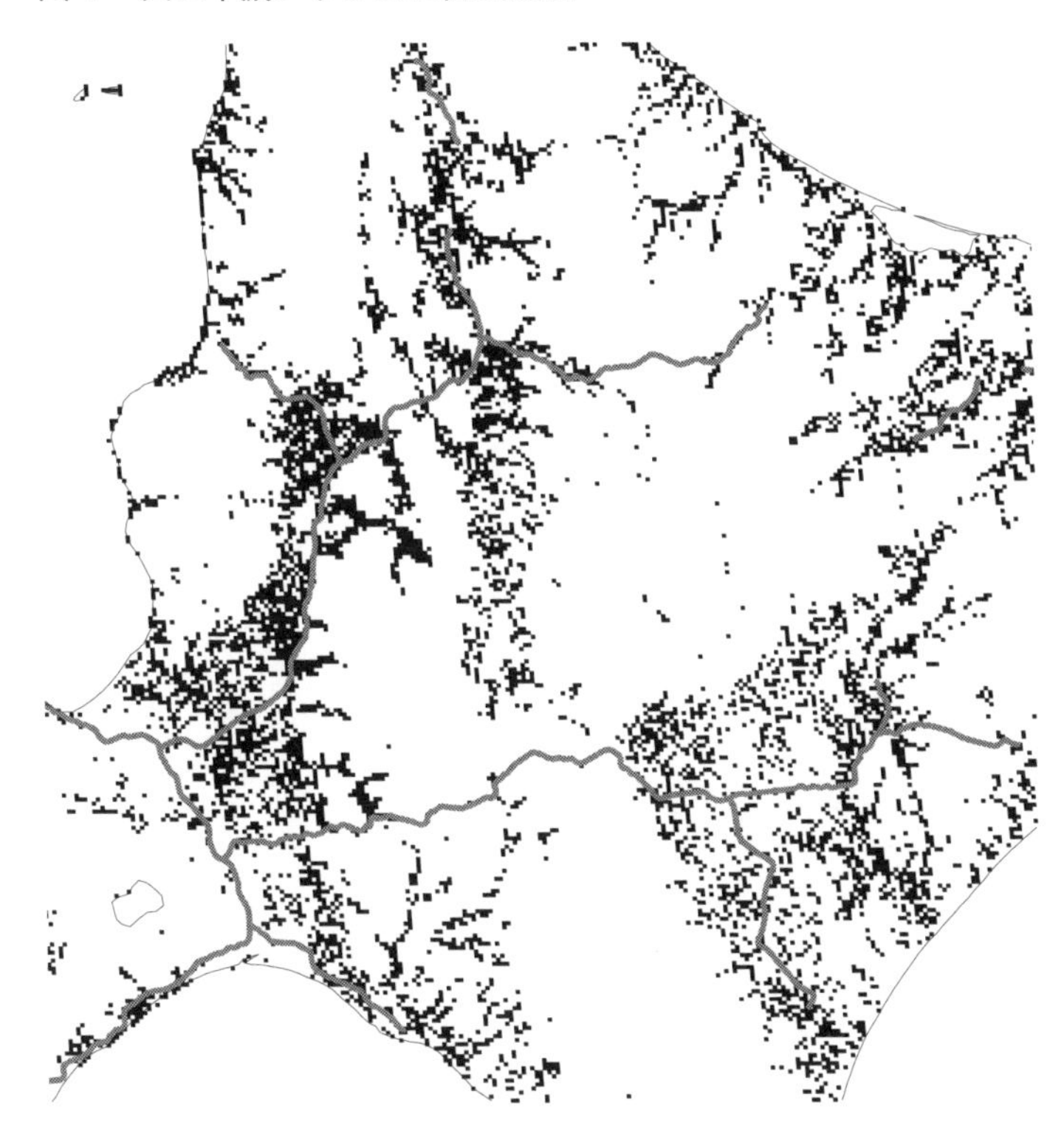

社会的効果をもたらすかが課題である。

　前述のように二〇〇〇年代から道路政策の変化があり、従来のアウトプット指標（どれだけ量的に道路を整備したか）からアウトカム指標（どれだけサービスレベルを達成したか）による評価の変化が議論されることになった。この観点で道路整備の経緯をみると、これまでの道路事業が社会的に成果を挙げてきたかは疑問である。図5は道路交通センサス(注5)より、交通量とピーク時旅行速度の推移を示す。道路交通センサスは概ね五年おきであるが一九九九年のみ例外となっている。交通量は高速道路で増加傾向であるが、一般国道・地方道を合計した全体の交通量は二〇〇〇年頃より横ばい状態である。高速道路の交通量の増加は高速道路の延伸に起因すると思われるが、既存の一般国道・地方道の交通量がシフトした分と考えられる。またピーク時旅行速度は大きな改善はなく、一般国道と地方道では若干低下している。これらを総合的に判断すると道路整備の効果は社会的効果としては限定的であるし、交通量の増加に対応して道路を整備すべきであるという説明は成立しなくなっている。

人の動きの詳細については「パーソントリップ調査」がある。これは特定の一日について、調査対象となる人がいつ・どこから・どこへ・何のために（通勤、通学、業務等々）・どのように（公共交通・自転車・徒歩も集計）で移動したかの調査である。パーソントリップ調査は全国一律ではなく主として大都市圏が対象であるが、実施状況の一覧は国土交通省ウェブで表示されている。[注6] また自動車の全国的な動きの統計データとして「全国道路・街路交通情勢調査（通称・道路交通センサス）」であるが、この中に道路を主体としてみたデータと自動車を主体としてみたデータがあり、概ね五年おきに国土交通省により行われる。

道路側からみたデータは「一般交通量調査」として詳細なデータがウェブで取得できる。[注7] これは全国の決められた観測点（区間）で、時間帯別の交通量・走行速度・通行する車種別の台数内訳などを計測する調査であり、ある道路の断面における交通状況をあらわすデータである。一方で自動車側からみたデータもある。これが「自動車起終点調査（OD調査）」であり全国で登録されている自動車（乗用車・トラック・バス）が、どこからどこへ移動したかの調査（調査票方式）である。ただし国内の

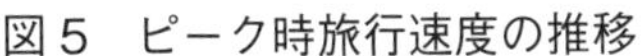
図5　ピーク時旅行速度の推移

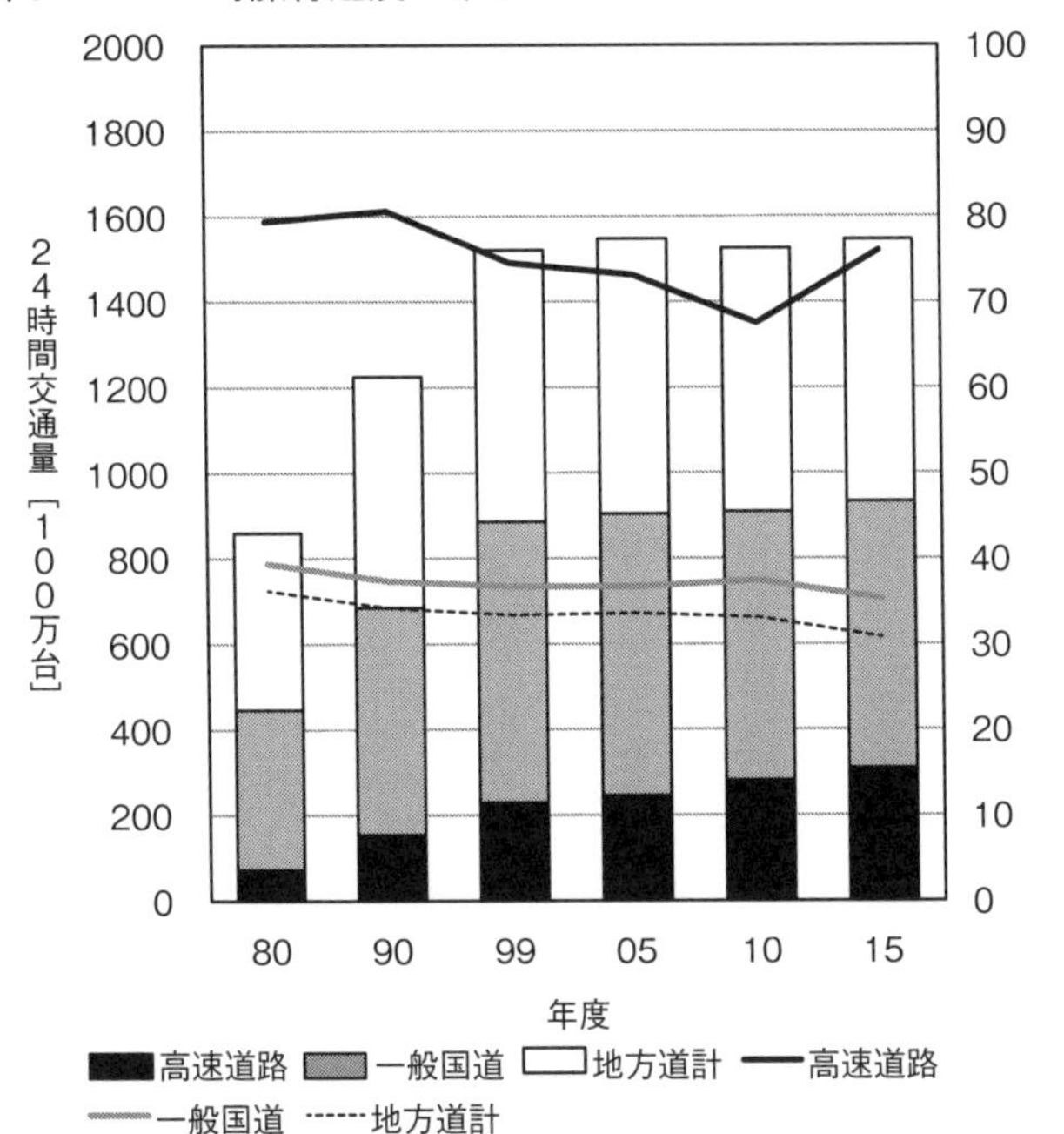

全自動車について一斉に調査することは困難なので抜き取り調査を行い、統計的に拡大して全体の値を推計している。データはウェブで公開されていないが、情報公開請求によりその集計データが入手できる[注8]。

車の使い方は地域の状況によって大きく異なると考えられるので、まず「パーソントリップ調査」の自動車による移動ついて三つのケース、①公共交通の利便性が高く人口集積が大きいゾーン（例・東京都世田谷区）、②一定の人口集積はあるが公共交通の利便性が低いゾーン（例・茨城県龍ケ崎市）、③公共交通の利便性がほとんどなく人口集積が低いゾーン（例・茨城県神栖

図６　乗用車のトリップ距離分布

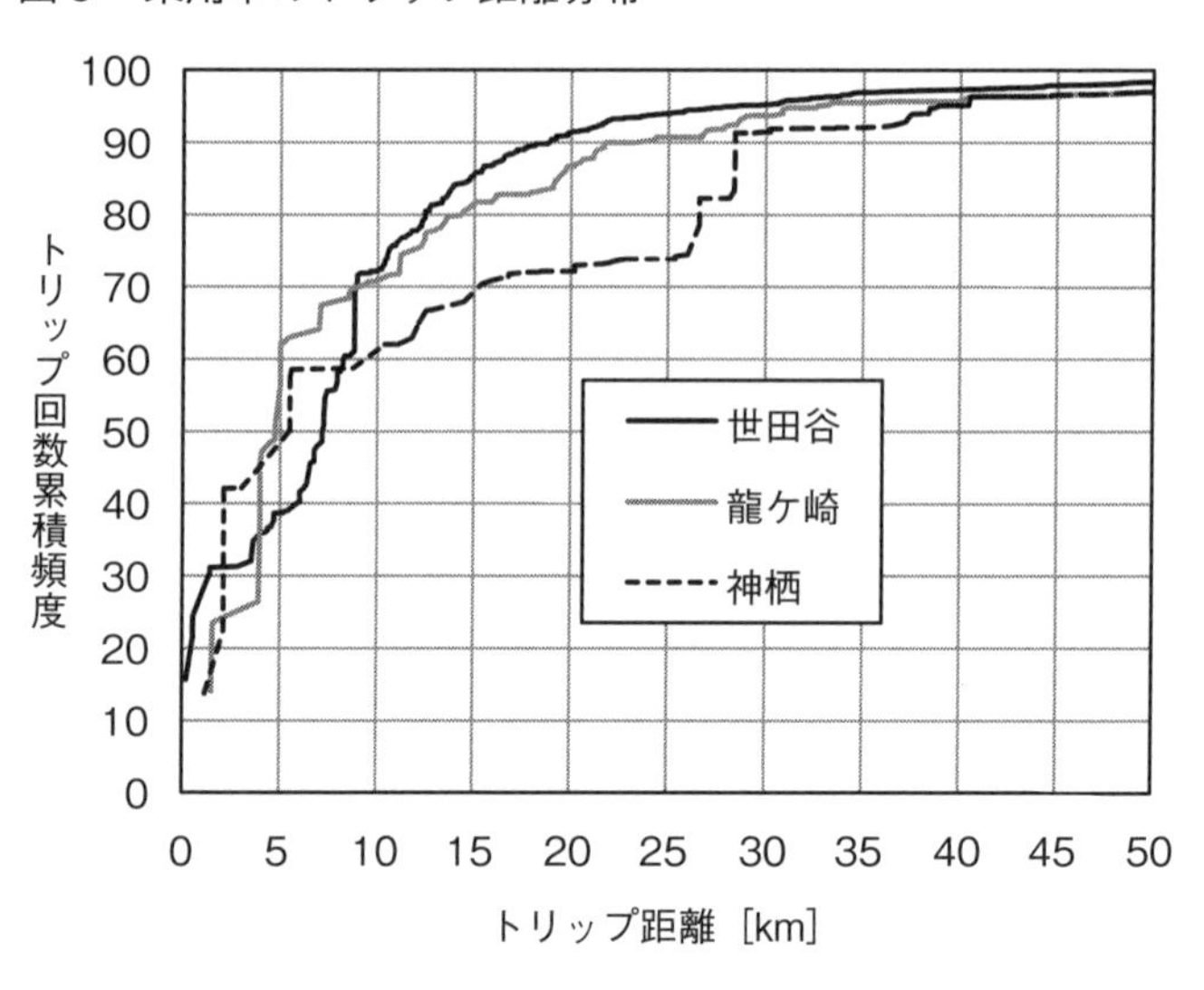

市）の三パターンを例として分析する。その結果、神栖市にややトリップが長い傾向がみられるものの車による人の移動は図６のようにいずれの地域でも二〇km前後でほぼ九〇％以上が完結し、五〇km前後でほぼ一〇〇％が完結していることがわかる。すなわちいずれの地域でも車は主に地域内の移動で使われる比率が高く、高速道路で長距離をクルーズするような使い方はごく一部である。

一方、普通貨物車（いわゆる大型トラック）については乗用車とは大きく異なった分布がみられる。自動車ＯＤ調査によると、普通貨物車（いわゆる大型トラック）のトリップ距離分布は乗用車と大きく異なる。例として大企業の工場・工業団地・常陸那珂港等が立地する茨城県ひたちなか市（市街地を除く）の大型貨物車のトリップ距離分布を整理すると、乗用車では二〇km前後でトリップ距離の分布の累積が九〇％

図7　都市圏別の代表交通手段の平日トリップ数

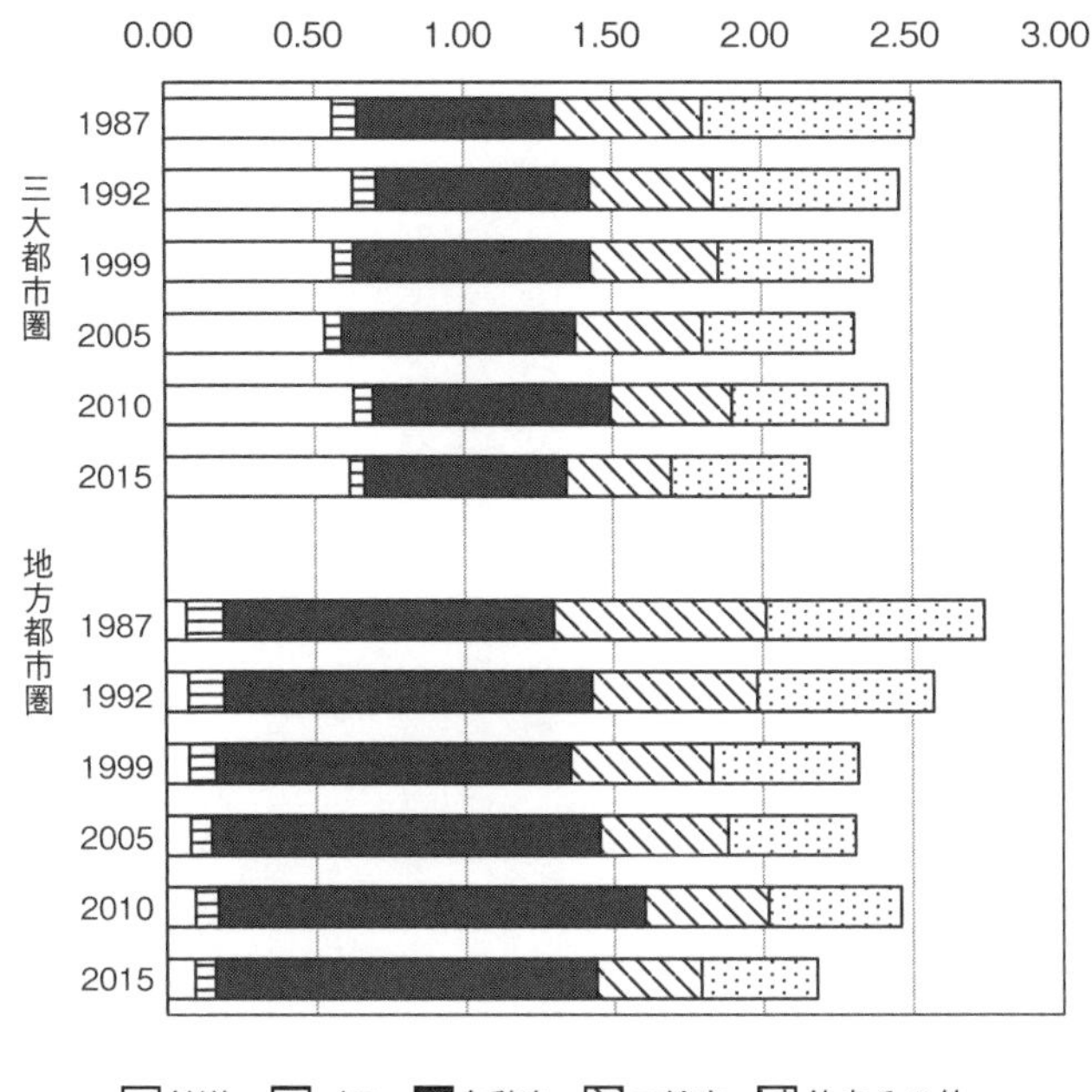

を超えるが、大型貨物車では九〇％を超えるのは一〇〇km以上である。なおこのエリア発の最長トリップ距離は六〇〇kmであった。

図7は「平成二七年度全国都市交通特性調査」(注9)より三大都市圏と地方都市圏における一人・一日あたり代表交通手段（一回の移動のうち主な手段）別のトリップ数（通勤・通学・買い物など目的ごとの移動回数）との推移を示したものである。

平日では二・〇〜二・五トリップが発生しているが、三大都市圏・地方都市圏ともトリップの発生回数は減少傾向にある。要因としては高齢者の割合の増加による影響が大きいと思われる。また代表交通手段としての自動車のトリップ回数も、三大都市圏では減少傾向であり、地方都市圏でも少なくとも増加傾向とはいえない。

また同調査には年齢階級別の集計がある。年齢層が高くなるにつれ自動車によるトリップ数は減少してゆくが、経年変化をみると七五歳以上の区分において自動車による移動が増加している。この三〇年の間に自動車への依存がますます高まるとともに、特に地方都市圏・町村部において、高齢者の移動は実態としては自動車によって担われるようになった。

しかしその一方で道路逆走、店舗への突入、そのほか高齢者が関与した交通事故が増加している。高齢者の交通事故は、かつては歩行者（自転車）として被害者の立場が議論の主な対象であったが、近年は高齢者が交通事故の加害者となる事故も増加し、前記の他にも高齢者が子どもを轢いてしまうなど悲惨な事故も増加している。成人の大部分が免許を取得するようになってその年齢層が年々繰り上がってゆく一方で、公共交通のサービスが質的・量的に低下してますます自動車に頼らざるをえない状況が拡大することによって必然的にもたらされた結果である。

4　環境と安全

道路公害の現況と課題

道路交通に起因する環境被害（大気汚染・騒音・振動）は、今日では相対的には改善されたといえるが、項目によってはなお環境基準を達成していない地域（地点）もみられ、さらには環境基準そのものの妥当性も議論の余地がある。また二〇一〇年頃までは認識されていなかったPM2・5など新たな問題も生じている。PM2・5は自動車起源だけではなく、特に西日本では中国大陸からの飛来の影響も指摘されているが、首都圏では主要な道路近辺で環境基準（年平均で一五μg／m³）を超える測定点があり道路交通との関連が推定される。

図8に首都圏の道路騒音の環境基準の達成状況を示す。一部でも未達成のある地域を■で示す。騒音の環境基準は、静穏が求められる地域類型に応じて、AA（療養施設、社会福祉施設等が集合して設置される地域など）・A（専ら住居の用に供される地域）・B（主として住居の用に供される地域）・C（相当数の住居と併せて商業、工業等の用に供される地域）に対して昼夜別に基準（デシベル）が定められている。地域類型は都道府県知事（市の区域内の地域については市長）が指定する。ただし「道路に面する地域」ではこの類型によらず基準値が一九九八年から緩和され、さらに「幹線交通を担う道路に近接する空間」についてはさらに緩和した基準値が適用されることとなった。これは「うるさくても窓を閉めて生活すればよい」という発想に基づく基準であり、環境基準といいながら結局は現状容認となっているなど、なお課題が残る。この図はこれら緩和規程を適用する前の本来の環境基準に対する超過について示すものである。その他、道路公害に関しては各種の項目があるが、紙面の制約により省略する。

各項目についての詳細な地点・地域・経年データは、国立環境研究所「環境GIS」より閲覧・ダウンロードできる。（注10）

図8　道路騒音の環境基準達成状況（2017年）

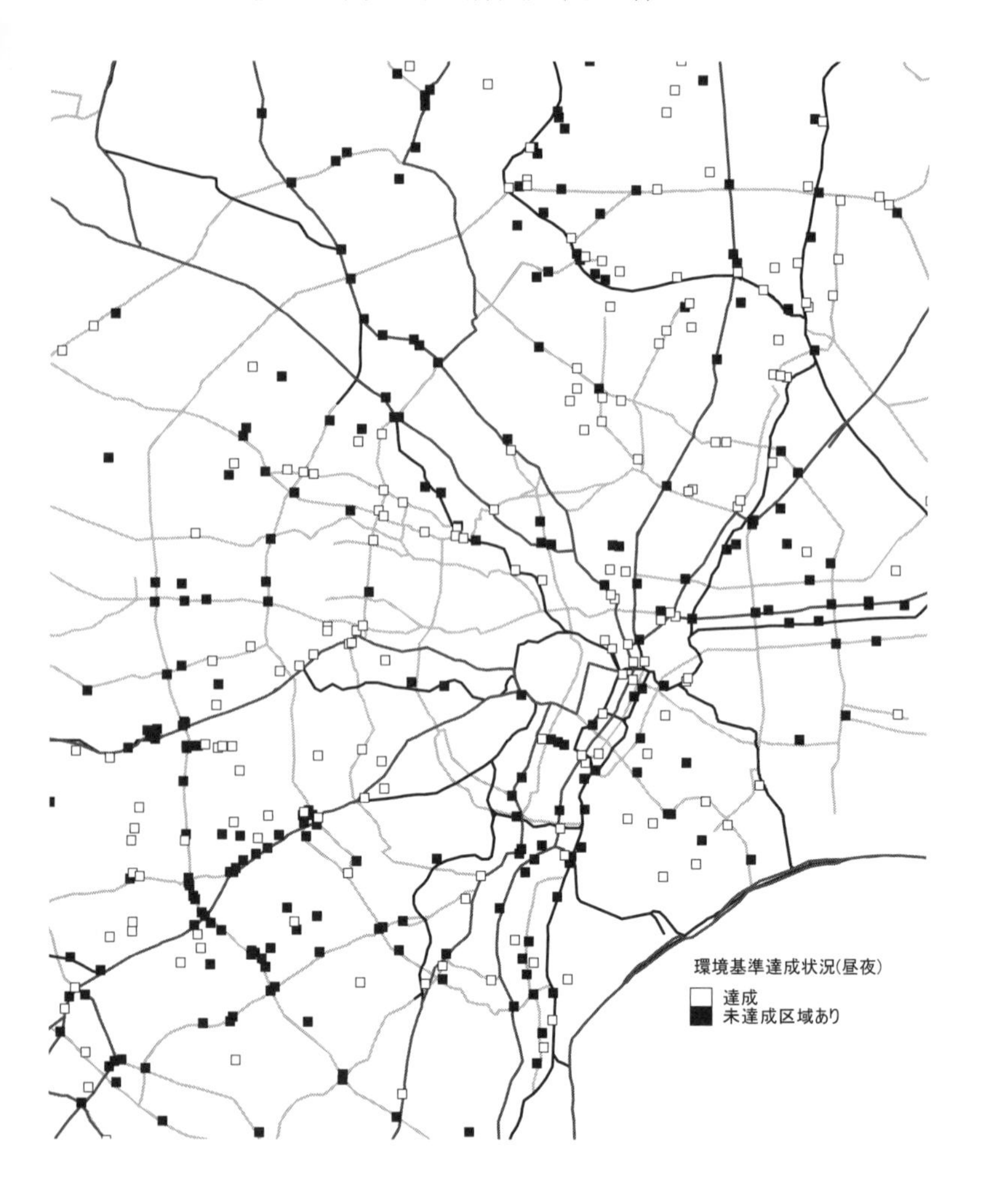

出典）国立環境研究所「環境 GIS」http://tenbou.nies.go.jp/gis/monitor/

交通事故の現況と課題

日本だけでも一九四五年から二〇一八年までに累積で六四万人の死者と四七〇〇万人の負傷者が発生している。図９は都道府県別の年間自動車走行距離[注11]と交通事故死者数[注12]の相関であるが、ほぼ完璧な直線関係がみられる。すなわち自動車が走行すればするだけ人命が失われる。ただし二〇一三年と二〇一八年を比べると線の傾きが多少緩くなっている。すなわち同じ走行距離に対して交通事故死者の発生率が多少低下している。これは全国的な交通事故対策によりある程度の事故削減効果が発揮されていることを示す。このためかつては年間一万人を超えていた死者が現在は四〇〇〇人を割るまでになっている。

一方で近年は高齢者の運転に起因する事故が増えている。高齢者の免許返納運動も呼びかけられているが、移動に関する代替手段がない地域では容易に免許返納に応じることも出来ない[注13]。さらに自動車の運転が高齢者にとっては自身の人間像を形成する重要な要素であるとの指摘もみられる[注14]。免許更新時に講習義務付け（七〇歳以上）、講習予備検査義務付け（七五歳以上）の対策が行われているが、それをクリアしていても加齢が要因と思われる事故が発生しており実効性は確実ではない。この問題への対策として自動運転に期待する議論もあるが、その問題点については後述する。

日本では道路横断中の車対人の死亡事故のうち四二％が横断歩道上あるいはその付近で発生している。横断歩道も歩行者の安全を担保する設備としては機能していない。死亡事故の経年的な変化をみると、一九九五年から二〇一五年までの二〇年間で死亡者総数は一万二二七人から四〇二八人まで減

図9　都道府県別の自動車走行量と交通事故死者数

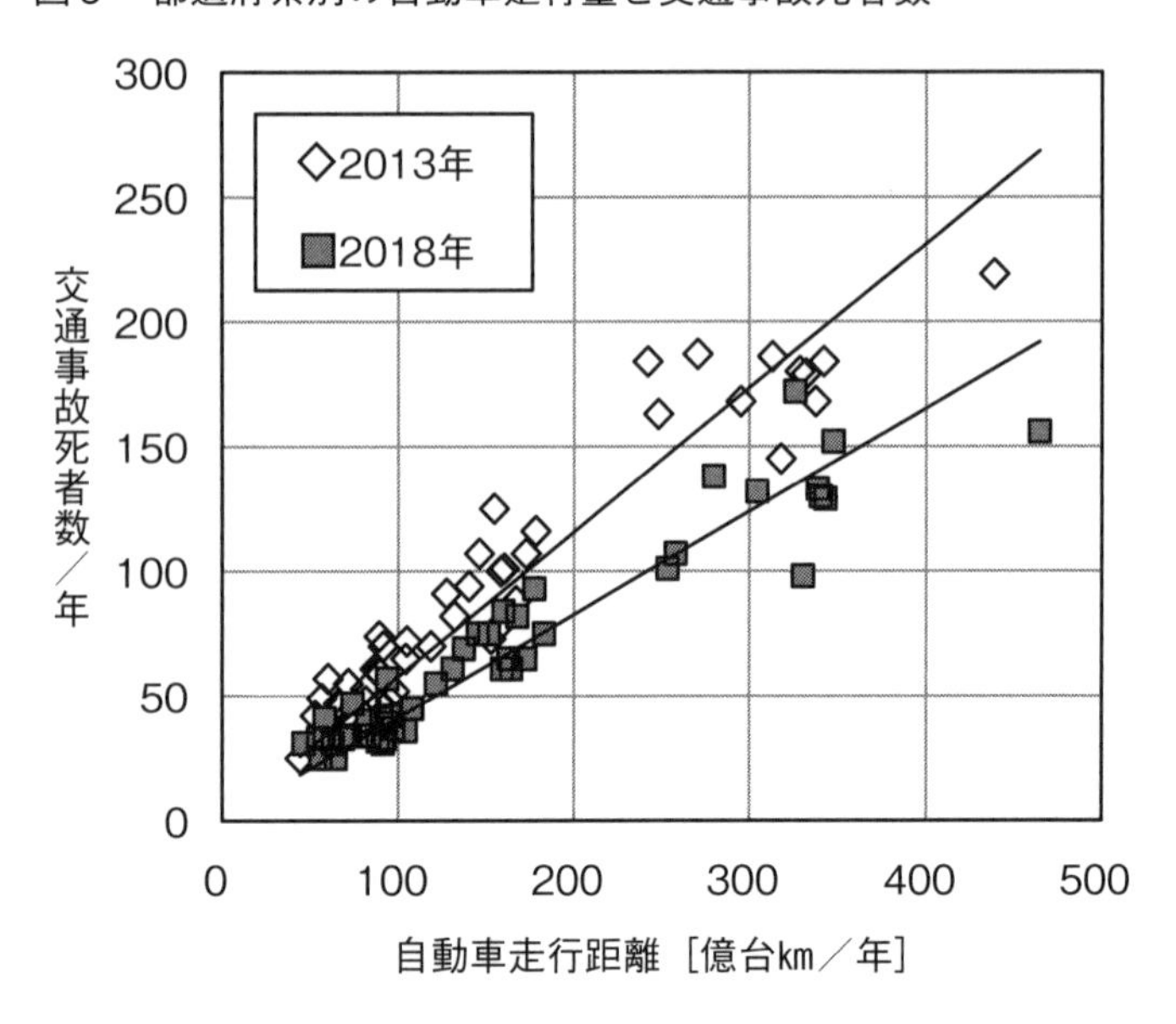

少しており、事故対策が一定の成果を挙げたと認められる。しかし内訳では、乗車中の死者が同期間で六五％減少しているのに対して歩行者の死者は四九％の減少であり、改善率が低い。これは事故対策の中で相対的に歩行者が軽視されていることを示すのではないか。道路施設面でも歩道未設置などなお課題が残る。

歩行者の観点ではさらに重要な関係が指摘される。車と歩行者の衝突時の速度が時速三〇kmを超えると歩行者致死率が急激に高まる。この関係は欧州では数十年前から指摘されており、一九七〇年代から「交通静穏化（トラフィック・カーミング）」の考え方が取り入れられ、一九八〇年代から「ゾーン二〇）」「ゾーン三〇（マイル系単位の国ではゾーン二〇）」すなわち、都市の一定区域で面的に車の走行速度を規制する施策が各国で実施されてきた。

一方で日本でも「生活道路」と呼ばれる道路での規制が試みられてきた。「生活道路」とは警察庁の定義では「主として地域住民の日常生活に利用される道路で、自動車の通行よりも歩行者・自転車の安全確保が優先されるべき道路」としている。(注15) 生活道路における交通規制に関しては、小学校の校区ごとの「スクールゾーン（一九七二年）」、住宅地域や商店街の「生活ゾーン（一九七四年）」、高齢者の通行が多い一定の範囲とされる「シルバーゾーン（一九八七年）」、「コミュニティゾーン（一九九四年）」などが設けられてきた。ただし規制は道路単位であり規制内容は地域の実態に応じて個別に決められてきた。

これに対して面的規制として、欧州から遅れること三〇年で「ゾーン三〇」の整備が二〇一一年九月から開始された。「ゾーン三〇」が設けられた経緯は、「ゾーン三〇」の開始前年までの一〇年間で、おおむね「幹線道路」にあたる車道幅員五・五m以上の道路での交通事故件数が二九・二％減少したのに対し、「生活道路」にあたる同五・五m未満の道路では八・〇％の減少にとどまっており、すなわち各種の生活道路での事故対策が行われてきたものの効果が十分でないことが指摘されたためである。

海外と比較すると、日本における自動車走行㎞あたりの事故死者数は、日本と同様に自動車普及国であるイギリスに対して二倍、ドイツの一・六倍、さらには自動車大国のアメリカよりも多い状況であり、(注16) 日本の道路交通に基本的な欠陥があると考えられる。ドライバーのマナー向上を呼びかけるだけでは本質的な対策にはならず、道路構造さらには都市計画の面からも再考の必要がある。なお歩道の設置状況をみると一般国道（自動車専用道を除く）でも約四割、一般都道府県道では約六割に歩道がない実態[注17]が残されている。

5　道路事業評価の不透明性

道路事業決定過程の不透明性

敗戦後間もない一九五六年に、米国から「ワトキンス調査団」が来日し、次の言葉を残した。

「日本の道路は信じがたい程に悪い。工業国にして、これ程完全にその道路網を無視してきた国は、日本の他にない。日本の一級国道（この国の最も重要な道路）の七七％は舗装されていない。この道路網の半分以上は、かつて何らの改良も加えられた事がない。道路網の主要部を形成する、二級国道及び都道府県道は九〇ないし九六％が未舗装である。これらの道路の七五ないし八〇％が全く未改良である。しかし、道路網の状態はこれらの統計が意味するものよりももっと悪い。なぜならば、改良済道路ですらも工事がまずく、維持が不十分であり、悪天候の条件の下では事実上進行不能の場合が多いからである[注18]」

という報告書の記述である。これ以後、日本の道路関係者は「日本は道路が足りない」という強迫観念の虜となり、わが国の地理的・社会的状況に合わない米国型の自動車交通体系を持ち込むことに熱中するようになった。

確かに一九五〇〜七〇年代までは、経済の復興に合わせて道路を整備する必要があったが、現在はそうした理由は失われている。本来の交通計画上の必要性とかけ離れた道路建設が、政治面・経済面での既得権の維持のために続けられ、合理的・効率的な道路計画（たとえば、多くの代替案を検討して費用対効果の高い区間を優先するなど）を立案することについて、だれが責任を有しているのか明確なルールもないままに、慣習的な手続きの繰り返しとして道路整備が行われているにすぎない。

多くの道路利用者が「いつも道路を掘り返しているわりに、渋滞が解消されない」という実感を抱き、「道路の整備が遅れている」と感じているのではないだろうか。ここで、なぜ遅れていると「感じられる」のかを検討する必要がある。道路計画の専門家でなくても、道路の整備は「交通状況を科学的・実態的に分析して、必要な区間で実施する」「費用対効果を分析して、効果の高い区間から優先的に実施する」という基準によるべきであると常識的に考えるであろう。しかし現実の道路整備は、巨額の財源を投入しながら、そのような合理的基準に従っては行われてはいない。なぜこのようなことが起きるのだろうか。

結論からいうと、納税者に明快に説明できるような客観的基準がない、また専門家でもわかっていないというのが現実の答である。研究者でも「道路特定財源がどの地域にどの程度支出されているか、そして何を基準にして配分されているのか、その因果関係はよく分かっていない。これは、受益と負担の関係が不透明であるだけでなく、道路整備の評価について外部から判断することが困難であることを意味する」（注19）と指摘している。

前述の報告時点（二〇〇五年）で国内の道路全体に一四兆八二二二億円が道路に使われていたが「どこに・どれだけ・誰が・どうやって」という根拠が研究者でさえわからないとは驚くべきことである。この報告では因果関係を論理的に分析するかわりに、道路整備の決定要因として考えられるいろいろな要素を仮定して、都道府県道の整備を事例に統計的な分析を試みている。国から自治体まで巨額の費用が、議会の議決を経たはずの予算・決算の手続きを経て使われている事実に対して、統計的に分析せざるをえないという実態そのものが奇妙な話であるのだが、この分析からは示唆に富む結果が得られている。

全体として、まず地理的要因（面積、気象など）は、道路投資額を決定する要因として相関関係が希薄であった。これに対して、政治的要因の指標として「自民党得票率」との相関をみたところ、有意な相関関係がみられた。また都道府県が管理する道路建設事業のうち、国の補助率が高い事業が多いことは、政治的要因がより多くの補助事業を都道府県にもたらすと分析している。結局、道路投資を決定する要因の強さとして、国庫支出金が六六％、自民党得票率が一六％となり、全要因の八割以上を占めていることがわかった。要するに「どこに・どれだけ」「誰が・どうやって」について、明確な基準があるわけではなく、全く別の要素で決定されているということだ。

道路を利用する多くの人々が「ここはいつも渋滞しているから拡幅してほしい」「事故がよく起きるから改良してほしい」と要望したとしても、それを客観的・総合的に評価して優先度を決めるような明確な仕組みは存在せず、いかに国庫補助金を「引っ張ってくる」か、逆に「補助金のついた所から実施する」といった要因が支配となり、事業が実施されているのである。

道路事業の評価

このような背景から道路事業の不透明性に対する批判が高まり、国土交通省は二〇〇一年より「道路事業のＩＲ活動」を行っている。これは民間でいうＩＲ（インベスター・リレーションズ）活動に倣った情報公開であり、道路事業の財源・道路情勢の執行体制・政策評価を公開する活動である。[注20]個別の道路事業については国土交通省のウェブサイトで採択時評価・再評価・事後評価などの資料が公開[注21]されている。

このＩＲ活動でよく知られるテーマは、個別の道路事業の妥当性でしばしば議論となる「費用対効果分析」である。これは道路整備の費用と、道路整備がもたらす社会的な便益を比較して、事業実施の妥当性を評価する指標である。費用の側は用地取得費・工事費・維持補修費などであり、国や地方公共団体、あるいは高速道路会社などの予算・決算で示される。ここで本来は道路整備の費用に計上すべき費目を別の公共事業に振り分けて見かけの費用を少なくするなど、恣意的なデータ操作がみられる場合がある。ただし数値は金額そのものであり、国や地方公共団体の資料を精査すれば検証することも可能なのでデータとしては比較的単純といえる。これに対して便益の側では、もともと金額として直接集計できない数量、たとえば時間短縮効果・環境改善効果・交通事故減少効果などを一定の推計方式に従って金額に換算する必要がある。さらに道路の供用後に毎年発生すると想定される便益を長期間（通常は五〇年）にわたって積算するなど、不確定要素の多い推計となる。このため推計の客観性・妥当性についてはしばしば議論が提起されている。

事業評価の事例と課題

一例として再評価結果（平成二九年度事業継続箇所）より一般国道二号福山道路を取り上げる。[注22]

一般国道二号は大阪府大阪市から福岡県北九州市まで延長約六七〇kmの主要幹線道路であるが、交通量の増大により各所でバイパス建設が計画されている。事業の対象となる福山道路は、広島県福山市瀬戸町から赤坂町を結ぶ延長約三・三kmのバイパスである。事業の目的として「福山都市圏の交通混雑の緩和、交通安全の確保、物流の効率化支援や周辺地域との連携強化」などが挙げられている。道路の状況を図10に示す。

福山道路では金額として換算する便益（事業全体について）の項目として「走行時間短縮」「走行費用減少」「交通事故減少」が採用されており、各々四三六億円、五一億円、三七億円である。本件に限らず多くの事業では時間短縮効果の金額換算値が多くの割合を占める。時間短縮効果とは、ある地域において、対象道路の供用前（現況・整備なし）と供用後（整備あり）について、周辺の道路の所要時間と交通量を乗じて総走行時間を求め、これに時間価値（たとえば円／分）を乗じて走行時間費用として金額に換算し、供用前と供用後の差を便益とみなす推計である。

ここで、現況は実際の測定値であるからその意味は明確であるが、供用後については未だ存在しない将来の数値を何らかの方法で推計する必要があり、その段階で恣意的な推計、すなわち便益を過大に見積もる可能性がある。福山道路については表2のような推計が示されている。本件事業区間は三・三kmであるが、この区間が整備されると、主な「周辺道路」と「その他の道路」の交通量がバイパスである本件区間に回ることによって走行時間が短縮され、双方を乗じた走行時間費用の差が年間の時間短縮便益となる。

本件の事業区間は三・三kmであるが、本稿執筆時点（二〇二〇年五月）では用地買収に着手した段

図10　福山道路の状況

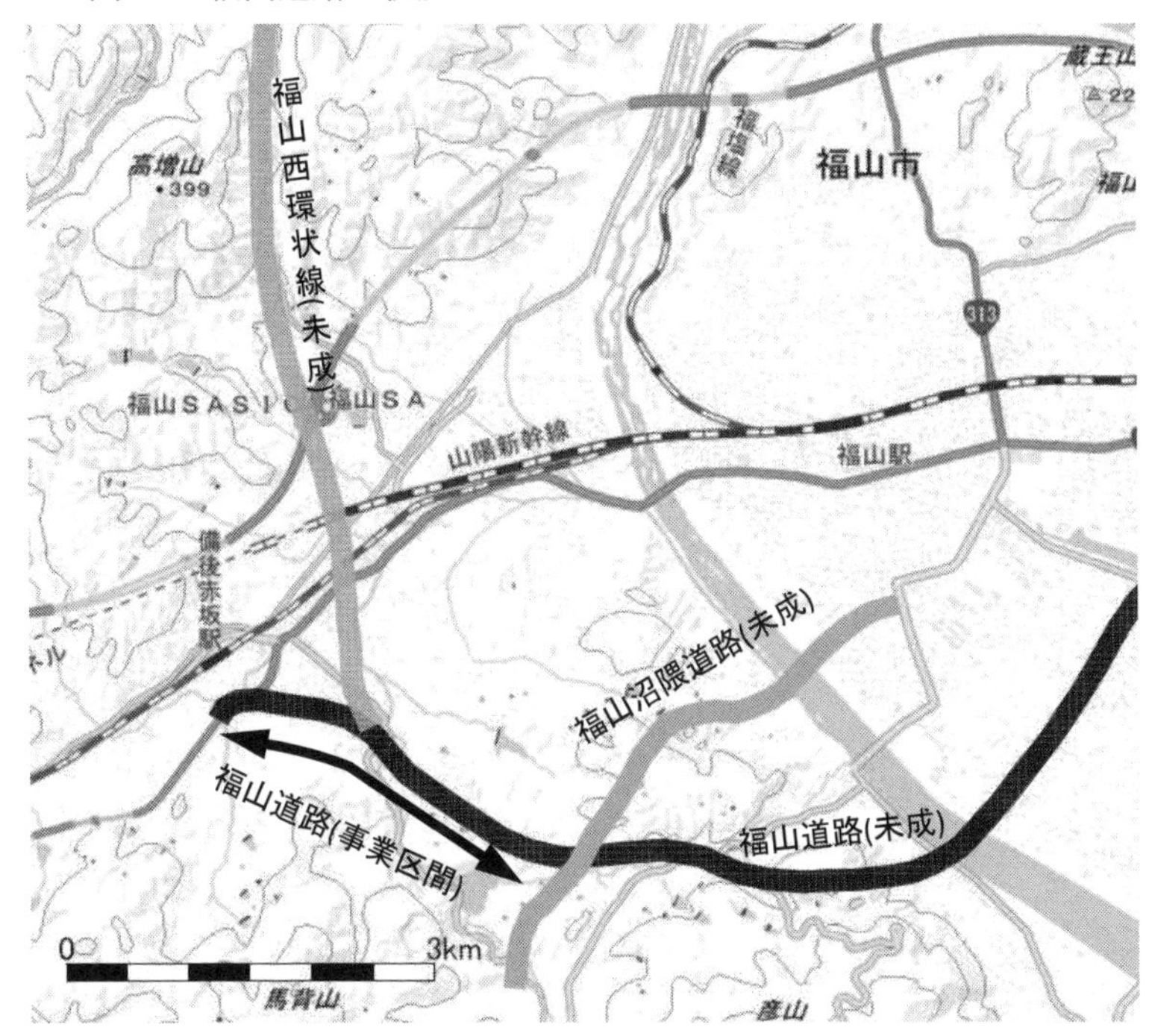

階で実物は存在しない。また接続する道路として福山西環状線があり福山市街地南側を経由し岡山県笠岡市の笠岡バイパスと接続し倉敷福山道路を形成する予定であるが、倉敷福山道路も現在は局所的供用のみであり全通の具体的見通しはなく、全体がいつ供用されるのかは不明である。このため事業区間が供用されたとしても単独では行き止まりであり、バイパス機能を有しない。

評価書によれば、本件道路が供用されると二万九六〇〇台／日の交通量が見込まれる一方で、主な周辺道路の交通量が各々減少するとしているが、全体を評

表２　福山道路の走行時間費用

	道路延長（km）	走行時間費用（億円／年）	
		整備なし（A）	整備あり（B）
新設・改築道路（本件事業区間）	3.3		16.76
主な周辺道路（国道2号　山陽自動車道　御幸松永線　国道486号）	36.2	241.35	195.6
その他道路合計	2737.7	7446.2	7443.22
合計		7686.55	7655.58
		A−B（億円／年）	31.96

価するときわめて不自然である。整備なし（A）の合計交通量は一二万六八〇〇台／日に対して、整備あり（B）の合計交通量は一三万八五〇〇台／日となっており、一万一七〇〇台／日も増加している。すなわち、倉敷地域と福山地域の間で全体としてそれだけの交通量が加わるとしているが、これらの交通量はどこからどのように発生したものか不明である。国土交通省総合政策局が五〇〇ｍメッシュごとの将来推計人口を試算した結果[注23]によると、たとえば二〇五〇年には岡山・広島県内でほとんどのメッシュで人口減少が予測され、中には半減のメッシュも少なくない。他に多数の人口消滅メッシュもみられる。

人口あたり自動車交通の発生トリップはおおむね一定であることから将来の交通量は大きく減少することが予想されるにもかかわらず、便益計算にあたり山陽ブロックの自動車総走行距離が二〇七一年まで現状とほとんど変わらないとの前提で試算していることも疑問である。

また時間短縮便益は基準年を二〇一三（平成二五）年度、供用年を二〇二八年度とし二〇七一年度まで積算しているが、前述の評価書では、どの時点でどのネットワークが供用されたとして配分計算を行っているのか不明である。前述のように本件道路はかりに供用されたとしても行き止まりである。架空のネットワークを対象として試算した結果であれば便益の値には根拠がない。いずれにしてもこの推計では当該の事業対象道路に対して、「主な周辺道路」「その他の道路」の範囲の設定によって便益の値がいかようにも変えられるため結果の客観性に乏しい。「その他の道路」の範囲を広く取れば取るほど便益の値を恣意的に大きくすることも可能である。

また交通量の配分計算（どの道路にどれだけ交通量が配分されるか）にはいくつかの推計法があり、前述の事業再評価付属資料によると、便益計算に用いられた配分交通量の推計手法は「Q・V式と転換率式の併用による配分」となっている。Q・V式とは、道路の車線数などに応じてQ（交通量）とV（旅行速度）の関係式を定めておき、Q（交通量）を少しずつ増加させながら所定のQ（交通量）に達するまで計算を繰り返しその時のV（旅行速度）を求める方式である。また転換率式とは、あるODペア（起点・終点の組み合わせ）の交通量に対して、有料道路等を利用する比率を推定してそれを引き去り、残りが一般道を走行するとした考え方である。しかしながらQ・V式による配分交通量の推計は、もともと新規道路の交通量の推計が主目的であって、V（旅行速度）の推計は付随的な結果に過ぎず、走行時間便益に直結する走行速度の推計には適さないことが指摘され、便益推計の観点からは過大に出やすいとされている。国土交通省においても交通需要推計手法の見直しの過程で多くの検討がなされているが[注24]、今なお道路事業評価には反映されていないケースが多い。

このようにして推計された便益は、本件事業に関しては二〇二二年を供用開始と仮定して、二〇七一年までの積算で五二四億円としている。これに対して費用は二八九億円と算定されており、両者の比から費用対効果の比率は一・八であり便益が上回るから事業は妥当であると評価している（いくつかケーススタディがあるが詳細は省略する）。しかし前述のように様々な理由から便益には不確定要素が多く、費用対効果の観点からの道路事業評価の透明性・客観性には疑問が多い。

6 自動運転は道路問題に貢献するか

自動運転のアイデアは今に始まったことではなく、高速道路（信号や交差点がなく歩行者や自転車が混在しない）での車線維持だけの初歩的な機能ならば一九五〇年代から提案されているし、その後の継続的な技術開発によって、現在は一定の条件下での自動ブレーキ機能や車線維持機能も実用化された。しかしそれ以上のレベルの自動運転はまだ実用に耐えない。これまでの公道走行試験では、システムが前方のトレーラーを認識できず衝突（ドライバー死亡）、同じく分離帯に衝突（同）、歩行者を認識できず衝突（歩行者側死亡）などの重大事故を起こしている。

現在はセンサー・ＡＩ（人工知能）・通信ネットワーク・ビッグデータなど技術は大いに進歩したが、本質的な問題は何も解決されていない。現実の人間はきわめて複雑な判断を行っているのだが、ＡＩでは「どのような時に、どのような操作をすれば安全か」というロジックが整理できないし、世の中の車を一斉に自動運転車に置きかえることはできないから混在期間中のトラブルが避けられない。また自動運転車の普及のために、歩行者・自転車の通行を規制せよとか、歩行者・自転車にも発信機の携帯を義務づけるという議論が登場しかねない。つまり自動運転車に期待される機能の大部分はドラ

表３　自動運転のレベルと定義

レベル		名称	定義（口語表現）	動的運転タスク（DDT）		動的運転タスクの作動継続が困難な場合への応答	限定領域（ODD）
				持続的な横・縦の車両運動制御	対象物・事象の検知及び応答		
0	運転者が一部又は全ての動的運転タスクを実行	運転自動化なし	運転者が全ての動的運転タスクを実行（予防安全システムによって支援されている場合も含む）。	運転者	運転者	運転者	適用外
1		運転支援	車間距離の維持または車線の維持が自動的に行われるが、それはドライバーの補助（使うか使わないかはドライバーの任意）に過ぎず、監視と操作は全面的にドライバーに責任がある。	運転者とシステム	運転者	運転者	限定的
2		部分運転自動化	車間距離の維持または車線の維持が自動的に行われ、システムが正常に動作中はドライバーは関与しなくてもよいが、制御システムが対応できなくなった場合の操作はドライバー側の操作が要求される。	システム	運転者	運転者	限定的
3	自動運転システムが（作動時は）全ての動的運転タスクを実行	条件付運転自動化	自動運転が可能な条件が成立しているかぎりは、操舵（ステアリング）・加減速（アクセル・ブレーキ）など運転に必要な操作はシステムが担当しドライバーは関与しない。ただし条件が成立しない場合にはシステムから警告が出されドライバーが制御を代わる必要がある。ドライバーは常に運転を代われる状態で待機していなければならない。	システム	システム	作動継続が困難な場合への応答	限定的
4		高度運転自動化	人間の介入を要さず自動運転できると設定した条件が成立しているエリアまたは状況（限定領域・Operational Design Domain）では、全ての必要な操作をシステムが担当しドライバーは対応する必要がない。	システム	システム	システム	限定的
5		完全運転自動化	どのような場所でも、いかなる状況でもドライバーが介入する必要がない完全自律運転である。すなわち人間が乗っていてもドライバーという役割がない。	システム	システム	システム	限定なし

イバーの視点であり、歩行者・自転車の視点が乏しいということである。

自動運転車の開発過程ではさまざまな試みがなされてきたが、自動運転をレベル分けして段階的に実現する目標が国際的に合意(注25)されている。在来の車を「レベル0」として、機能が追加されるごとにレベルが上がり、最終的にどのような状況でも人間が介在せず公道走行が可能な自動運転車を「レベル5」としている。「レベル4」までは人間の介在が必要であるため「自動運転」イコール「無人運転（人間が介在しない）」ではない。現在はあたかも「レベル5」が実現することを前提に「自動運転車が社会を変える」といった類の議論が先行しているが、「レベル4」と「レベル5」の間には大きな隔たりがある。表3に各レベルの内容を示す。

運転機能に制約がある人、たとえば七五歳以上で免許更新時の検査をクリアできなかった高齢者がひき続き車による移動の自由を行使するためには「レベル5」が必要である。制御システムが対応できない状況になると警報が出てドライバーに操作を交替するように求められた場合、現実にはきわめて危険な状況を生み出す。システムから急に「操作を替われ」と求められた時に、瞬時に状況を把握して敏速に対応することは可能だろうか。二〇一八年三月にテスラ社の自動運転車が中央分離帯に衝突してドライバー（添乗員）が死亡した事故では、衝突六秒前にシステム側がドライバーに操作を求めるアラームを発したが乗員が対応できずそのまま衝突した。

これまでの自動運転車による公道走行実験の総走行距離について全世界での正確な集計はないが、各種報道から推定すると三〇〇〇～四〇〇〇万㎞に達していると思われる。これに対して少なくとも三件の死亡事故が記録されている。一見すると距離に対して少ない確率と感じるが、自動車の総走行距離は日本国内だけでも膨大な量であり年間約七二〇〇億㎞に達する。仮にこの確率を適用すれば年間約七万人の死亡事故が発生するということに相当し、これでは到底実用にならない。

自動運転車はカメラやレーダーで前方の情報を収集しているが、それは単にデータであって解釈はAIが行う。たとえば磨滅した道路標示など、人間であればごく自然に欠けている情報を補って認識できるが、AIには人間のような思考能力はない。そのため路上で観察されるパターンを大量に蓄積して当てはめる深層学習（ディープ・ラーニング）の技術が用いられている。「コンピュータが将棋や囲碁の名人に勝った」等のニュースが伝えられるが、それと同じ技術である。しかしここに倫理的な問題が起きてくる。将棋や囲碁ならともかく自動運転のAIが「経験」を蓄積するには実際の数多くの事故が必要となるからである。さらに「ブラックボックス問題」がある。AIが学習するようにプログラムしたのは人間（設計者）である。しかしAIが蓄積したデータに基づいてどのような判断を行ったのかは、設計者でも追跡・再現ができない。これがブラックボックス問題である。そうすると、かりにPL法でメーカーの責任を問うにも因果関係の立証ができないし、民事訴訟となっても「予見性・回避性がない」と主張されればそれを崩すことは困難であろう。自動運転のプログラムは一億行に達すると言われている。専門家といえども第三者がそれを解析して設計者の過失を立証するのはまず不可能である。

道路交通法の第三八条では、横断歩道等で「横断しようとする歩行者等があるとき」は車両は一時停止の義務がある。しかしAIは「しようとする」をどのように認識するのだろうか。もしAIが「しようとしているとは思わなかった」と認識すれば停止せず歩行者に突入してもよいのだろうか。

あるいはドライバーが運転中に、横断歩道を渡り始めた歩行者を発見したとする。その歩行者が先行車の陰になっていったん見えなくなっても、二～三秒後にはまた現れて横断を続けることは人間なら容易に想像できる。しかしＡＩにこれを推論させるのは難題である。ＡＩの判断が人間と同等あるいはより慎重で良心的という保証は何もない。人間の判断をＡＩに置きかえる過程には重大な障壁がある。

またすべての車が一斉に自動運転車に置きかえられるとは考えられないから、自動運転車の制御システムは「自動」車と「非自動」車が混在することを前提に設計されなければならない。どの道路でも制限速度が決まっているが、実際には大部分の車両はそれを超えて走ることが常態化している。道路上の流れの中で制限速度を守って走っている車があれば「あおり運転」をされるだろう。では自動運転車はどうか。現時点の警察庁のガイドライン(注26)では法令の順守を規定している。走行している車がすべて自動運転車であれば「あおり運転」等は回避されるが、混在期には自動運転車にも速度超過を許容するのだろうか。

これらの一つだけでも難題なのに、さらに難しい問題が立ちはだかる。それは「トロッコ問題」と呼ばれる倫理的な落とし穴である。たとえば一般道で対向車線から車がセンターラインを越えて突然はみ出してきたとする。ハンドルを左に切って避けようとしたが左側には自転車のグループが走行している。思いきりブレーキを踏むとしても後続車が迫っていたらどうするか。どのメーカーもこの問題には沈黙している。インターネット上では、ドライバーを犠牲にする車は売れないから制御システムはドライバーの安全を優先するように設定されるであろうという見解が優勢である。

日本の道路交通は長らく「車は一流、マナーは三流」と言われてきた。海外と比較すると日本の交通事故の特徴として、事故死者数のうち歩行者・自転車の割合が高い。車両対人の事故の中でも横断歩道での割合が三割を超える実態は、日本は道路交通の面では後進国であることを示している。今でも警察の交通事故対策は「歩行者（自転車）のほうが気をつけろ」という姿勢が強い。この状態で自動運転車が普及した場合、交通事故の防止効果は期待できるだろうか。自動運転システム開発の内容は情報処理が中心となるだけに、従来の自動車メーカーではなく、いわゆるＩＴ系の企業が主導することになる。注目されるのは、世界中の情報と金融を支配する存在として警戒されている〝ＧＡＦＡ〟の顔ぶれでもあるグーグルやアップルが自動運転に参入していることである。人命にかかわる交通を「ビジネス」の観点だけで捉えてよいのだろうか。

自動運転車は、従来型の車に対して制御システムをオプションで加えるという考え方では成り立たない。車と道路に対して、あるいはその背後にある社会に対する考え方を根本的に変えないかぎり、自動運転車の普及はない。少なくともレベル5を実用化するには走行速度を規制する必要がある。現在のように子どもや高齢者も通行する住宅地の街路でも車が時速五〇〜六〇㎞で行き交うような状態では、いかにＡＩを高度化したところで物理的な制御が追いつかない。ドライバーの個人差やブレーキとアクセルの踏みまちがいは自動運転によって解消されるかもしれないが、物理現象としての自動車の危険性が解消されるわけではない。

自動運転車の事故は誰の責任なのかも解決困難な問題である。ステアリングやブレーキの不具合などハード的な問題であれば原因や責任の所在は特定しやすいし、ドライバーの責任でないことも明瞭であるが、制御システムの不具合は証明できるだろうか。ドライバー（ユーザー）としては、自動モードでの事故ならばメーカーの責任であり「ＰＬ法（製造物責任法）」の範囲ではないかと考えるであろう。ＰＬ法では、ソフトウェア単体は対象ではないが、製品に組み込まれたソフトウェアは対象になる。それでは自動運転車の制御システムは当然ＰＬ法が適用されメーカーの責任が問われるかというと、法的には未解決の論点が多く残っている。

自動運転車にはどのくらいの安全レベル、言いかえればどのくらいのリスクが許容されるのだろうか。在来の自動車はドライバー自身が操作しているのでリスク（被害リスクと加害リスクの両面があるが）は本人が負うべき部分が多いのに対して、公共交通は利用者が操作に関与しないので他者（運行している者）の責任と考えられる。リスクの比べ方はいろいろな尺度があるが、たとえば一九六五年以降の日本国内での「人間の移動距離あたり」でみると、鉄道は一億㎞の移動あたりの死者（踏切事故や意図的な接触を除く）は〇・〇〇二人、航空機は同じく〇・〇三七人に対して、自動車は二・五人という桁ちがいの差がある。

仮に自動運転が普及してドライバー自身の操作が不要、すなわち安全は本人以外の他者に依存するとなると、それは自動車ではなく公共交通に近い性格を有することになる。それに伴い安全性については、鉄道なみとまでは行かなくとも、少なくとも現在の自動車のリスクのレベルでは社会的に容認されないであろう。すなわち現在の車を前提にドライバーの部分だけをＡＩ化しても自動運転車にはならないことに注意が必要である。

また自動運転によって達成されると期待されている新しいモビリティビジネス、たとえばカーシェアリング（車の共同利用）、ライドシェアリング（相乗り移動）などの可能性が語られる。しかしこのようなビジネスが普及したとしても、低所得者や高齢者・障害者に恩恵が及ぶとはかぎらない。一方でこうしたビジネスは、自動車の個人保有のニーズを減らす方向に作用するが、その影響はどうなるか、自動車産業あるいは経済全体への影響はどうなるのかも未解決の課題である。

脚注

注1　二〇〇八年度までは全国道路利用者会議「道路ポケットブック」、二〇〇九年度以降は国土交通省「道路統計年報」各年版より

注2　国土交通省道路局・都市局「平成31年度道路関係予算概要」

注3　国土審議会政策部会長期展望委員会「国土の長期展望　中間とりまとめ」 http://www.mlit.go.jp/policy/shingikai/kokudo03_sg_000030.html

注4　北海道横断自動車道網走線・新規事業採択時評価結果　https://www.mlit.go.jp/road/ir/ir-hyouka/31sinki.html

注5　国土交通省「道路交通センサス」より。平成二七年版は http://www.mlit.go.jp/road/census/h27/index.html

注6　国土交通省「パーソントリップ調査」 http://www.mlit.go.jp/toshi/tosiko/toshi_tosiko_tk_000031.html

注7　「一般交通量調査集計表」 http://www.mlit.go.jp/road/census/h27/index.html

注8　「外環を考えるデータ集」 http://p-report.jpn.org/g41_dataup04.html

注9　「平成27年度全国都市交通特性調査」 https://www.mlit.go.jp/toshi/tosiko/toshi_tosiko_fr_000024.html

注10　国立環境研究所「環境ＧＩＳ」 http://tenbou.nies.go.jp/gis/monitor/

注11　国土交通省「平成27年度全国道路・街路交通情勢調査」 http://www.mlit.go.jp/road/census/h27/

注12　公益財団法人交通事故総合分析センター『交通統計』各年版より

注13　日本交通政策研究会「高齢者の自動車運転免許保有の価値」日交研シリーズA‐七二二、二〇一八年

注14　中川善典・重本愛美「運転免許を返納する高齢者にとっての返納の意味に関する人生史研究」『土木学会論文集』D三、七二巻四号、二〇一六年、三〇四頁

注15　警察庁「生活道路におけるゾーン対策推進調査研究検討委員会」報告書、二〇一一年三月 https://www.npa.go.jp/bureau/traffic/seibi2/kisei/zone30/pdf/houkokusyo.pdf

注16　交通事故総合分析センター「海外情報・国際比較」 http://www.itarda.or.jp/materials/publications_free.php?page=31

注17　平成二七年度全国道路・街路交通情勢調査　一般交通量調査集計表 http://www.mlit.go.jp/road/census/h27/index.html

注18　いくつか訳例があるが、日本交通政策研究会「道路整備の経済分析」日交研シリーズA―三八〇、二〇〇五年三月、一二頁（第二章 中里透担当）より引用

注19　田邉勝巳・後藤孝夫「一般道路整備における財源の地域間配分の構造とその要因分析―都道府県管理の一般道路整備を中心に」『高速道路と自動車』四八巻、一二号、二〇〇五年、二五頁。

注20　国土交通省「道路ＩＲについて」 https://www.mlit.go.jp/road/road_tk4_000003.html

注21　国土交通省「個別道路事業の評価」 https://www.mlit.go.jp/road/ir/ir-hyouka/ir-hyouka.html

注22　再評価結果（平成二九年度事業継続箇所） 一般国道二号福山道路 https://www.mlit.go.jp/road/ir/ir-hyouka/28sai/2_h28_150.pdf

注23　国土交通省国土政策局総合計画課「平成二七年国勢調査を基準とした５００及び１㎞メッシュ別将来人口の試算方法について」二〇一九年三月 http://nlftp.mlit.go.jp/ksj/gml/datalist/mesh500_1000_h30.pdf

注24　国土交通省道路局企画課道路経済調査室「交通量配分手法に関する検討業務報告書」H三一年三月、計量

計画研究所「将来の交通需要予測の精度向上に向けた検討業務報告書」H三一年三月 など。

注25 自動車技術会ＪＡＳＯテクニカルペーパー「自動車用運転自動化システムのレベル分類および定義」http://www.jsae.or.jp/08std/data/DrivingAutomation/jaso_tp18004-18.pdf

注26「自動走行システムに関する公道実証実験のためのガイドライン」 https://www.npa.go.jp/koutsuu/kikaku/gaideline.pdf

第3章　道路の設置管理と市民参加

礒野弥生

はじめに

古今東西、人がいるところ道がある。何人も通行可能な道路は、人とモノの移動に必須である。道行（みちゆき）、ロード・ムービーと、道は演劇の一つのジャンルの舞台装置でもある。金持ちも貧しい人も、年老いた人も子どもも自由に行き来することができる空間だからこその物語である。すなわち、道は「移動の自由」という基本的人権を現実のものとするために欠かせない施設である。

イギリスでは、他人の土地に入ることはtrespass（不法侵入）になる。だが、私有地内の歩行路に関しては、当初はコモンローで、現代になると法律で「right of way」「Public right of way」として、全ての人に通行権が認められた。自動車が通るようになると、National Trail、public footpathという歩行者道が私有地内にも整備されてきた。コミュニティのための道路であると同時に、都市の工場労働者などが休日の田園を楽しむ権利の一環として確保されてきた。さらに、私有制度を前提とする社会では、誰でもが自由に行き交うことができる場所は少ない。そのような役割を負う空間（オープンスペース）は、道路以外には、公園や鉄道そして国や自治体が管理する河川、海や野山、そして浜である。誰でもが自由に行き交う空間は、慣習法的に認められてきたが、国や自治体という公共的な役割を担う組織によって設置・管理されてきた。

ところで、道路が移動のための施設であることは言うまでもない。東日本大震災のとき、津波で道路が寸断され、リアス式海岸に点在する多くの漁村が孤立し、人々は道路の重要性を改めて認識した。道路が破壊されたとき、昔の峠道を覚えていた方がその道を徒歩で一日かけて内陸部に救いを求めたという話を、避難所で伺ったときには、人が歩き、維持してきた古道の重要性を改めて考えさせられた。確保すべき道路とは、自動車と共存する近代的な舗装道路だけではない。集落間、地域間を結び、様々な目的で交流を求めて、長い年月をかけて道を築いてきた、歴史と共にあった、「歩く」という人にとってもっとも基礎的な交通手段を生かせる道の確保もまた忘れてはならない。このように多様な移動手段を使い分けながら、道路ネットワークが作り出されている。より適切な道路ネットワーク形成への人々の参加権が求められることは、東日本大震災一つとっても、明らかである。

道路には移動とは別の役割もある。一九六〇年頃まで、まちでは路地を中心にした道路が、田舎ではあぜ道や村の集落内道路が生活の場であった。道路は、幹線道路も含めて、地域の人の憩いの場、遊びの場そして日々の生活の場であった。世界を見渡しても同様で、道路は地域における生活の共有空間だといってよい。路上音楽、大道芸あるいは祭、さらには演説の場である。アジアの屋台、欧州では道路上に椅子テーブルを置くカフェ、様々な地域の路上マーケットにみられるように、生活空間そのものである。移動空間としての役割ではない。道路を「みんなが自由に利用できる空間」＝「私達の公共空間」としてとらえることも必要だろう。

他方で、自動車専用道路は、クルマ以外の自由利用可能な公共空間ではない。このような排他的利用空間を「私達の公共空間」という捉え方の延長線上で地域空間の一つとして受け入れることができるか。それが最大の課題のひとつである。地域の空間を独占利用する施設に対しても、地域の「公共の空間」についての合意の主体としての位置づけを与えていく必要がある。

自由利用空間としての捉えで話を進めてきたが、同時に地域の「環境」としての捉えも必要である。(注1)環境の広がりを考えたとき、道路の設置や利用の在り方を人間だけに想定して良いか、と言う問いが明確になる。環境が私達以外の生きとし生けるものの空間でもあることが共通の認識になったのは、二〇世紀も最後の四半世紀である。(注2)

以上を議論の前提として、参加の問題を考えておきたい。なお、道路と参加を主題とする場合には、環境影響評価手続が重要な地位を占めるが、その詳細はここでは省く。

1　参加の基準

1　アーンスタインの「参加の梯子」

参加を論ずるときには、その基準を明らかにしておく必要がある。

参加を論ずるとき、アーンスタインの著した「参加の梯子」(注3)がしばしば引用される。彼女は、参加には八つの段階があり、参加のふりをした「参加なし」から形式的参加、そして真の参加の三つのカテゴリーに分けている（図1）。その後、様々な人により修正が加えられたりしているが、基本的には、この枠組が有効だと考えて良いだろう。最下段の二つは、参加のふりをした「参加とはいえない」カテゴリーである。計画や政策に権限のある者が、参加者の「教育：educate」「癒し：cure」を目的としている段階である。中段の三つの場合は、形式的参加とされている。従来からの権限保持者が決定権を手放さない場合を示している。「情報提供」や「意見聴取」あるいは「協議」という参加、および「宥和」で構成されている。上段の三つは成果を得ることができる場合である。市民の代表者が権限を委任され、あるいは市民自身が決定することができる段階として描かれている。

「権限の委任」には、イギリスのブレア政権下でのコンパクト（CONPACT）政策の下で、自治体行政部門の長にNPO代表を充てた事例がある。「権限を持たない住民によるコントロール」には、住民投票や国民投票の結果が事柄の「決定」となる場合がその事例である。住民投票は、アメリカの州や自治体で制度化されている。[注4] 国民投票はヨーロッパで多くの例がある。日本でも原子力発電所の立地などをめぐって住民投票が行われてきた。しかし、日本の住民投票はこのカテゴリーに入らない。「小平都市計画道路三・二・八号府中所沢線計画」では、投票率五〇％を成立要件とした同計画の可否を問う住民投票条例の下、投票率三五・一七％で「不成立」となった後、直ちに投票用紙を廃棄、ということも起こっている。[注5] その結果、住民は情報公開請求でも投票結果さえ知ることが出来なかった。

このように、「参加の梯子」は市民参加に段階のあることを明示した。市民にとって、現在取り組

図１　アーンスタインの参加の梯子

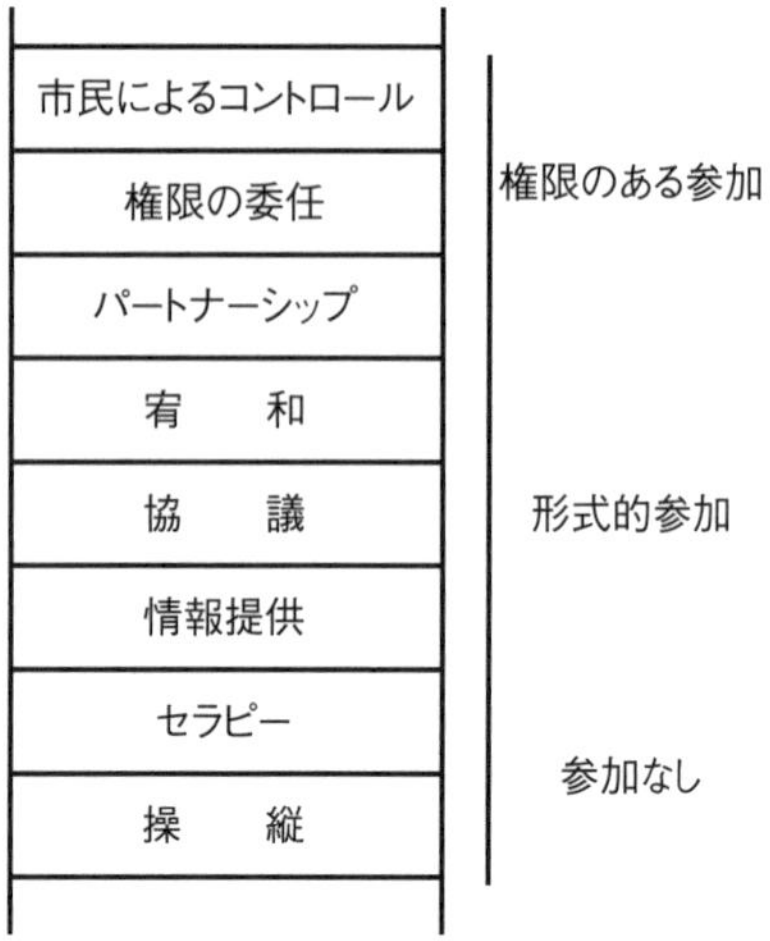

梯子の段	区分
市民によるコントロール	権限のある参加
権限の委任	
パートナーシップ	
宥　和	形式的参加
協　議	
情報提供	
セラピー	参加なし
操　縦	

んでいる「参加」の程度を確認することができ、上段の「権限を持たない市民」の意見を確実に反映させる段階への目安を与えた。そこでこれを「梯子」基準としておく。

同論文の背景となるアメリカの状況は、以下の通りだった。一九六〇年代後半から、各分野で環境に影響を与える大型開発に対して、環境保護団体（環境ＮＰＯ）が利害関係者として参加を求め、それが認められだした。一九六九年国家環境政策法が制定され、環境影響評価手続に公聴会手続が導入され、環境ＮＰＯが意見を述べた。しかし、事業実施直前の参加では意見が十分に反映されず、道路、パイプライン、ダム、原子力発電所をはじめとした公益事業の開発決定を対象に、多数の裁判が提起された。事業の廃止が容易にできると同時に、事業の効率化のためにも、政策・計画から実施までの流れの上流部分、すなわち早期の段階での手続の実施がのぞましいとされ、計画段階の環境影響評価（戦略的環境アセスメント、ＳＥＡ）が導入された。ＳＥＡの場合には、公聴会ではなくラウンドテーブル方式などが採用され、環境のみならず、経済、社会に関する影響評価も同時に行われるようになった。ＥＵではＳＥＡ指令が出され、各国で対応している。（注６）

アメリカの交通政策については、一九九一年陸上総合交通効率化法（ISTEA、～一九九七）が制定され、連邦の補助金が交付される全ての交通関係事業に、長期計画から実施まで市民参加（PI）手続[注7]の導入が求められた。その後継である21 Transportation Equity Act for the 21st Century：TEA21[注8]等にも、PI（Public Involvement）の義務化は引き継がれている。

2 リオ宣言とオーフス条約

一九九二年には、国連環境開発会議のアジェンダと共にリオ宣言[注9]が採択され、その第一〇原則で参加三原則が示された。「情報へのアクセス権」「環境に影響を与えるおそれのある決定への人々の参加」「司法へのアクセス権」である。この原則に基づく市民の権利が確保されて初めて環境を守ることができる、というものである。

そしてこの三原則はその後、国連欧州経済委員会（UNECE）で、オーフス条約となって実現された[注10]。同条約は、参加国に、環境情報へのアクセス権、決定への参加権、司法へのアクセス権の確保を求めている。三原則のうち決定への参加について、

（A）採択される可能性のある決定について、その内容、決定機関、参加手続を市民へ早期に通知
（B）全ての選択が可能な早期の段階での参加の機会
（C）決定に関連する全ての情報について、可能な限り、無料でのアクセス
（D）公的機関は公衆参加の結果について十分適切な考慮
（E）決定の速やかな通知とその理由と考慮事項をアクセス可能にすること

（F）実施条件が再検討または改訂される場合、必要に応じて（A）～（E）の手続を採ることを求めている。[注11]

オーフス条約は環境領域の条約ではあるが、「持続可能な開発のための目標」（SDGs）から考えても、「参加」の一般的な基準ともなる。そこで、これを仮にオーフス基準としておく。また同条約では、主体としてのNPOの役割を強調していることも忘れてはならない。

EU諸国やオーフス条約加盟国では、オーフス条約にしたがって、国内法を整備している。

さらに、二〇一五年、国連会議でアジェンダ二〇三〇が採択され、SDGsが全ての国において達成すべき後述の共通の目標となった。SDGsを達成する上で、リオ宣言第一〇原則を前提に、関係主体のパートナーシップの必要性が求められるようになった（SDGs16、17）。[注12]さらに、配慮される事項として、環境・経済・社会を一体として評価することが求められた。そこでは、まずは人権の保護と誰一人取り残さないことが原則である。このようにして、国際社会は梯子を登り、パートナーシップに向かっている。ここで忘れてはならないのは、アジアの動きで、特に東南アジアあるいはインドでも同様の方向に向けての努力が進められている。

2　道路網（ネットワーク）計画と参加

1　道路建設のためのステップ

道路行政への参加を検討する際には、三つの過程がある。

第一段階が、道路網形成計画段階
第二段階が、個別の道路建設の実施段階
第三段階が、建設された道路の管理（修繕と交通の管理、道路自体の日常管理）である。

なお、これ以外に、道路も道路としての利用の「廃止」も検討すべき課題である。

計画から道路の供用開始までの流れは、図2の通りであるが、第二段階は都市計画決定までを取り扱う。

また、図2には示されていないが、第三段階も現在重要な場面に来ていることも忘れてはならない。

2 重層的計画 ―第1段階―

① 道路をめぐる国の計画

第一段階は道路網構成計画段階で、オーフス基準（B）「全ての選択が可能な早期の段階での参加の機会」でも、最も早い段階である。この段階の計画は、相互に重層的に絡んでいる。（注13）

国のレベルでは、以下の計画がある。

第一に、「社会資本整備重点計画」（第一次計画は二〇〇三年）をあげなければならない。（注14）同計画は、社会資本整備重点計画法で定められ、中期計画に相当する。前身は道路整備緊急措置法（一九五八年）の財政計画でもある「道路整備五箇年計画」である。二〇〇三年に、「国民生活・産業活動の基盤を形成する社会資本の整備に係る計画」として、交通安全施設、空港、港湾、都市公園、下水道、治水、急傾斜地崩壊対策、海岸にかかわる計画と共に統合され、同計画になった。

道路計画の長期計画にあたるものは、国土形成計画である。同計画の前身は、「全国総合開発計画法」（一九五五年）に基づく「全国総合開発計画」（第一次〔一九六二年〕）から第五次計画である「二一世紀の国土のグランドデザイン」までである。[注15] 全国総合開発計画法が改正され「国土形成計画法」となり、計画の名称も変えられた。[注16] 国土形成計画とは「国土の利用、整備及び保全（以下「国土の形成」という。）を推進するための総合的かつ基本的な計画」で、以下のものを含めるとし（同法二条本文）、その中に、「六　交通施設、情報通信施設、科学技術に係る研究施設その他の重要な公共的施設の利用、整備及び保全に関する事項」（同条六号）とある。[注17]

「交通政策基本法」（二〇一三年）では、「交通政策基本計画」が策定される。同計画は「交通に関する施策の総合的かつ計画的な推進を図るため」（同法一五条一項）に、（ア）交通に関する施策についての基本的な方針、（イ）交通に関する施策についての目標、（ウ）交通に関し、政府が総合的かつ計画的に講ずべき施策、（エ）その他交通に関する施策を総合的かつ計画的に推進するために必要な事項、を定める（同法一五条二項）。

さらに、「国土強靱化基本法」（二〇一三年）で、国土強靱化基本計画が定められた。その中にも、災害に強い交通・物流対策として、「大都市圏環状道路などの高速道路ネットワークについてそれぞれ事業評価などの総合的な評価を踏まえた着実な整備、高速道路における暫定二車線区間の四車線化などの機能強化、高規格幹線道路等へのアクセス性の向上等を推進」などを挙げている。

四つの計画相互の位置づけは以下のとおりである。

社会資本整備重点計画は、「国土の総合的な利用、整備及び保全に関する国の計画並びに環境の保

図２　道路事業のながれ

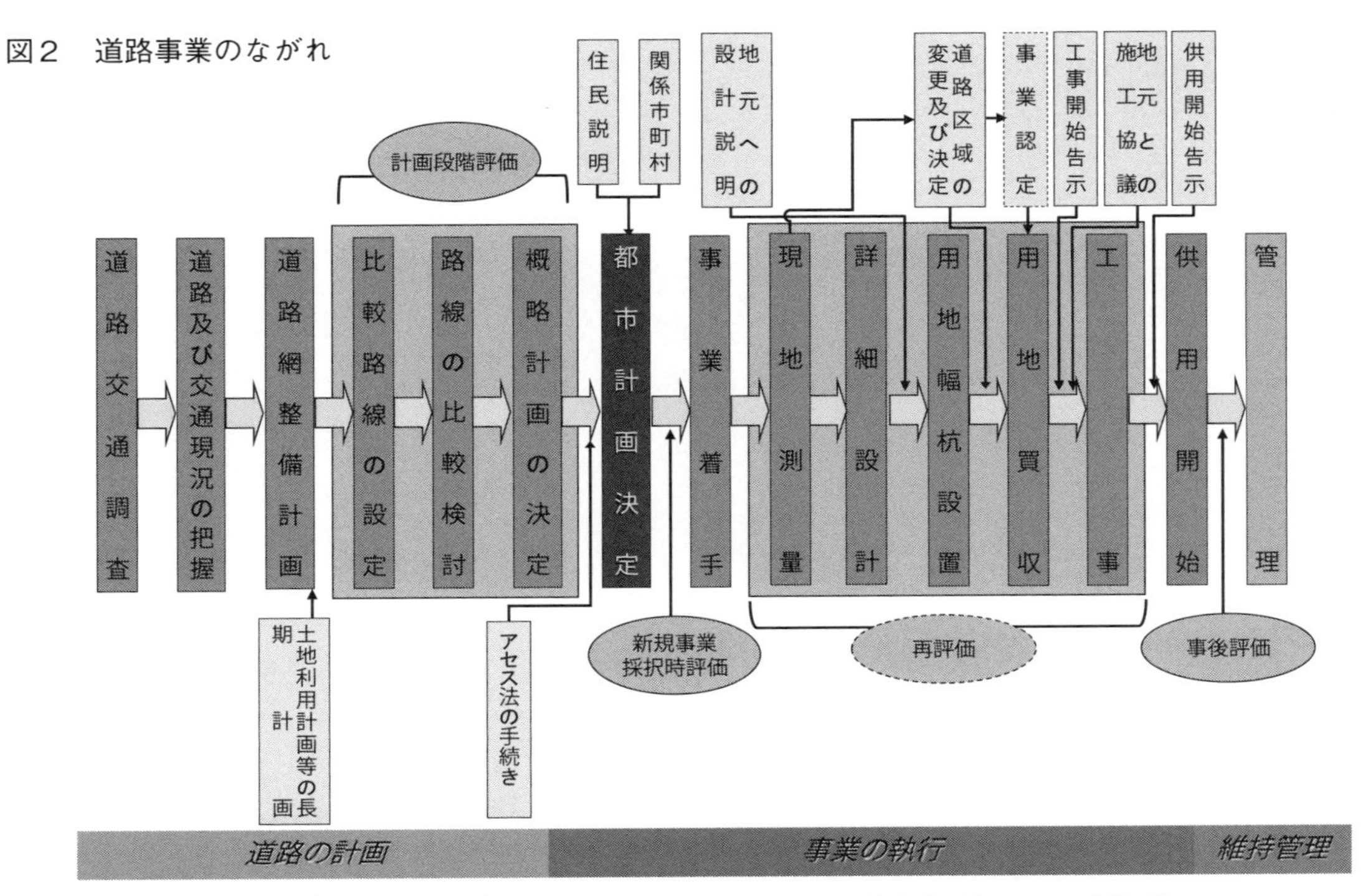

出典：国交省道路局「道路事業の簡単解説」より https://www.mlit.go.jp/road/sisaku/dorogyousei/0.pdf

全に関する国の基本的な計画との調和が保たれ」なければならない（同法六条）。次いで、交通政策基本計画は「国土の総合的な利用、整備及び保全に関する国の計画並びに環境の保全に関する国の基本的な計画との調和」（同法一五条三項）を求めている。

国土形成計画では、現在の全国道路ネットワークは、「環境基本計画との調和」（第六条三項）とあり、その他の計画との関係については、全国計画について、「国土利用計画と一体のもの」とあり、それ以上に関係性を示していない。もっとも、関係省庁間の調整が定められていて（同条六項）、それが調整条項として意味を持つともいえる。

国土強靱化基本計画については、「本計画以外の国土強靱化に関わる国の計画等の指針となるべきものとして策定したもの」とする。

計画相互の関係性について、「下位計画は、上位計画に従う」という原則がある、四つの計画は目的を異にし、法律の規定から、上位、下位の関係性は必ずしも明確になっているとは言い難い。計画は実施手段を持たないが、計画中に定められた内容は、事実上それぞれの下位計画を拘束する。

これらの法定計画以外に、法の根拠を持たない計画もある。たとえば、国交省に置かれた有識者懇談会の議を経て国交省が定めた長期計画である「国土のグランドデザイン２０５０～対流促進型国土の形成～」（二〇一四年七月）がこの範疇の計画である。[注18] 法律に根拠を持たない同計画が、二〇一五年の国土形成計画の基礎となっている。

以上からすると、四つの法定計画に道路ネットワークの記述があり、国土形成計画がオーフス原則（B）のうちの最も早い段階の計画にあたるといえよう。

②地方の計画

多くの自治体で、条例に基づいて基本構想あるいは総合計画を定めている。これらに交通や道路に関する計画が記載される。

同時に、前述の法定計画との整合性も要求される。まず、国土形成計画法では、全国計画とともに、広域地方計画を定める（同法九条）。これらの計画は、全国計画を基本として（同条二項）作成される。計画はブロックごとに策定される。（注19）また、都道府県知事、及び政令市の市長が定める計画として、高規格幹線道路と一体的に機能する国道または都道府県道等を対象とした、「広域道路整備基本計画」（一九九八年見直し）がある。同計画で、地域高規格道路（六九五〇km）が指定された。現在、後継の計画として、「新たな広域道路交通計画」の策定に向けた検討が行われている。国交大臣が「今後の道路交通のあり方」を、各地方整備局長が地方ブロックのビジョンと計画を、都道府県知事と政令市市長がそれぞれの区域の範囲のビジョンと計画を策定する。

さらに、都市部では、都市計画法が重要な役割を果たす。都市計画には、都道府県計画と市町村計画がある。これらの計画に、都市施設として道路を定める。都市計画が前述の計画と異なるのは、計画から実施までを一貫して定めていることにある。

自治体のレベルに限ってみれば、ここに述べる計画が、オーフス原則（B）の決定であろう。住民の立場に立つと、都道府県道、市町村道といえども道路はネットワークとして構成されているので、国土形成計画が最も早期の計画となる。

③計画手続と参加

(A)国土形成計画法

同法では、全国計画の案を作成しようとするときは、「あらかじめ、国土交通省令で定めるところにより」国民の意見を反映させるための必要な措置を定めることを規定し(六条五項、施行規則一条)。また、環境大臣その他の関係行政機関の長との事前の協議、および国土審議会調査審議(法六条五項)、並びに都道府県、市町村に対しては意見聴取を法律で定めている。

広域地方計画についても、全国計画と同様の建て付けで、国交大臣はパブリックコメント手続を採ることを義務づけている(法九条三項、規則四条一項)。全国計画と異なるのは、自治体の法的地位である。国の関係各地方行政機関と共に、関係都府県及び関係指定都市が「広域地方計画協議会」を組織し、その協議を経た計画案について、関係行政機関の長(国)と協議をして、決定する(法九条三項)、と定める。必要とみなされる場合には、当該地域内の市町村の参加も認めている。環境大臣および関係行政機関の長とは協議を求めている。

第二次の国土形成基本計画(全国計画)の場合、最も広く国民の知ることができる手段としてのインターネットでは、六月二二日に通知をし、七月九日を提出期限とする。資料は計画原案と原案の概略のみが添付されている。参加(意見提出)の機会を得ている期間が一八日と短い。その間に決定に関連ある資料に広くアクセスすることは不可能といって良い。そこで、パブコメから見る限り、意味ある参加ではない。

（B）社会資本整備重点計画法

社会資本整備重点計画法では、計画の策定にあたって、主務大臣等が、重点計画の案を作成しようとするときは、「あらかじめ、主務省令で定めるところにより、国民の意見を反映させるために必要な措置を講」じることを求めている（法四条四項）。ここでは、国民の意見を反映するための措置、と定めている。ただし、施行規則で定めている内容は、国土形成計画法と同様の内容である（規則一条）。第三次計画の場合には、七月三〇日に意見の募集を開始し、提出期限を八月一九日としている。通知から提出期限まで二〇日にも満たない上、お盆の時期である。また、添付の資料は実質的に原案と概略のみである。意見については、「頂いた御意見につきましては、担当部局において取りまとめた上で、検討を行う際の資料とさせていただ」くのみである。

（C）交通政策基本計画・国土強靱化基本計画

以上二つ計画についてみたが、交通政策基本計画、国土強靱化基本計画も、参加については同様の建て付けとなっている。

このように一般の人の意見を聴くことが、現在の日本の共通理解となっているので、これらの計画でも一応実施することになっている。

ところで、行政手続法に意見公募（パブリックコメント）手続（同法三九条）が定められているが、命令等（政令、省令等）を対象とし、計画は対象外である。これら計画と命令等の手続を比較すると、相当に異なる。最も異なるのは、行政手続法では公募意見に見解を示すことを義務づけている点である。(注20) 上述の計画法では意見提出までは定めているが、その意見に対する対応の義務を課していない。

参加した人の意見の反映の取り扱いが確認できなくとも、法令上は問題ない。また、人々の意思形成との関わりをみると、工事から意見提出までの期間が先に挙げたように非常に短く、適切に情報にアクセスする時間的余裕もない。道路設置法制は、そもそも省庁間、国と自治体間の調整こそが必要な仕組みとなっていて、国・自治体の行政機関が手続の取り扱いを独占している。「梯子」でいえば、参加のふりをした「参加なし」と言わざるを得ない。

④計画と自治体

これらの計画、特に、国土形成計画の策定において、自治体の役割が大きい。地方分権は、国と地方の関係の原則である。自治体がそれぞれ独自に、地方のあり方を決めることが求められるので、全体計画についても自治体の提案権を定め、その取り扱い手続を規定している点が重要である。

3　第二段階〜具体の道路計画

①高速自動車国道および高規格道路

具体の道路計画となると、別の法律が登場する。まず、高速道路について述べる。高速道路の多くは、道路法、高速自動車国道法、国土開発幹線自動車道法の下に置かれる。(注21) 国土開発幹線自動車道法は、「産業発展の不可欠の基盤たる全国的な高速自動車交通網を新たに形成させるため、国土を縦貫し、又は横断する高速幹線自動車道を開設し、及びこれと関連して新都市及び新農村の建設等を促進すること」ことを目的とする。一方、高速自動車国道法は、「道路法（昭和二十七年法律第百八十号）

に定めるもののほか、路線の指定、整備計画、管理、構造、保全等に関する事項を定め」「高速自動車国道の整備を図り、自動車交通の発達に寄与すること」を目的とする。

前者は国道であるが、後者には、国道だけでなく、都道府県道も含まれる。

道路の工事に至るまでを見ると、まず国交大臣が内閣の議を経て、予定路線として定める（高速自動車国道法三条一項）が、内閣に提案する前に、「国土開発幹線自動車道建設会議」の議を経ることが求められている（高速自動車国道法第三条二項）。その際に必要な事項は、「路線名、起点、終点及び主たる経過地」である（施行令一条）。国土開発幹線自動車道法第三条別表に予定路線が示される。別表の予定路線は、「第四次国土総合開発計画」[注22]で定められた路線を中心としている[注23]。

高速自動車国道は、第三条で定められた予定路線、または国土開発幹線自動車道法第三条別表の予定路線のうちから、政令で指定する。政令で指定するにあたって、国交大臣は会議の議を経る。

建設段階に入る場合には、国土開発幹線自動車道法により「基本計画」のための調査が行われる（同法一〇条）。その後、高速自動車交通の需要の充足、国土の普遍的開発の地域的重点指向、その他国土開発幹線自動車道の効率的な建設をはかるため必要な事項を考慮して、適当と考えられる路線について、建設に関する基本計画が定められる（法五条）。基本計画には、建設線の区間、主たる経過地、標準車線数、設計速度、道路等の連地、建設主体を定める（同法施行令一条）。

その次の段階として、「整備計画」の策定がある。整備計画については、より詳しく、経過する市町村名、車線数（区間毎）、設計速度（区間毎）、連結位置及び連結予定施設、工事に要する費用の概算額、その他必要な事項を定める。この計画が定められると、実施段階に入る。

ここで注意すべきは、予定路線の決定、路線の指定、基本計画、整備計画策定の手続は定められているが、予定路線からの削除、指定の取消についての定めはない。この法律の制定時期に鑑みて、同規定に路線を廃止する権限を含むと解することができる。

②法定手続と住民参加ガイドライン

国交大臣は、予定路線、基本計画、整備計画、いずれを策定する場合も国土開発幹線自動車道建設会議の議を経ること、および公示についての規定が置かれている。整備計画については、関係都道府県、指定都市を通過する場合には加えて指定都市の意見を聴かなければならない（高速自動車国道法五条五項）。このように、関係自治体の意見を聴くことをもって、地域住民の意見をも参酌する形になっている。

もっとも、基本計画に関しては、計画公表後に、利害関係人による意見提出とその後の措置についての制度が設けられている。さらに、整備計画については、高速自動車国道の区域を表示した図面を一般の「縦覧」に供さなければならないとする。

このように、道路建設を専ら国交省の裁量に委ねていたが、住民参加の高まりを受けて、国交省は、公共事業について、住民参加制度を導入することとした。二〇〇二年に「市民参画型道路計画プロセスのガイドライン[注24]」、二〇〇三年に「国土交通省所管の公共事業の構想段階における住民参加手続きガイドライン[注25]」を策定し、二〇〇五年に二〇〇二年のガイドラインを改定して「構想段階における市民参画型道路計画プロセスのガイドライン[注26]」を定めた。

図３　高規格幹線道路の計画フロー

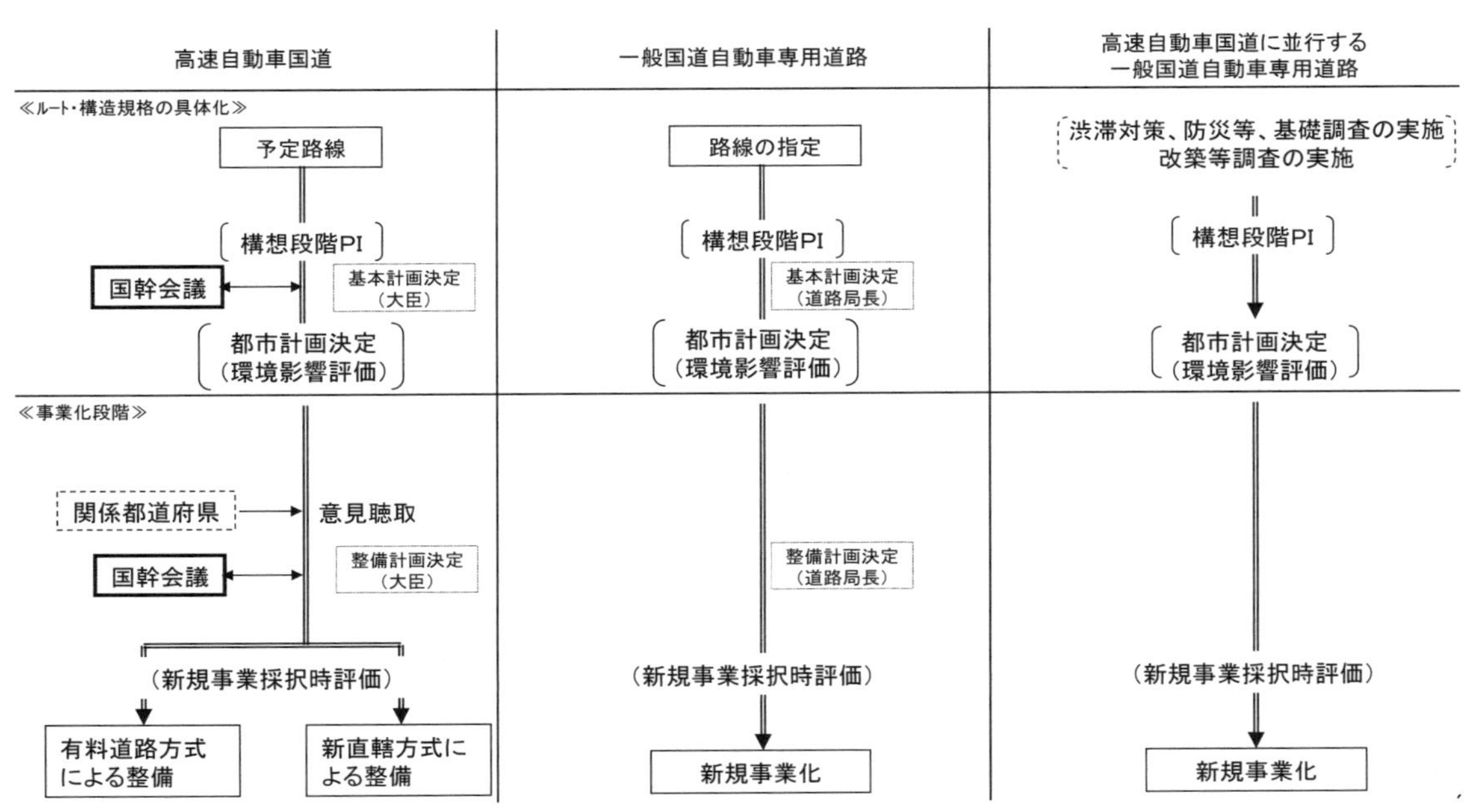

出典「高規格幹線道路等の現在の手続き」より　https://www.mlit.go.jp/road/ir/kihon/25/4.pdf

国交省のこの市民参加制度は、いまだに法令に定めるのではなく、「ガイドライン」に留まっている。法令は、現在に至るまで、一貫して市民参加を定めていない。国交省は、自らの裁量の範囲内で市民参加手続を採用する。そうなると、市民が計画策定に参加する法的地位を得たといえるのか、と言う課題を残る。確かに、ガイドラインとして公表している以上、信義誠実の原則から、自ら異なる裁量をしたならば、その程度に応じて違法が生じるとの解釈が成り立つが、意見の反映のあり方、手続の内容などについて、どこまで法的に縛ることができるかはこれからの課題となる。

とはいえ、限られた地域では、徐々にではあるが、まちづくり、地域づくりの一環として、道路に関する合意形成の事例が出てきている。

4 市町村道、都道府県道、道路施設

①道路の設置と廃止・変更

これまで、高速道路を中心に見てきたが、最も身近な市町村内の生活道路である市町村道（道路法三条四号）は、市町村が建設・管理し、路線の認定や廃止（同法九条）は市町村長が行う。都道府県道の場合には、同様に都道府県知事が行う。地方的な幹線道路網を構成する都道府県道（同法三条三号）は、都道府県が建設・管理し、路線の認定や廃止は都道府県知事が行う。なお、市町村道および都道府県道の路線の認定にあたっては、それぞれ市町村議会または都道府県の議決が必要である。地方幹線道路網を構成する都道府県道、（市や人口五〇〇〇人以上の町を結び、あるいは鉄道、軌道の主要駅等を結び、観光地を結ぶなどの道路（同法七条一項））もまた、現代の生活における身近な道路といえ

る。

市町村道や都道府県道については、まず各自治体の基本構想や総合計画に組み込まれる。その下に個別計画としての道路計画が置かれる。都市計画地域の市町村については、各市町村の「都市計画に関する基本的な方針」（都市マスタープラン）及び、都道府県の「都市計画区域の整備、開発及び保全の方針」（地域マスタープラン）に組み込まれ、以下都市計画法の手続きに従って、都市計画の都市施設として決定される。工事が実施される場合には、事業認可が必要とされる。

なお、都市計画で定められた道路について、国交省は「都市計画運用指針」で見直しガイドラインを設けて都市計画道路の見直しを行うように求めてきた。(注27) 廃止する路線、優先的整備路線を定め、事業認可を急ぐものと、都市計画の変更により廃止を行う路線を定める。

これらとは別に、市町村を中心に、住民参加条例あるいは住民参加規定のある自治体基本条例を制定しているところが多い。自治体では、道路整備計画などについて、ワークショップ方式などを採用する例も多くなっている。(注28) もっとも眠っていた計画が数十年の時を経て、周辺住民の十分な参加も合意もなく実施手続きに入り、裁判となる事例は少なくない。先述の小平都市計画道路三・二・八号線もその一例である。

②道路構造・付帯施設

道路問題で建設と同等に重要なテーマとして、維持、修繕等の管理がある。管理についてみると、国道においても、政令で定める範囲について国交大臣が行うものの、その他の区域は当該地域の都道府県が行う。

歩行者、自転車が自動車と共に通行する一般道の場合には、公害防止、安全施設の設置が重要になる。道路施設、道路構造が、道路周辺住民にとって適切でないと、快適な生活環境、公共空間が維持できない。先に述べたように通過交通のためだけでなく、人々が利用できる公共空間としての位置づけから、考えられなければならない。これらは道路構造令で定められている。

その他環境施設帯[(注29)]、緑樹帯、信号、自動車減速のための物理的デバイスなどの道路施設については、身近な生活環境として、しばしば参加の課題となってきた。

3　幹線道路の個別路線計画への参加

1　計画から見る日本における参加の考え方

「二一世紀の国土のグランドデザイン」（一九九八年、全国総合開発計画）では、「参加と連携による国土づくり」が重視されるようになった。「多様な主体の参加は、従来の行政では十分に対応しきれなかった分野を補完するのみならず、多様な要請に対応するきめ細かいサービスの提供とその質の向上を可能とする」と、いう捉え方をしている。「一　多様な主体間での役割分担」という項目を立て、「公的主体と民間主体の役割分担については、公的主体は、国民の意見を広く求めつつ、国土づくり、地域づくりに関する計画を提示し、これに関する調整を行うこと、国土づくり、地域づくりに関する制度的な枠組みを整備すること等の役割を果たし、民間主体は、自らの創意工夫に基づき、国土づくり、地域づくりに参加することが原則である」とする。

全国総合開発計画の後継である国土形成計画（二〇〇七年七月閣議決定）では、「共助社会」「国民の参加による国土管理」が強調されている。(注30) 人口減少社会にあって、公の役割を減らし、民が積極的に「国土の管理」に関与することで、望ましい国土が形成されるとする。特に重視しているのは、国レベルではなく、「地域」のレベルでの参加で、具体的な事業の実施に係る「協働」ないし「共助」が強調される。他方で計画段階での合意形成が明確にされているわけではない。

次に、社会資本整備重点計画では、「第3節　社会資本整備への多様な主体の参画と透明性・公平性の確保」を設け、「国民の価値観が多様化する中で社会資本整備を円滑に進めるためには、事業構想・計画段階、実施段階、そして管理段階のそれぞれの段階において、多様な主体の参画を通じて受け手のニーズに合わせたものとするとともに、効率性にも留意しながら各段階において透明性・公平性が確保されたプロセスを経ることにより、社会資本整備に対する国民の信頼度を向上させることが重要」としている。

計画には、具体の場での、参加、合意形成という言葉がちりばめられている。

2　日本の参加ガイドラインと参加の課題

そこで、計画の内実をもう少し具体的な場面に惹きつけてみてみよう。以下、オーフス基準を参照しながら、住民参加の運用基準として定められた「構想段階における市民参画型道路計画プロセスのガイドライン」（以下本ガイドラインとする）の課題を検討する。なお、本ガイドラインは、道路管理者、すなわち実施段階の主体となる行政当局に向けて発出した文書であり、計画策定の裁量権行使のための要綱となっている。内部基準を市民に向けて公表することで、これに反する手続で行った場合には、その裁量権行使が違法となる場合もある。

（ア）道路管理者・市民にとっての市民参画の意義

本ガイドラインでは、市民参画の意義として、（A）計画プロセスにおける透明性、客観性、合理性、公正性の向上、（B）計画の必要性や公益性に関わる議論と個々の利害調整に関わる議論を整序化、（C）さまざまな可能性を総合的な観点から比較・評価することを通して、より合理的な計画づくり、（D）計画プロセスの早い段階から市民等の意見を反映する手続を定め、より良い計画づくり、をあげている。

本ガイドラインでの市民参加の獲得目標としてあげられているのは、情報の収集と提供によって、「市民等から得られた意見や情報も判断材料のひとつとして尊重」して計画をつくることである（ガイドライン第5章2）[注31]。「単なる反対意見や要望にとどめることなく、その理由となっている懸念や関心、利害にまで遡ることが重要であり、さらに、それが計画の内容に対するものなのか、進め方に対するものなのかを明らかにした上で、反映方法を検討することが必要」と述べている。

（イ）市民参加（参画）の時期

本ガイドラインは、道路計画のうち、構想段階のガイドラインと位置づけられている。構想段階とは、路線別計画のうち、道路管理者が道路の概ねの位置や構造等の基本的な事項（概略計画）を決定する段階としている。高速自動車国道、国幹道については、基本計画策定段階にあたる。それ以外の一般国道自動車道および一般国道については、基本計画策定の定めがなく、都市計画区域内の場合には、都市計画策定前となる。都市計画区域外の場合でも個別路線を事業化するには、概略計画を作成しなければならない。かかる概略計画を策定するときに、市民参加プロセスを行うことを発議する。

ここで、東京外かく環状道路（以下「外環」とする）をみてみよう。同事案は、都市計画決定された（一九六六年）にもかかわらず反対が強く、同計画は事実上凍結された（一九七〇年）。その後、構想段階より一段階後のプロセスとなるが、市民参画が行われ、都の提案した大深度地下方式の都市計画が改めて決定された。この段階で同ルートの廃止決定を仮定すると、道路網計画のルートを大きく変更せざるえなくなる。ネットワークという道路の特徴を考えた場合、廃止判断をするのは難しい。したがって、ガイドラインの「構想段階」での市民参加は、ゼロベース案を入れる最も遅い段階であるといえよう。その意味でも構想段階で、「持続可能アセスメント」を加えるなどして、十分な合意形成の場でなければならない。

ところで、環境影響評価法の参加の問題は取り扱わないとしたが、二〇一一年に環境影響評価法が改正され、今までの実施段階での環境影響評価に加えて、計画段階における環境配慮書の手続が求められたので、この関係について述べておく。環境影響評価法では、第一種事業を実施しようとする者は、「第一種事業に係る計画の立案の段階において、当該事業が実施されるべき区域その他の第二条第二項第一号イからワまでに掲げる事業の種類ごとに主務省令で定める事項を決定するに当たっては」、「事業の種類ごとに主務省令で定めるところにより、一又は二以上の当該事業の実施が想定される区域（略）における当該事業に係る環境の保全のために配慮すべき事項（以下「計画段階配慮事項」

という。）についての検討を行わなければならない」（法三条の二）とされる。事業者は、配慮すべき事項について検討を行い、「計画段階環境配慮書」を作成する。配慮書を主務大臣に送付するとともに、配慮書とその要約を公表する。環境大臣には、主務大臣から送付する。そして、関係行政機関と一般の人々から配慮書について、環境保全の見地から意見を求め、環境大臣は主務大臣に意見を述べ、主務大臣が事業者に環境大臣の意見を踏まえて、事業者に意見を述べることができる。以上がその手続で、これらを踏まえて、計画に反映することになる。

そこで本ガイドラインにより作成された複数の比較案の比較評価が配慮書に代わる書類とされている（国交省告示〔二〇一三年三二五号二条〕）。

（ウ）参加の主体

参加の主体は、「市民の他、企業、道路利用者、特定非営利活動促進法第二条の二に規定する特定非営利活動法人（ＮＰＯ）等」とある。市民とは自治体住民とも解せるが、限定をするために用いたというよりも、様々な人を包摂する概念として用いたと解せる。

（エ）対象事業

環境影響評価法の配慮書手続と一体として行うことにしていることで、本ガイドラインは、国交省が所管する道路で、かつ環境影響評価法第二条一項の第一種事業または、国交大臣が必要とする事業である。

（オ）検討すべき内容

概略計画の策定がプロセスの目標となるため、検討すべき内容は、概略計画で定める必要のある項

図４　道路計画と構想段階

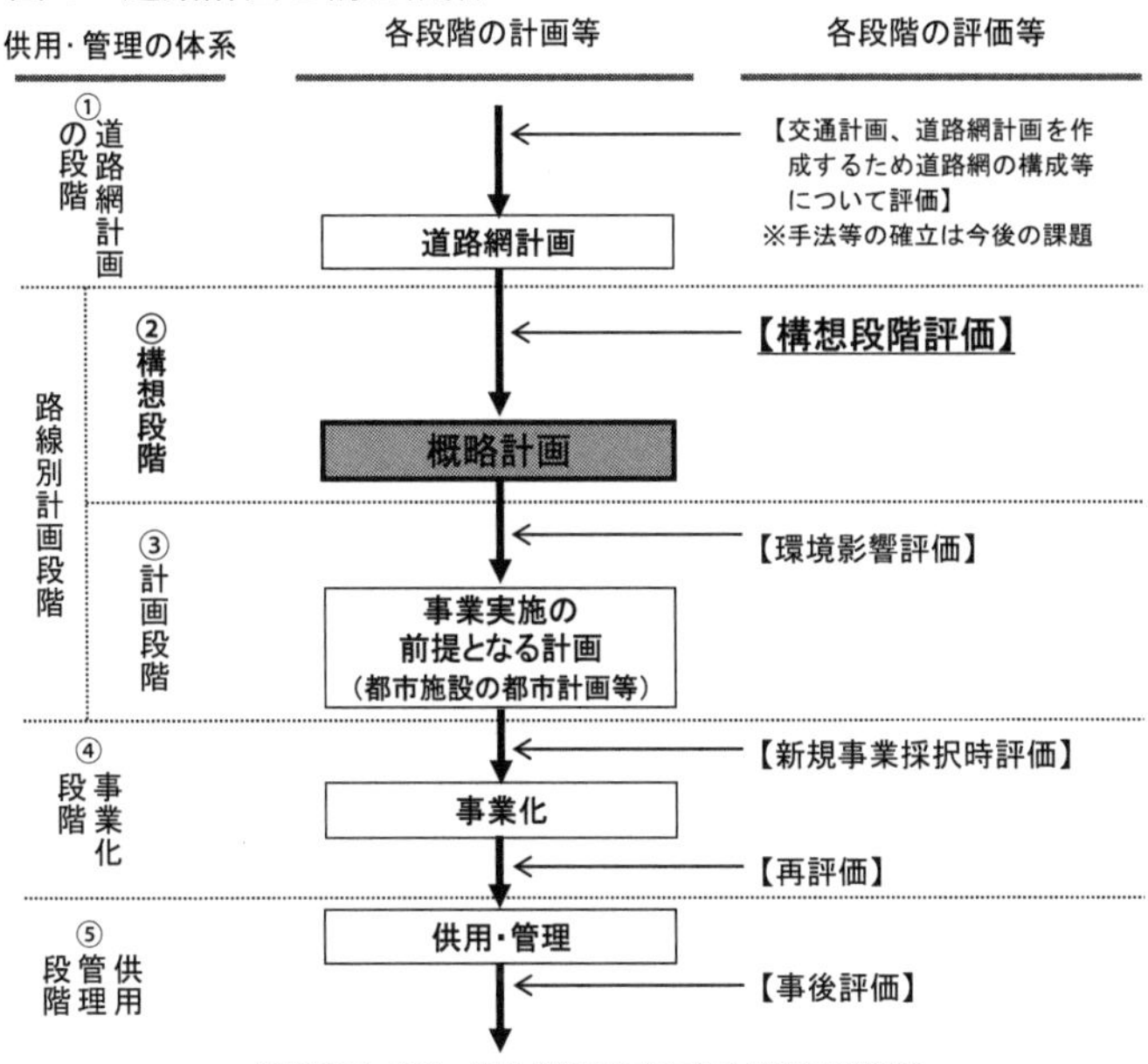

出典：国交省道路局「構想段階における市民参画型道路計画プロセスのガイドライン」５頁

目となる。概略計画には、
（A）始終点、
（B）道路の種別、
（C）車線数や設計速度等、
（D）構想ルート（概ね一／二万五〇〇〇～一／五万の縮尺の図を用い、計画する路線の位置を概ね二五〇m～一km程度の幅を持つルート帯で図示）、
（E）主な連結するルート、
（F）道路の構造（トンネル、盛土、切り土、橋などを区画ごとに示す）、
（G）その他
となっている。

これを見て解るとおり、ルートは幅広で、直接地域的利害関係の調整にかかわる要素はつぎ

の段階の詳細計画となる。この概略計画は、法律に定められた計画ではなく、行政裁量としての計画である。ただし、先に挙げたとおり環境影響評価法の配慮書手続との関連性がある。その後の詳細計画は、都市計画区域の場合には、都市計画の一部となるが、都市計画区域外の場合には、環境影響評価法の方法書段階で明らかになる。

検討すべき内容は、以下の図5でわかるように、評価項目の選定、複数の比較案の選定、比較案の評価と決定、である。評価項目の選定は、図に示されたような項目とされ、経済、土地利用など、様々な分野について評価する。単一の案とするのではなく、比較する複数案を出すことが求められる。その際、重要なことは、道路建設をしない案を提示することを求めている。

（カ）市民参加における主宰者と第三者

これらの各段階で、市民の参加が求められるが、参加方法については、それぞれの事情によるとしている。アンケート、ラウンドテーブル、オープンハウス、ワークショップなど手法は多様であり、適切な方法を採るよう定めている。市民参加手法の主宰者は、道路管理者、それに加えて関係行政機関とする。そして、監視やアドバイスのために第三者を充てることも有るとしている。

3　本ガイドラインの評価

本ガイドラインの市民参加は、以下の様に評価できる。

オーフス基準（A）から（E）のうち、本ガイドラインの文言からすると、（D）（E）は満たしている。（A）、（C）は明らかにされていない。本手続が（B）にあたるかは、計画の項でのべたように疑問で

図５　構想段階プロセスの流れ

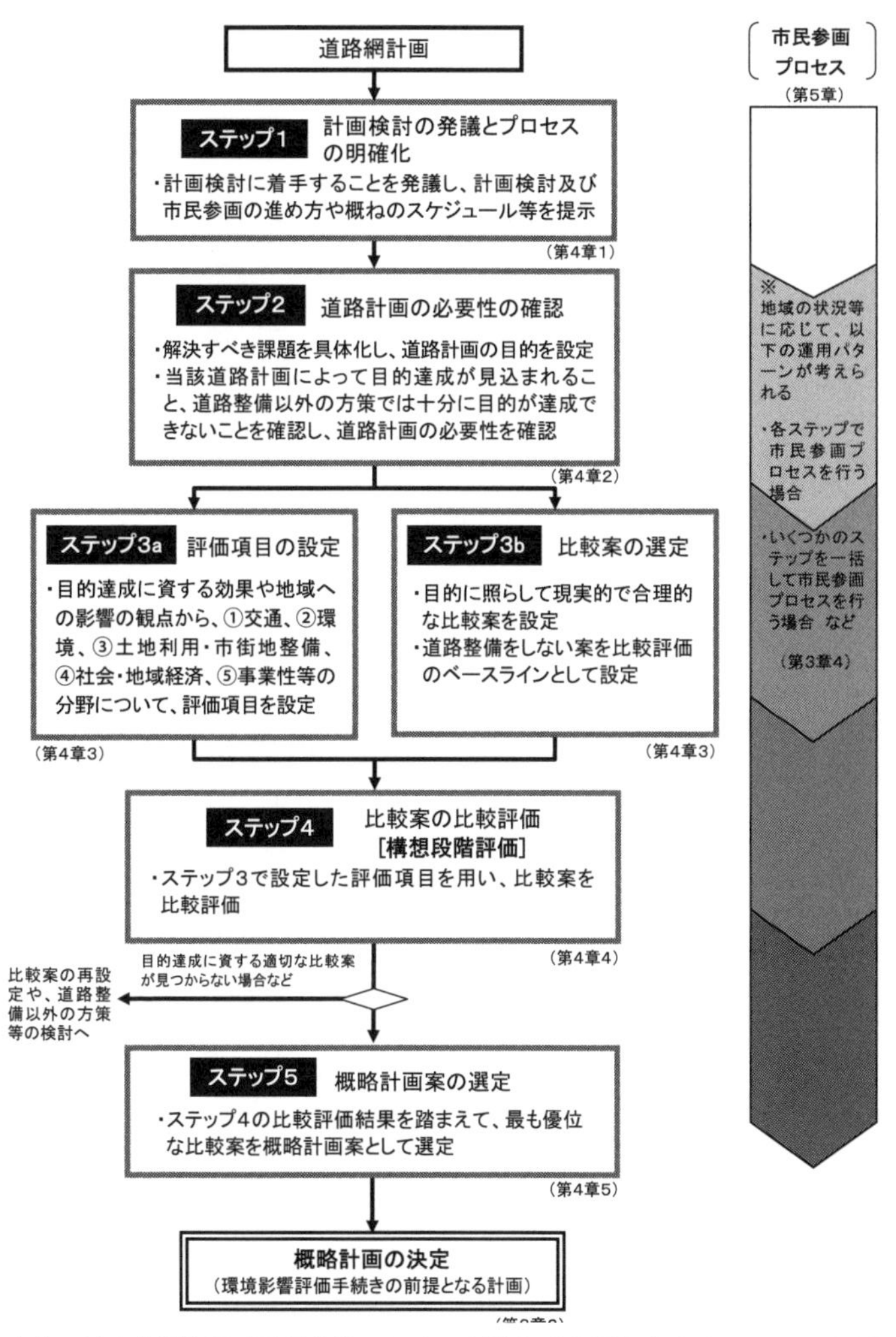

出典：国交省道路局「構想段階における市民参画型道路計画プロセスのガイドライン」11頁

ある。しかし、ゼロベースの代替案を用意することを求め、廃止もあり得ることを明示したことは評価できる。

以上が、ガイドラインの文言上から判断できるプラスの評価である。他方、この手続きは道路管理者が最終的に計画を定め、意見の反映のさせ方は道路管理者の判断によるので、「梯子」基準からは、「形式的な参加」となる。情報提供、協議と言われる段階である。

本ガイドラインの書きぶりからすれば、道路管理者の裁量によっては、交渉が成立する可能性もある。最終案の決定について、「各比較案の評価は広く市民等と共有することにな」るが、「概略計画案を選定するにあたっては、例えば少人数の代表者が集まって冷静に判断した上で、その理由や選定過程については後に広く公開する等、多様なプロセスが想定」されるとしている。このような場合に、対等な交渉の可能性が出てくる。

また「ここで目的を十分に達成するか否かという判断は、当該方策の効果推計や市民参画プロセスの結果等を踏まえ、道路管理者が責任をもって行うべき」（第4章2（イ））としつつ、「構想段階における検討の結果、『道路整備をしない案』（TDM等の実施で十分とされ、道路整備をしないとする場合を含む）が選択された場合には、事実上、当該計画は中止する」（同章5（ウ））ことを想定していることも選択肢が広いことを認めている。

ただし、対等な立場での意見の反映は可能性に過ぎず、あくまで道路管理者の裁量の範囲であることを再確認しておきたい。

アーンスタインが主張しているのは、権限ある者が権限を手放さない限りで、「意見を反映させる機会」を設けることの問題点である。裁量権はあくまで道路管理者の手に残している本ガイドラインは、この事例に該当する。

決定権限者が「軽微な変更以外基本的枠組は維持する」という強固な意志を持った場合[注31]には、住民の意見がどこまで反映されるかは不明である。手続は実施されるが、運用によっては「梯子」の最下段に転落するおそれもある。

たとえば、第二ステップである「道路計画の必要性の確認と共有」の部分である。確認し共有する内容とは、「①当該道路計画によって（定めた）目的（道路整備を行うことによって、どのように課題を解決し、どのような成果を実現しようとするのか（注：筆者））の達成が見込まれること、②交通需要マネジメント（ＴＤＭ）等の道路整備以外の方策のみによっては十分に目的が達成できないこと」、の二点を確認する、としている。地域での目的達成性と概略計画で求められる上位計画等との政策整合性が相反する場合、最終的には道路管理者の判断に委ねられている。

具体の事案を当てはめてみると、懸念が現実となったと見られる場合がある。本書第二部で述べられている中部横断自動車道では、市民の立場からガイドラインの運用が道路管理者の恣意によって実施されることを認めている制度、とみなされている。

市民参加について、法律には何ら定めがなく、あくまで権限機関が自らの責任で計画策定・実施をする建て付けになっている。そこに、行政内部基準として定められている限り、必然的にこの問題がつきまとう[注32]。ガイドラインであっても、意見が適切に反映されないと市民が判断する場合には市民の請求による是正の仕組みが組み込まれていれば、状況は異なる。

4　都市計画法

①都市計画手続

都市計画法では、都市計画区域内で道路を整備する場合には、まず個別道路路線を都市計画として決定する必要がある。なお、都市計画の決定にあわせて、環境影響評価手続を行う。

都市計画の決定手続として、都市計画の案を、「必要があると認めるときは、①公聴会の開催等住民の意見を反映させるために必要な措置を講じ」（法一六条）、②作成した案を決定しようとする場合には、（ア）公告し、（イ）都市計画を決定しようとする「理由を記載した書面を添えて、当該公告の日から二週間公衆の縦覧に供」する（法一七条一項）。

公告があったときは、（ウ）関係市町村の住民及び利害関係人は、同項の縦覧期間満了の日までに、都市計画の案について、都道府県計画の場合は都道府県に、市町村計画の場合には市町村に、意見書を提出することができる（同条二項）、とする。その後、都道府県または市町村は、関係市町村の意見を聴き、かつ、都道府県都市計画審議会の議を経て、都市計画を決定する（法一八条一項、一九条一項）、と規定する。

住民等が述べた意見については、その要旨を都道府県または市町村の都市計画審議会に提出する、こととしている（一八条二項、一九条二項）。意見は、都市計画審議会で事務局による要旨の説明と言う形で伝えられ、それらが勘案される。

また、特定街区に関する都市計画の案については、利害関係人の同意を必要としている（同条三項）。

図6-1　都市計画決定の流れ（筆者作成）：都道府県

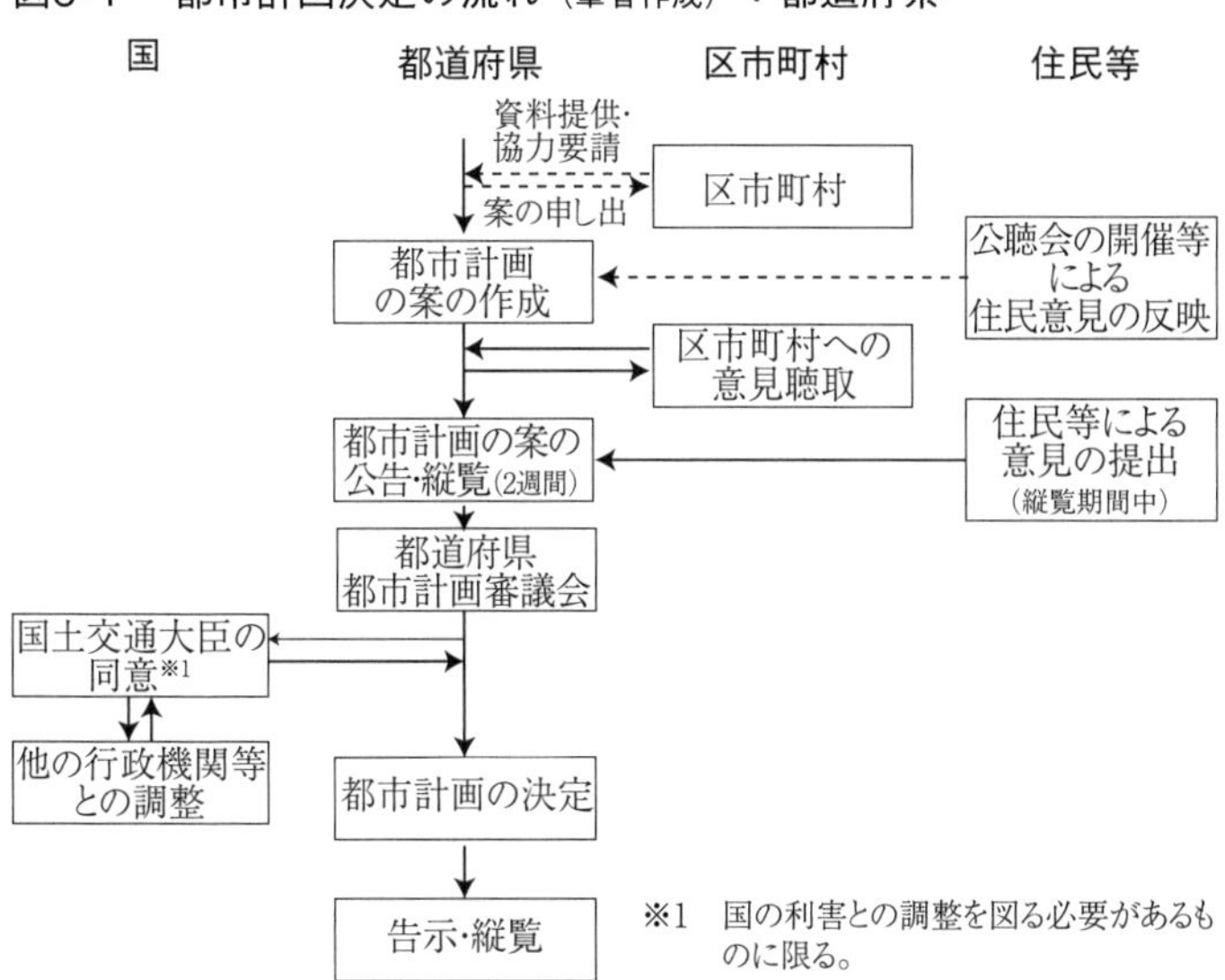

図6-2　都市計画決定の流れ（筆者作成）：市区町村

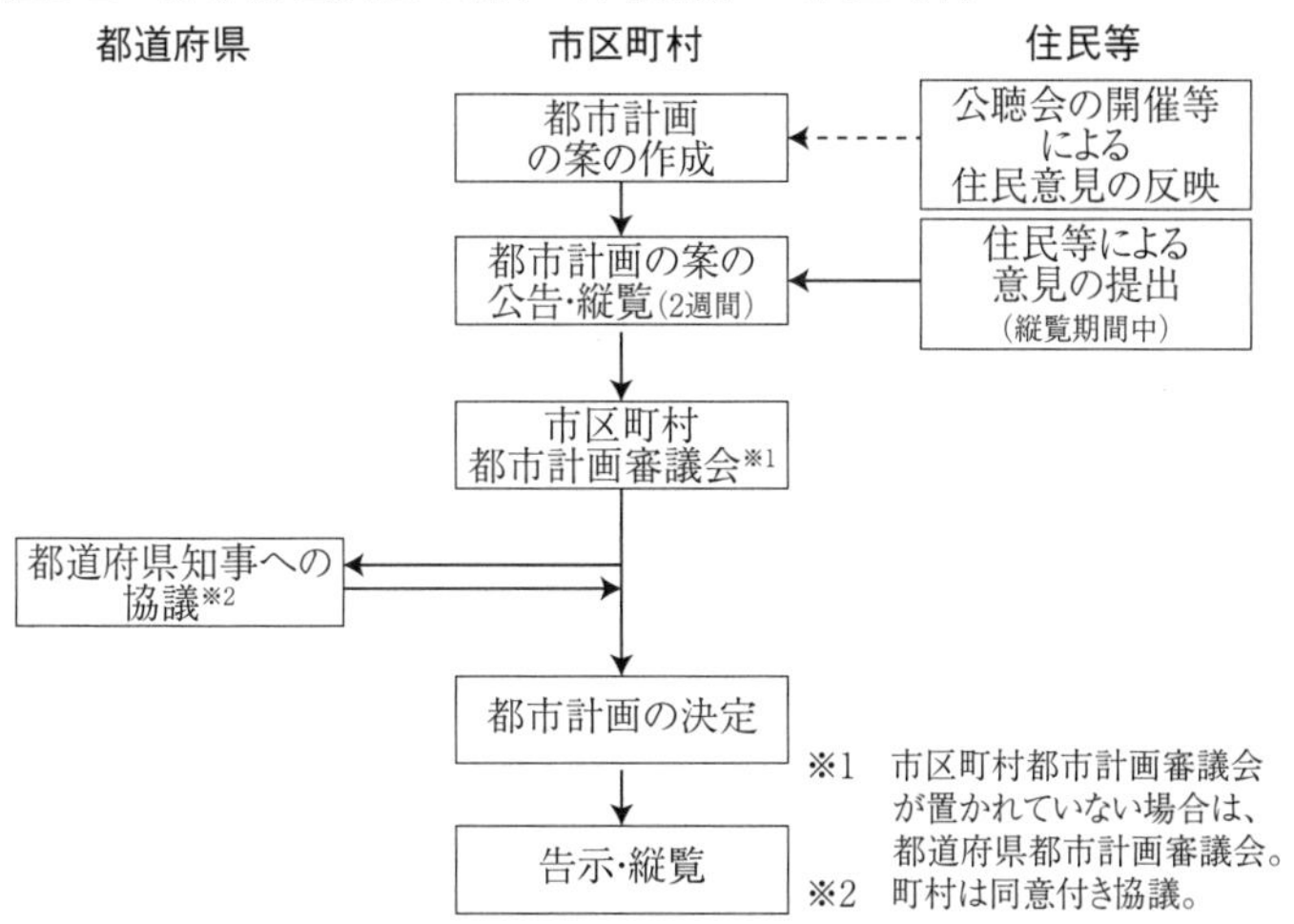

他方、都道府県計画については、国の利害に重大な関係がある政令で定める都市計画の決定にあたっては、協議をし、国交大臣の同意を必要としている（一八条三項）。

これは都市計画の変更においても同様である。

一般の都市計画道路の場合、道路用地は任意の買収または強制収用で確保する。これとは別に、区域内の各人の土地を縮減して道路用地を確保する手法として、土地区画整理事業や都市再開発事業がある。

土地区画整理事業計画や都市再開発事業計画も、都市計画として定める（一二条一項一号）。これらの計画を定めるにあたっての意見書の提出手続を定めるが、都道府県都市計画審議会が「意見書に係る意見を採択すべきであると議決した場合においては」、都道府県が定めようとする事業計画については自ら必要な修正を加え、市町村が定めようとする事業計画についてはその市町村に対し必要な修正を加えるべきことを求め、都道府県都市計画審議会がその意見書に係る意見を採択すべきでないと議決した場合においては、その旨を意見書を提出した者に通知する旨、規定されている。

二つを較べてみると。土地区画整理事業計画の方が、一般の都市計画道路に較べて、利害関係者の意見への配慮が明確である。都市計画の場合には、道路用地として買収等される権利者が特定されていない。他方で、土地区画整理計画の場合には、地区内の所有者は、いずれも土地が縮減されることが決まっているので、権利の侵害が特定されているという違いがある。侵害される権利が特定されている場合には、その意見は正式手続で審査されるが、前者のような場合には一応配慮する可能性を与える形式的な仕組みとなる。

②都市計画決定の評価

以上、都市計画決定手続は、「梯子」からみると、形式的参加に相当する。請求により開催される公聴会手続だが、法律による手続きの保障は、裁判で争う資格である原告適格を判断する上で、重要な役割を持つ。鉄道ではあるが小田急線の沿線住民が、立体交差化事業の事業認定の取り消しを争った事件で、都市計画法で手続的権利を有する沿線住民に原告適格を認めた。(注33)

③道路付帯施設と参加

道路付帯施設については、具体的な例を出して、参加の現状を見ておきたい。

(ア)国立歩道橋事件(東京国立市)で、歩道橋の設置に反対する住民が裁判を提起した国立歩道橋事件である。自動車交通量が増大し、渋滞対策として横断歩道を廃止し、横断歩道橋が続々と造られて、「平面通行権」が主張されてきた。同事件の原告は地域の美観等を理由として、歩道橋設置に反対した。判決では、「生活環境に及ぶ影響が右に述べた程度(「人の生命、健康が害される」ほどの侵害をいう。著者注)に達しない場合には、裁判を提起する要件である原告適格性を欠くとして、裁判自体が却下された(東京地判昭和四八年五月三一日(判事七〇四号三一ページ))。

横断歩道橋は、障害者や高齢者にとって利用困難な施設で、高齢者が歩道橋を利用できず、横断をして多くの交通事故が発生した。エレベーターなどのバリアフリー施設は、一九九〇年年代を待たなければならなかった。現在、歩道橋の除去例も多くなり、協議会、ワークショップによる参加による対応も増えてきている。

近年は、地方広域道路計画でも、地域の公共空間としての視点が入るようになった。

（イ）川崎公害訴訟和解[注34]（一九九六年一二月二五日）の後、住民である原告と国、道路公団等と協議会を設立し、計画作りを行っていくという例である。原告と国および道路公団との間で「川崎市南部地区道路沿道環境に関する連絡会」を設け、激甚公害の原因である国道一五号線の改善に向けて提言等を行い、片道一車線の削減や歩道と車道の間の緑化、歩道のポケットパークなどが実現した。そして関係主体で「かわさき自動車環境対策推進協議会」（二〇一一年設立）を設立し、「かわさき自動車環境対策プラン」を策定している。道路対策として、低騒音舗装への改修などが盛り込まれている[注35]。道路環境の改善策を当事者で協議会を設けて実現することは、「梯子」の上位のパートナーシップ参加として、参考となる。そこで重要なのは、交渉と共に、発議権を得ることにある。

（ウ）「府中三・二・二の二号線」の未執行部分の環境施設帯の設置に関する合意形成参加事例である。説明会とアンケート調査、検討会（ワークショップ）が行われ、最終案（整備計画案）が策定された。同箇所は、反対運動があり、未執行となっていた部分である。反対運動の原因の一つである公害問題への対応した環境影響評価の結果、環境施設帯について住民の意見を聴いて計画を作成するとした。当該評価書に従い、第三者をファシリテーターとして、環境施設帯計画に関する合意形成の場を設けた。話し合いの回数は多くなかったが、一応の合意を見た。交通対策としての道路整備と公害発生源としての道路整備への反対、すなわち道路整備と環境配慮の妥協点を見いだすための対応となっている。

4　道路を市民の手に取り戻そう

これまで、現在の参加の状況を見てきた。そこで、参加型道路づくりを実質的な仕組みにしていくために何が必要かをまとめておこう。まず第一に、道路にかかわる上位計画から実施までの関連性が明らかになっていることである。多くの計画が複雑に重なり合うために、それを整序し、国民に分かりやすく示すことが、情報提供の第一歩となる。上位計画に行くほど、抽象的な言葉で綴られている。抽象的な言い回しの持つ意味を解きほぐすことが必要である。さらに、現行法には「関連情報を完全な形で適切な時期に提供」する旨の規定を欠くので、法文上明示する必要がある。

第二に、試行段階では住民参加を「ガイドライン」のみによることは問題ないが、本来「住民意見の反映」は法的義務とすべきである。なぜならば、手続的権利を法律上明文化することで、リオ宣言第一〇原則である「司法へのアクセス」を実現させる。ひいては、運用上も同原則の趣旨である、行政当局が市民の声を誠実に聞き、反映させることに繋がる。

第三に、下位計画は上位計画に従う原則、公共事業における計画に基づく行政の原則に鑑みて、より上位の計画への参加が重要である。個別路線の「概略計画」は道路網計画より下位であり、この段階では見直しが難しいとされる。前述のとおり、この点に関する評価は諸外国でも同じで、欧米では、計画や政策段階での住民参加が制度化されている。

第四に、道路環境の改善や道路整備は、民事上の差止請求訴訟裁判や損害賠償請求訴訟をテコにして達成している。[注36] 計画への行政訴訟を含めて、市民の司法へのアクセス権を法的に整備することが重要である。[注37]

第五に、「道路の必要性とあり方は誰が決めるのか」という根源的な問いである。これまで述べてきたことから解るように、道路は公共施設であり、公共施設のあり方は、公共を担う国、自治体専権事項であることを前提として、法制度が組み立てられている。この考え方を多様なステークホルダーの参加による決定という二一世紀型に転換することが何よりも求められる。

さらに国あるいは自治体が公共性を代表するというのは、議会制民主主義を前提にしている。この考え方が、「議会の決定とそれに基づく行政による活動が国民の意見とその具体化」を肯定する。しかし、現代社会では、これに加えて、多様なステークホルダーによる合意や第三の公共セクターとしてのNPOの役割が重視される。日本でも、道路政策の立案から実施まで、アドボカシーから住民支援までの「私達」を代表するNPOの充実を図り、その法的地位を確立することが求められる。

第三の「公共性」を担う団体として、政策立案能力を持つ団体としてのNPOを創り上げていくことが、日本の道路行政の参加の課題を解決するために必要不可欠な課題であることをもって、この章をとじる。

脚注

注1　環境権は、そもそも地域環境の共有権として形成された（大阪弁護士会環境権研究会『環境権』日本評論社、

一九七三)。

注2　道路建設をめぐって、古くは霧ヶ峰のビーナスライン建設の反対運動があり(新田次郎『霧の子孫達』(新装版、文春文庫)、二〇一〇年kindle版あり)、南アルプススーパー林道、尾瀬自動車道路建設問題など自然保護からの反対運動が各地でおこった。その後、圏央道がオオヒシクイの生息地を通過するとして「オオヒシクイ渡来地を鳥獣保護区に設定」すべきとしたオオヒシクイ訴訟、士幌横断道路ナキウサギ訴訟(大雪山のナキウサギ裁判を支援する会編『大雪山のナキウサギ裁判』緑風出版一九九七年)、ブナ・ムササビ・オオタカ高尾山通過部分の圏央道訴訟などの自然を原告とする訴訟(自然の権利訴訟)が提起されてきた。なお、現在でも日本では自然に原告適格を認められていない。

注3　Sherry R. Arnstein "A Ladder Of Citizen Participation" Journal of the American Planning Association vol.354 (1969), pp216-224

注4　武田真一郎「アメリカの州における一考察」(『成蹊法学』八二号、七五~九七頁、成蹊大学法学会二〇一五年)は、小平市の住民投票とも関連している。

注5　この条例は、当初住民が条例制定請求制度を通じて条件なしの住民投票条例を請求したのに対して、市長が条件を五〇%条項を付けた条例を提案し、成立したと言う経緯がある。この問題について、「小平で住民投票を!」https://jumintohyo.wordpress.com参照のこと。國分功一郎『来るべき民主主義　小平市都道三二八号線と近代政治哲学の諸問題』(幻冬舎、二〇一三年)。文庫も参考にして欲しい。

注6　SEA指令についてはhttps://www.unece.org/fileadmin/DAM/env/eia/documents/EC_SEA_Directive/ec_0142_sea_directive_en.pdf参照。拙稿「(新・環境法シリーズ第五九回)SEAと参加——指標による参加の促進のために」『環境管理』五三巻一号、七二-七七頁、産業管理協会編、二〇一七年一月。

注7　PI手続については、本書の小山論文に譲る。なお、ISTEAでは、市民に完全な情報を適切な時期に提供すること、および決定過程に市民の完全な参加を保障することが規定された。

注8　その後、The Safe, Accountable, Flexible and Efficient Transportation Equity Act (SAFETEA) が後継法

となっている。

注9　http://greenaccess.law.osaka-u.ac.jp/wp-content/uploads/2011/11/aarhus4.pdf。

注10　オーフス条約の日本語訳は、http://www.aarhusjapan.org/convention_jpn.html。

注11　オーフス条約には、より細かい参加の基準に関する詳細な規定が設けられているが、六つにまとめた。また、UNEPからはバリガイドラインが採択され、オーフス条約に加盟していない国に対しても同ガイドラインにしたがった立法、運用を求めている。指標という視点から、以下の論文も参照されたい。大久保規子「新・環境法シリーズ（第六二回）環境アセスメントに関する参加指標の可能性―国際的参加ガイドラインからの示唆」『環境管理』五三巻四号、産業環境管理協会、二〇一七年四月。

注12　SDGsについては、拙稿「SDGsと参加の課題」『環境法研究』九号、一～三二頁、信山社、二〇一九年八月でその経緯と簡単な内容及びリニア新幹線と原発の例を挙げて日本の参加の現状を示しているので参照されたい。

注13　この章では、参加が中心なので、各計画の道路に関する具体的目標については述べないので、注のURLから計画を読んで戴きたい。

注14　「「高速自動車国道、一級国道及び二級国道並びに政令で定める都道府県道その他の道路の新設、改築、維持及び修繕（以下「道路の整備」という。）に関する計画」とされた。

注15　現在の道路ネットワークは、第四次全国総合計画に定められた内容を中心とする。なお、グランドデザインでは「高規格幹線道路及び地域高規格道路に重点を置きつつ、その整備を推進し、高規格幹線道路網については、二十一世紀初頭の概成を目指し、幹線交通のボトルネック解消の観点から大都市圏間を結ぶ道路、大都市圏の環状道路等に重点を置き」とした。高速自動車道路網（高規格幹線道路網：一四〇〇〇㎞）については、高速自動車国道網計画（七六〇〇㎞）に高速国道：三九二〇㎞）、一般国道自動車専用道路：二四八〇㎞が追加された

注16　人口減少や少子・高齢化など新たな時代の要請に、これまでの開発中心主義から成熟社会における国土形

成へと転換することを意図した。ただし、開発指向がなくなったわけではない。

注17　ここで注意しておいて欲しいことは、国土形成計画は、具体の路線について述べていないが、これまでの計画の後継であり、第二に国土形成計画においては「高規格幹線道路、整備新幹線、リニア中央新幹線等の高速交通ネットワーク（略）の早期整備・を通じた対流の促進を図る」と述べて、四全総、五全総を再確認していることである。別の言い方をすれば、閣議で前計画を追認したということである。

注18　同計画を策定するにあたっては、広域地方計画協議会（都道府県、政令市等地方公共団体や経済団体等）および、関係各府省から意見を聴取して有識者会議に諮った上で策定した「国土のグランドデザイン」（大臣決定）を踏まえることとしている。

注19　首都圏、中部圏、近畿圏、そしてその他自然、経済、社会、文化等において密接な関係が相当程度認められる二以上の県の区域であって、一体として総合的な国土の形成を推進する必要があるものとして政令で定める区域について、国交大臣が、地方広域計画を定める（同法九条一項）。前記の地域圏以外、東北圏、北陸圏、中国圏、四国圏、九州圏について計画を定めている。北海道と沖縄は、それぞれの開発計画がある。

注20　命令等を定めた場合に、「提出意見を考慮した結果（意見公募手続を実施した命令等の案と定めた命令等との差異を含む。）及びその理由」を公示することを定めている（四三条一項四号）。

注21　「高速道路株式会社法」では、高速道路を、「一　高速自動車国道法（昭和三十二年法律第七十九号）第四条第一項に規定する高速自動車国道」、「二　道路法第四十八条の四に規定する自動車専用道路（同法第四十八条の二第二項の規定により道路の部分に指定を受けたものにあっては、当該指定を受けた道路の部分以外の道路の部分のうち国土交通省令で定めるものを含む。）並びにこれと同等の規格及び機能を有する道路（一般国道、都道府県道又は同法第七条第三項に規定する指定市の市道であるものに限る。以下「自動車専用道路等」と総称する。）」とする。

注22　第四次国土開発総合計画は、https://www.mlit.go.jp/common/001135927.pdf。

注23　同計画の決定（一九六七年六月三〇日）直前の六月二六日の道路審議会答申の後、さらに同計画に基づい

て決定された「高規格幹線道路網」（一四〇〇〇km）である。現在議論になっている道路も、その当時からの路線が多い。

注24　https://www.mlit.go.jp/road/ir/iinkai/10pdf/s34.pdf

注25　https://www.mlit.go.jp/kisha/kisha03/01/010630/0630-2.pdf

注26　https://www.mlit.go.jp/road/pi/2guide/guide.pdf

注27　国交省は、二〇〇〇年、二〇〇六年、二〇一一年に、都市計画道路の必要性について検証を行い、その結果を踏まえて、廃止や幅員変更等の適切な見直し行うよう助言した。そのさい都市計画道路の見直しの手引き」を発出している。最新は二〇二〇年に行う。

注28　例えば、浦山 益郎・小川 宏樹・神吉 順子「住民参加による地区幹線道路の計画立案プロセスにおける合意形成に関する事例研究」『第三六回都市計画論文集』五三三～五五八頁、日本都市計画学会、二〇〇一年）など、二〇世紀終わり頃から。『都市計画論文集』には、事例が報告されている。

注29　植樹帯、路肩、歩道、副道等の幹線道路の沿道の生活環境を保全するための道路施設をいう「路環境保全のための道路用地の取得および管理に関する基準について」（昭和四九年四月都市局長・道路局長通達）。

注30　同計画では、前国土形成計画（二〇〇三年閣議決定）について、「『新たな公』による地域づくりを提唱し、行政だけでなく多様な民間主体を地域づくりの担い手として位置付け、これらの主体が従来の公の領域に加え、公共的価値を含む私の領域や、公と私の中間的な領域で協働する取組を推進することとした」と総括している。

注31　四全総、五全総、そして国土形成計画など、法定計画で定まっている路線について、道路管理者の判断で計画の廃止の決定をすることは困難である。したがって、「事実上、廃止する」のであって、計画はそのまま生きている状況にならざるを得ない。これは二〇二〇年七月の熊本球磨川の氾濫で、「事実上、中止が決定された」川辺川ダムは計画から除かれてはおらず、議論が再燃すると言う状況をみても明らかである。

注32　荏原 明則「道路整備に関する住民合意と法制度」（『日本不動産学会誌』第一九巻二号四六～五二頁、不動

産学会編、二〇〇五年一一月）も、結論として、ガイドラインでなく、住民参加を法律で定めるべきとしている。

注33 最大判平成一七年一二月七日民集五九巻一〇号二六四五頁。ただし、本案の立体交差か事業の取消請求は棄却に終わった。

注34 川崎公害訴訟については、詳しくは、神奈川県立川崎図書館の「川崎公害訴訟」のコレクション。

注35 篠原義仁『よみがえれ青い空―川崎公害裁判からまちづくりへ』花伝社、二〇〇七年、川崎公害裁判弁護団「(1) 川崎公害裁判とまちづくり」http://www.kogai-net.com/archives2013/sokai/sokai33/kawasaki.html、同協議会のHP (http://www.city.kawasaki.jp/300/page/0000034535.html) を参照のこと。また、名古屋南部大気汚染公害訴訟第一審判決（(平成一二年一一月二七日・判例時報一七四六号三頁）を受けた和解に基づき、原告と連絡会を設置し、和解条項に基づく国道二三号名古屋南部地域の沿道環境改善、地元住民の意見を聞きながら環境施設帯の整備等を内容とする「名古屋南部大気汚染公害訴訟・和解条項履行に係る意見交換終結合意書」を締結した。(平成二七年三月)

注36 尼崎大気汚染公害訴訟地裁判決（神戸地裁尼崎支部平成一二年一月三一日判)、名古屋南部公害訴訟判決で差止を認めた。川崎の事例は前述。さらに、本書第二部「広島国道二号線訴訟について」を参照。

注37 東京都の下北沢では、補助五四号線事業Ⅰ期と区画街路一〇号（駅前広場）の取消し等（行政訴訟）を求めて提訴していたが、裁判上の和解に至る過程で、補助五四号線の第Ⅱ期、第Ⅲ期区間について、東京都および世田谷区が優先整備路線から外す方針が確定した事例は、あらためて参加を裁判に広げて考えることの重要性を示している。

第4章　東京外環道の事例からみるＰＩと市民・住民参加

小山雄一郎

はじめに

本稿は、東京外郭環状道路（以下「外環道」）の事業で導入されたパブリック・インボルブメント（以下「ＰＩ」）の経過について、その問題点を検討するものである。

筆者はこれまで、道路整備における行政と住民のコミュニケーション過程を交通社会学の立場から追究してきた。外環道の事例は二〇〇二年ごろから調査研究を続けており、ＰＩが実際にどのように運用され、計画検討に市民意見がいかに反映されていくのか、その展開過程を調査・分析したいと考え、研究対象としてきた次第である。しかし調査研究を進め、その実態が明らかになるにつれて、筆者の研究関心は市民意見がいかに反映〝されない〟のかということに変化してきた。つまり、この事例を通した自身の研究テーマは、道路計画・事業の市民・住民参加制度がいかにして骨抜きにされ、形骸化されるのかを明らかにすることとなったのである。

以下では、主に二〇一六年ごろまでの経過を対象に、外環道の計画・事業におけるＰＩプロセスを振り返り、そこに見いだされる問題点を提示した上で、道路計画等における市民・住民参加のあるべき姿を考えたい[注1]。

１　外環道計画の構想段階におけるパブリック・インボルブメント（ＰＩ）

外環道計画では「市民参画型道づくり」の一環として、ＰＩプロセスが導入されてきた。国土交通省道路局のウェブサイトによると、ＰＩとは、計画の構想段階から積極的な情報提供を基にした市民とのコミュニケーションを行い、その内容を計画へ反映させることで、公正かつ客観的な計画策定プロセスと、社会的に妥当性・合理性の高い計画を実現させようとする取り組みである（http://www.mlit.go.jp/road/pi/）。

ＰＩという概念は主にアメリカ合衆国などを中心として形成されてきた。アメリカでは、一九五〇年代ごろから計画決定直前での公聴会開催など様々な制度が施行されてきたが、実際には市民意見を反映させることが難しかったため、結果として多くの行政訴訟が起こり、莫大な裁判費用負担や道路計画の頓挫といった事態を招くことも少なくなかった。また、一九六〇年代から高速道路建設をはじめとする交通計画への反対運動が多発し、政府に対する信頼が大きく揺らぐ事態となった。その後一九七〇年代から一九八〇年代にかけて、政府の信頼回復を目指す様々なプロジェクトが実施され、その一つとして政策形成過程における市民参画機会の提供という施策が進められてきた（藤原、二〇〇一年：八〇‐八一）。ＰＩの目的は信頼性の確保、公衆の関心や価値の確認、合意形成とされており、公平なアクセス環境に基づいた開放的かつ可視的な意思決定過程と、異なる背景をもつ参加主体の様々な見解への接触が条件となっている（藤原、二〇〇一年：八二‐八三）。

日本では、一九九七年の道路審議会建議でパブリック・インボルブメント（ＰＩ）が提唱され、二〇〇二年に「市民参画型道路計画プロセスのガイドライン」が策定された。その後、公共事業全般も視野に入れたガイドラインの改訂が重ねられ、二〇一三年には「構想段階における道路計画策定プロセスガイドライン」が策定されている。改訂を重ねるごとに、肝心の市民・関係者等とのコミュニケーションについて消極性が強まる傾向が見受けられるものの、コミュニケーションプロセスを通じて「透明性」「客観性」「合理性」「公正性」を担保するという根幹に変わりはない。

外環道計画のＰＩと密接に関係する二〇〇二年のガイドラインによれば、市民参画プロセスとはＰＩプロセスとほぼ同義であり、構想段階の手続きの透明性・客観性・公正性の確保を目的とし、関係行政機関（道路管理者）が実施主体となり、概略計画のステイクホルダーを対象として実施されるものである。それは①周知、②意見把握・公表、③審議、④報告というステップを通じてステイクホルダーの意見を概略計画へ反映させるプロセスであり、主に①と②は市民等とのコミュニケーション活動とも呼ばれ、ＰＩの最重要部分ともいえる。具体的手法については、計画内容や地域特性、影響が及ぶと思われる範囲等々によって適切なものを幅広く組み合わせて実施することが望ましいとされており、ホームページの活用、広報資料配付、メディアによる情報提供、関係者分析調査、アンケート調査、公聴会等々、実に一九種類もの手法例があげられている（屋井・前川監修、二〇〇四年：七八‐

二〇〇三)。

③と④に関しては、学識経験者などの専門家で構成する第三者機関等が、市民意見の整理・分析結果を踏まえて計画の必要性、たたき台等について審議を行い、道路管理者が概略計画を決定する際に配慮すべき事項等をとりまとめ、それらの事項等を道路管理者に報告する。その他、第三者機関等は道路管理者と市民等とのコミュニケーション活動に関する助言・評価をする役割も担う(屋井・前川監修、二〇〇四年:三九-四二)。この①から④までのプロセスを示したのが図1である。

外環道計画の構想段階のPIでは、関係者分析、アンケート調査、イベント開催、説明会、オープンハウス、広報資料提供、FAX・ホットライン・コメントカード、ホームページ、(マス)メディア、そしてラウンドテーブルという約一一種類の方法が用いられたが、頻繁に設けられたのはラウンドテーブル、オープンハウス、(地域ごとの)説明会などであった。ラウンドテーブルは外環道計画全般について行政と沿線住民(の代表)が議論する場として設定された。オープンハウスや説明会は沿線区市ごとに設定され、計画全般だけではなく、当該地域に固有の課題についてのコミュニケーションが行われてきた。ラウンドテーブルでの議論がある程度進むと、その内容を受けて沿線区市でのオープンハウスや説明会が開催される、という流れが多かった。

構想段階では、「手続きの透明性、客観性、公正さを確保するため、公正中立な立場から、PIプロセスについて審議、評価、助言することを目的として」第三者機関である「東京環状道路有識者委員会」(以下「有識者委員会」)が設置された(東京環状道路有識者委員会、二〇〇二年:一)。その後、構想段階後期には「沿線住民や関係自治体等に提示していく資料に関し、技術的見地から、その妥当

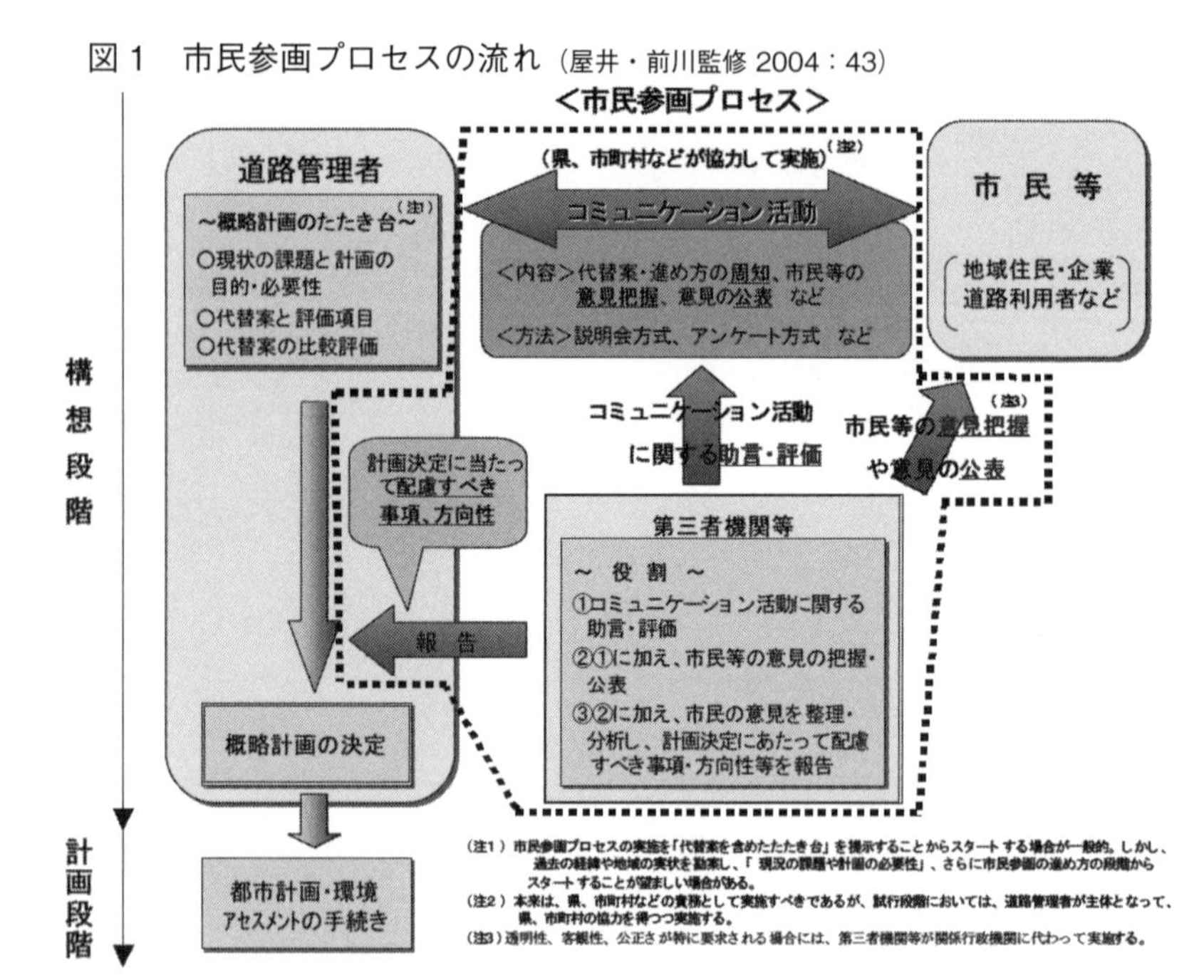

図１　市民参画プロセスの流れ（屋井・前川監修 2004：43）

性について審議することを目的」として（東京外かく環状道路の計画に関する技術専門委員会、二〇〇五年：一）、「東京外かく環状道路の計画に関する技術専門委員会」（以下「技術専門委員会」）が設置されている。

構想段階のＰＩにおいて、その中心的役割を担ったのが、国交省・東京都・沿線区市と沿線住民（の代表）がラウンドテーブル方式で話し合う「ＰＩ外環沿線協議会」（以下「ＰＩ協議会」）と、その継続的機会である「ＰＩ外環沿線会議」（以下「ＰＩ会議」）である。ＰＩ協議会は準備会を経て発足し、二〇〇二年六月から二〇〇四年六月まで、計四二回の協議会を重ねた。この協議会は事前の確認書に基づき、原点に立ち戻り、計画の構想段階から幅広く意見を聞くPI方式で話し合うことを目的としていた。この原点とは、一九六六年の都市計画決定以前、つまり計画そのものがなかった状況を指し、そこから計画の必要性を検討することになっていたのである。協議会は何らかの結論を出す場ではないと位置づけられたものの、そこでの議論は構想段階の区切りとなる概略計画の決定に重大な影響を与えるものとされていた。

PI会議は、PI協議会と同じメンバーで構成され、十分な議論ができなかった外環道の必要性についてより具体的に検討するために二〇〇五年一月に発足した。PI会議では、「将来交通量」「代替案」「整備効果と影響」「計画の内容」「検討の進め方」等の視点から二〇〇五年八月まで一三回の会議を行っている。前提条件はPI協議会と変わらず、原点から必要性の議論を進めるという位置づけだった。その後、国交省・東京都による『これまでにいただいたご意見・ご提案と計画の具体化の検討等における考え方』の公表・説明をもって、構想段階における計画の必要性の議論は事実上終わったが、構想段階終了後のPIの進め方などについての議論が残っていたため、PI会議自体はその後も続き、二〇〇七年一〇月に第二六回の会合が開催されたところで事実上の休止状態に入った。

オープンハウスと（地域ごとの）説明会は、PI協議会・PI会議で行政から提示された資料を、そこでの議論も含めて沿線住民に説明する機会として開かれてきた。オープンハウスは、展示パネルや模型が並んだ場で来訪者が自由に見学し、行政職員へ個別に質問ができる機会である。説明会は、多くの場合公共ホールや学校の体育館といった場所で開かれ、行政から計画に関する説明があった後、来場者との間の質疑応答時間が設けられた。

これら外環道計画の構想段階のPIの経過・実態について、筆者はその多くを自ら傍聴し、参加住民はもちろん、行政の担当者にも聞き取り調査を行ってきた。また、ラウンドテーブルなどは毎回の議事録にも目を通している。以下では、こうしたフィールド調査を踏まえ、ＰＩプロセスの問題点をあげていきたい。

2　外環道計画におけるＰＩプロセスの問題点

1　〝二重基準（ダブルスタンダード）〟の存在

住民と行政が対等の立場で、一九六六年の高架構造の（旧）都市計画決定以前に立ち戻って計画そのものの必要性から議論する、という前提でＰＩ協議会がスタートしたにもかかわらず、国交省・東京都は一九六六年計画と同じルートに（大深度）地下構造の外環道を整備することの是非・必要性を議論する場として協議会を運営するようになっていった。これにより、行政と住民との間に前提をめぐるズレが生じ、議論がかみ合わない状況が長期間続くこととなった。この前提のズレは、二〇〇一年四月に公表された計画の「たたき台」がきっかけとなっている。二〇〇二年のガイドラインでは、「課題と目的の設定」、「代替案と評価項目の設定」、「代替案の比較評価」の結果をとりまとめたものを計画の「たたき台」としているが（屋井・前川監修、二〇〇四年：三〇）、二〇〇一年四月の「たたき台」ではルートや構造なども含めた代替案が示されておらず、旧計画のルートに地下方式で外環道を整備することが前提とされていた。地下方式の構造、インターチェンジ（以下「ＩＣ」）の設置場所、地上部の利用プランについての選択肢は提示されたものの、選択肢ごとの評価指標や評価結果はまったく明らかにされていなかった。またガイドラインには、必要に応じて「たたき台」で示す内容や市民参画の進め方についてもＰＩプロセスの中で検討することが望ましい場合があると記されていた（屋井・前川監修、二〇〇四年：三〇）。しかし、この「たたき台」は検討の場であるＰＩ協議会発足以前に公表されてしまったのである。

このように、原点からの必要性の検討という申し合わせがあるにもかかわらず、行政は前提条件が極めて限定された「たたき台」をＰＩに先行して公表し、それを固持したままＰＩ協議会およびＰＩ会議を進めてきた。つまり行政は、一方でＰＩを実施しつつ他方では行政内部の基準のみによる検討も進めるという〝二重基準（ダブルスタンダード）〟にしたがって計画・事業を進めてきたのである。

前提のズレをめぐる経緯以外にも、沿線住民との相互理解を深めようとした行政担当者の突然の人事異動、行政の独断による方針発表や環境影響評価手続きの検討など、ＰＩそのものを無視するかのようなアクションが幾度となく繰り返されてきた。その結果、ＰＩ協議会やＰＩ会議はもちろんのこと、オープンハウスや地域での説明会においても、住民と行政の間の信頼関係は著しく損なわれていった。こうした〝二重基準〟による行政の行為が透明性や公正性に欠けるのは明らかである。多くの研究でも、手続的公正性が行政に対する信頼を大きく左右することが確認されている（鈴木・西野・山口、二〇〇三年他）。信頼性が構築されなければ、実効的なＰＩなど到底不可能であろう。

2　代替案検討の不十分さと説明責任の不履行

ＰＩ協議会の段階では、環境への影響や将来交通量の予測について、データ処理中であることなどを理由に行政から最新の数値による説明がなかったため、沿線住民と行政の間で必要性に関する共通認識を得るには至らなかった。その後、ＰＩ会議では様々なデータを参照しながら主に効果と影響の観点から議論が進められたものの、ルート、構造、ＩＣの設置場所などの条件を設定した計画案の定量的比較は不十分なままとなり、計画の代替案やいわゆる「何もしない」案との比較検討もなされなかった。ＩＣに関しては五つのＩＣの設置パターンの詳細な比較もなく、五つすべてを設置するケースと、いずれか一つのみ設置するケースという、非現実的な条件での予測交通量などが示されただけだった。住民委員からは、数値や統計手法の前提、将来の社会状況の変化までを想定した疑問や意見が多々出されたが、行政からは「現況ではこの手法による分析データが妥当である」という認識・主張のみがくり返し述べられたに過ぎず、住民からの疑問・意見に基づくデータの再集計・再計算は一切なされなかった。その結果、必要性・妥当性に関する認識は何も共有されないまま構想段階の終了を迎えることとなった。

このように、計画の必要性を検討するための複数案の比較もほとんどなされず、行政からのデータに対する住民の疑問・意見への当局の回答も不十分だったため、構想段階のとりまとめの冊子である『これまでの検討の総括』でも、何をどのように比較検討した結果として外環道の必要性が認められたか、という点はほぼ説明されず、単に行政による当初からの想定と主張が再提示されただけであった（国交省関東地方整備局・東京都都市整備局、二〇〇五年ａ：一二五）。これではＰＩプロセスを経た社会的な合意形成に至るどころか、かえって多くの批判的疑問を呼び込むことになるのは明らかであろう。事実、構想段階から計画段階へ移行する二〇〇五年以降、沿線各地で外環道計画に批判的な住民活動・住民運動が次々と生起し、行政に対する異議申立が増加した。アメリカではこうした運動や行政訴訟、それによる計画頓挫を避けるためにPIを導入してきた経緯があったが、少なくとも外環道計画では、沿線住民の疑問・意見に真摯に答えないまま形式的なPIを実施した結果、かえって抗議運動を誘発してしまうという皮肉な事態を招いたのである。

複数案の比較の不十分さや行政の説明責任の不履行が事態を悪化させた代表事案が、外環道青梅街道ICの計画である。青梅街道をほぼ境界として練馬区と杉並区をまたぐ位置に計画されたこのICは、北側（関越自動車道側）と南側（東名高速道路側）の両方向への出入りが可能な構造として検討されてきた。しかし、構想段階のまとめとして国交省・東京都から公表された概略計画案では、北側方向にのみ出入り口がある「ハーフIC」が、練馬区側のみにつくられることが示されたのである。

概略計画案を発表するPI会議の席上で国交省の担当者が「皆さん方にハーフを、外向きに説明しているということはございません」と述べた通り（委員への「考え方」についての報告会（二〇〇五年一〇月）会議録：一二）、PIプロセスの中でハーフICを比較検討の対象としたことは一切なかった。では、誰（何処）がどのようにこれを検討したのだろうか。概略計画案の公表とほぼ同時に行政によって公開された『インターチェンジについて』という資料には、IC設置を行政内部で検討した経過について以下の記述があった。

①「オープンハウス・意見を聴く会」等で提示した各IC別の検討案に関し、オープンハウスや意見を聴く会での意見等を踏まえ、適宜検討案を追加して、比較評価。

②ＩＣ設置の有無の評価は、個別ＩＣ毎の評価のみで決まるものではなく、他のＩＣの有無によって評価が変わる場合もあることから、①で他のＩＣ無しの条件で、個別ＩＣ毎に設置の有無を検討し、その結果得られたＩＣ条件（目白通りＩＣあり、青梅街道ＩＣ関越方面ハーフ、東八道路ＩＣあり）で、改めて交通の変化及び利便性等について検証し、ＩＣ設置案の妥当性を確認（国交省関東地方整備局・東京都都市整備局、二〇〇五年ｂ：三）。

つまり、行政内部で個別のＩＣの有無のみを検討した結果、青梅街道を含む三カ所にＩＣを設置することとなり、その後、この三つを同時に設置した場合の交通変化や利便性を検証し、妥当性が認められた、ということである。しかし、そもそもＩＣ設置候補は五カ所（目白通り、青梅街道、国道二〇号線、東八道路、世田谷通り）あった。それらの設置パターンを複数設定した上で、外環道およびＩＣの交通量と利便性を評価し、最終的な設置数と箇所を決めるというのが、正当な比較検討方法ではないだろうか。個別のＩＣの有無のみという非現実的な条件をいくら比較したところで、それが合理的な計画に結びつくとは考え難い。資料中では交通量変化の定量的比較が一応されてはいるものの、設置条件の妥当性が疑わしいものである以上、ＩＣ設置の判断材料としても妥当なものとは言い難い。しかも、青梅街道ＩＣの設置理由は数値によって説明されず、「目白通りＩＣ及び、東八道路ＩＣが設置された場合であっても、練馬区及び杉並区の広域及び多摩北東部での最寄りＩＣであることに変わりは無く、引き続き利便性の向上の程度は高い」という曖昧な記述しか見当たらないのである（国交省関東地方整備局・東京都都市整備局、二〇〇五年ｂ：一〇）。さらに、設置条件に問題があるとしてもそれがＰＩの中で比較検討されたならばまだ考慮の余地もあろうが、比較検討が行政内部のみで行われ、概略計画にそのまま反映されるのは大きな問題である。

この特異なＩＣ計画が採用された背景には、実は練馬区と杉並区における区政上の方針の違いが存在する。練馬区は、広域的な利便性や関越自動車道大泉ＩＣ周辺地域の交通集中問題の改善を理由に、かねてから青梅街道ＩＣ設置を強く要望していた。一方、杉並区は周辺環境の悪化への懸念からＩＣ設置に反対していた。有識者委員会の最終提言では「一定期間内に、地元区市からの明確な要請がなされた場合には、インターチェンジ設置を盛り込んだ案も検討出来るように、配慮すべきである」と書かれている（東京環状道路有識者委員会、二〇〇二年：三‐四）。したがって、このケースでは「地元区市からの明確な要請」が歪な形で大きく作用したと考えるのが自然だろう。しかし、「地元区市からの明確な要請」とは、自治体やその首長の意見だけではなく、沿線住民の意見を丁寧に集約した上で判断すべきものである。先の最終提言には「交通の利便性の向上や移転家屋数などについての配慮は不可欠である」とも記されている（東京環状道路有識者委員会、二〇〇二年：四）。特に生活全般で実害を被るＩＣ設置予定地の住民の意見は真摯に受け止めるべきである。もちろん、予定地の住民の意見のみで設置の有無を決めるべきではないが、様々なステイクホルダーからの意見をどのように比較評価したのかを明らかにした上で、「明確な要請」があるか否かを判断しなくてはならないはずである。『インターチェンジについて』では、地域ごとのオープンハウスや説明会（意見を聴く会）で寄せられた住民意見、自治体の意見が記載されてはいるものの、それらに対する評価の記述はまったくない。本来ならば、様々なパターンのＩＣ設置条件と交通量変化の定量的比較、移転家屋数、当該地域住民の意見をＰＩの中で総合的に比較検討した上で、練馬区側のみへのハーフＩＣ設置の妥当性・合理性を判断するべきだったといえよう。（注2）

結局のところ、現在事業化されている外環道のＩＣ設置箇所と構造は、定量的データに基づきＰＩプロセスの中で正当に比較検討されて決められたのではなく、行政の内部検討と沿線区市内の政治過程と地域権力構造が大きく作用して決定されたといわざるをえない。この傾向はＩＣの件のみならず、外環道計画全般において当てはまる。ＰＩの要である各種ステイクホルダーからの意見に対しては「ただ並記するのみ」というスタイルが行政資料全般で貫かれており、それがどのような基準で計画案に反映されるか（されないか）は説明されない。外環道計画では、ステイクホルダーとの対話を通じて計画の合理性・妥当性を高めるという本来のＰＩのあり方は形骸化され、行政の考え方・主張と沿線区市内の政治構造・権力構造の妥協点が、非合理的な概略計画として策定されてしまったのである。

３　第三者機関の役割遂行の不徹底

外環道計画では、公正中立な立場からＰＩプロセスについて審議、評価、助言することを目的として有識者委員会が設置された。有識者委員会は①市民意見の把握とそれを踏まえた計画の必要性などの検討、②（①に基づく）概略計画決定の際に配慮すべき事項等の整理・報告、③道路管理者と市民等とのコミュニケーション活動に関する助言・評価という諸活動を実践し、それに基づく最終提言を六項目にまとめている（東京環状道路有識者委員会、二〇〇二年：一－四）。提言には「配慮すべき事項」

として「今後の議論においては、移転家屋数を出来る限り少なくして、地元住民への影響を軽減化することが、もっとも重要視すべき観点である」こと、「したがって、今後、外環計画の議論を進めるにあたっては、インターチェンジ無し地下化案を検討の基本において、議論を進めるべきである」ことが明記されている（東京環状道路有識者委員会、二〇〇二年：三‐四）。

重大な問題の一つは、この有識者委員会がPI協議会（あるいはPIプロセス全般）のスタートから間もない二〇〇二年一一月に最終提言を発表し、早々に解散してしまったことである。提言における「これまでのPIについての評価」は、当然二〇〇二年一一月までの経過に対する評価である。この段階では、「たたき台」に関する説明会、広域的な量的調査（アンケート調査）と、沿線地域の有力者、交通事業者、経済団体といった一部ステイクホルダーへのヒアリングの他は、あまり具体的なPI機会が実践されていない。二〇〇二年のガイドラインで想定された第三者機関の役割は、構想段階の区切りとなる時点までPIプロセスをチェック・評価し、プロセスの中で時機を見て助言・評価をその都度行っていくものだった。そしてこの機関が行政に報告する「配慮すべき事項」というのは、当然構想段階のPI全体を振り返って、概略計画に反映させるべきと判断する内容のはずである。PIの大半がこの最終提言後に展開されたことを考えると、有識者委員会はPIプロセス全般に関する評価・助言という本来の意味での役割を果たしていない。逆に、評価・助言のための第三者機関が長い間不在だったことにより、〝二重基準〟に基づく行政の振る舞い、複数案の正当な比較がないままの必要性の判断、沿線住民に対する説明責任の不履行が見直される機会がなくなり、事態を悪化させたともいえよう。

また、先述の通り二〇〇五年一月には住民等へ提示する資料の技術的妥当性を審議する技術専門委員会が設置され、行政による『外環の必要性』という資料冊子の妥当性を主に審議している。審議上特に問題となったのは将来の交通需要、交通量、費用便益を含む整備効果、大気環境等々に関する予測についてであり、ある程度の幅を持って予測を行う「感度分析」という手法をいかに導入するかがそこでの焦点となった（第二回・第三回技術専門委員会議事録より）。

『外環の必要性』は、技術専門委員会で審議されている段階でPI会議や地域毎の説明会（意見を聴く会）でも公表され、PI委員および市民からの疑問・意見が聴取されている。そうした場では、先の予測に関する部分の他、より広範な都市機能と関連した必要性の説明が欠けているのではないか、外環道建設の前提となる交通問題の解決策について代替案との比較が十分になされていないのではないか、環境の現況調査方法が不十分なのではないか、等々の意見が出された（第五回〜第一二回PI外環沿線会議議事録、第四回技術専門委員会議事録より）。しかし、これらの疑問・意見に対する直接的な議論は第四回技術専門委員会でわずかに行われただけであり、そのすべてを消化しないまま、第五回委員会では審議のとりまとめが行われ、二〇〇五年九月には『外環の必要性検討における技術的視点からの評価』という冊子が発行された。そしてその冊子では、「いくつか課題は残されているものの、構想段階として外環の必要性を判断するための妥当な資料が概ね提供されたと言える」と総括されている（東京外かく環状道路の計画に関する技術専門委員会、二〇〇五年：八）。

議事録と傍聴の結果から見る限り、委員会では確かに専門的な議論が行われ、市民・住民に知見をわかりやすく示す方法が模索された。しかし、それはあくまでもそこに集った専門家が想定する〝素人・一般人〟を対象とした議論であり、ＰＩの中で実際に表明されてきた疑問・意見を対象とした審議ではなかった。たとえば将来交通量推計には専門学会で蓄積・改善されてきた手法があるが、その手法の前提条件は必ずしも「生活者の視角」（梶田、一九八八年）と合致するものではない。委員会では、ＰＩで提示された推計の前提条件に対する疑問点にはほとんど触れず、研究上〝最新〟の推計手法をどこまで活用し、それをどのようにわかりやすく説明するかという議論に終始した。つまりここでは、ＰＩでの住民と行政のコミュニケーションというフェーズとは異なるレベルの一般論あるいは専門科学内部の議論が検討され、行政資料の科学的妥当性が審議・判断されたのである。それが必ずしも悪いわけではないが、ＰＩに関わってきた多くの沿線住民が、自分たちの疑問・意見へ十分に答えていないことを理由にこの判断を受け入れなかった。

技術専門委員会はとりまとめの冊子（『外環の必要性検討における技術的視点からの評価』）において、行政資料の専門科学的な妥当性を評価しただけではなく、計画検討に際して考慮・配慮すべき事項も示している。したがって、二〇〇二年のガイドラインで想定された第三者機関の役割を一応果たしてはいるが、これはあくまでも技術的・専門科学的な評価・助言である。行政とステイクホルダーのコミュニケーション過程が妥当だったかに関しては、何も評価・助言していないし、できるはずもない。なぜなら、評価・助言の妥当性を保証する専門性が異なるからである。

有識者委員会と技術専門委員会は、それぞれ一定の役割は果たしたといえる。しかし、有識者委員会が早期に解散し、構想段階の終盤に技術専門委員会が行政資料の技術的・科学的な妥当性のみを評価したため、行政と沿線住民等のコミュニケーションのあり方に関する評価・助言がないまま構想段階が終了してしまった。先述の通り、広域から沿線の個別地域に至るまで、様々なステイクホルダーから寄せられた意見・疑問に対して行政は説明責任を履行してこなかったが、それをチェックする第三者機関もまた機能しなかったのである。つまりこれは、「透明性」「公正性」に関する評価・助言が不在のまま、事業者である行政の〝二重基準〟にしたがって手続きが進み、構想段階のＰＩが終えられてしまったことを意味する。

3　計画段階以降のＰＩ

二〇〇五年八月に構想段階が終了し、同年九月にはとりまとめの冊子・資料（『これまでの検討の総括』、『インターチェンジについて』など）と合わせて「東京外かく環状道路（関越道〜東名高速間）についての考え方」という名称で概略計画が発表された。これ以降二〇〇七年四月の都市計画（変更）決定に至るまでの期間は、計画段階と呼ばれる。ガイドライン等では、ＰＩは主に構想段階を対象とした手続きとして位置づけられており、計画段階では環境影響評価や都市計画（変更）案の公告・縦覧を通じて住民等の意見を収集することが想定されている。しかし外環道計画の場合、たとえばＰＩ協議会の『二年間のとりまとめ』の中で「構想段階に限らず将来も広く住民の意見を聞くことが非常に大事である。今後も計画の評価に住民が参加するなど、今後のＰＩの進め方についても、意見を聞きながら進めていきたい」という行政の見解が示されている（ＰＩ外環沿線協議会、二〇〇四年：四）。また、構想段階の経過と結論をまとめた『これまでの検討の総括』でも、行政はその後の検討の進め方について「今後とも、ＰＩの重要性や有効性を踏まえ、構想段階に限らず、今後の検討の各段階においても、広く住民の意見を聴きながら検討を進めていきたいと考えています」と述べるとともに、「沿線地域の環境への影響が大きいと判断された場合には、計画を止めることもあり得ると認識しています」と表明している（国交省関東地方整備局・東京都都市整備局、二〇〇五年ａ：二六）。このように、行政側も了承した上で計画段階、事業実施段階でも何らかの形でＰＩやそれに準ずる手続きが継続されることとなった。

一定期間はＰＩ会議も継続したが、計画段階以降に中心となったのは沿線地域ごとのオープンハウスや説明会（意見を聴く会）である。筆者の参加・傍聴記録を振り返ると、こうした場に出席した住民の多くが、十分な検討をしないまま概略計画を決めたことに対して憤っている人たちだった。沿線住民への行政職員の対応は表面上丁寧だったものの、説明内容のほとんどは従来の見解の再提示か、詳細未定・不明のため現時点では説明不能とするものだった。その後、都市計画変更手続きと環境影響評価手続きに入る直前の二〇〇六年六月に、主に地域ＰＩなどで寄せられた意見とそれに対する回答をまとめた冊子として、『これまでに頂いたご意見・ご提案と計画の具体化の検討等における考え方』が公表された。しかし、そこに提示されたのはすべての意見ではなく、不明確な基準の下でテーマ別に集約された代表的意見と類似意見のみだった。行政による回答も疑問・意見に正面から答えておらず、既知の行政の立場・考え方が繰り返されただけのものだった。また、二〇〇五年一一月には新たな第三者機関として「大深度トンネル技術検討委員会」が発足したが、この委員会は文字通り大深度地下トンネルについて技術的な検討をしただけであり、その検討経過・結果がＰＩの中で議論されたり共有されたりすることはなかった。

このように、計画段階以降も実質的にPIが機能することはなく、むしろ地域PIへ重心が移行したことにより、検討内容が地域の個別課題へと分断化・矮小化されていった。もちろん、地域固有の課題は計画にとって重要だが、それはせいぜい当該地域で細かな設計変更をするか否かという問題として扱われ、各地域での課題を集約した結果から外環道計画全体の妥当性を再検討する方向には結びつかなかった。行政は「沿線地域の環境への影響が大きいと判断された場合には、計画を止めることもあり得る」としていたものの、計画全体に対する批判的意見に対しては、それがあくまでも地域ごとの問題であり、かつ行政の従来の考え方で解決可能であるという姿勢をとり続けた。この姿勢は、二〇〇六年六月から進められた都市計画変更手続きや環境影響評価手続きにおいても同様であり、また、二〇〇七年四月の都市計画変更決定と事業実施段階の間の時期に実施された、いわゆる「地域課題検討会」でも変わらなかった。その一つの帰結として、この時期から外環道計画全体に対する抗議運動がよりいっそう強まることとなった。

二〇〇九年五月以降の事業実施段階に入ってからも、地域ごとのオープンハウスと説明会は実施されてきたが、この段階になると、もはや沿線住民からの意見聴取とその意見の事業への反映という姿勢はほぼ失われ、それは事業の進捗状況や制度上の測量・各種調査の実施を形式的に伝達・説明するだけの機会となってしまった。一方、PIからは事実上切り離された形で「東京外環トンネル施工等検討委員会」(二〇一二年七月から)と「東京外環地下水検討委員会」(二〇一四年三月から)という二つの技術専門的な第三者機関が設置された。これらの委員会では当初議事概要すら公開されず、外部に公表されるのは委員から出された意見の要約程度に限られていた。トンネル施工等検討委員会の場合は『中間とりまとめ』や『とりまとめ』などを公表しており、その中に議事概要も記載されているものの、それはほぼ結論部分のみを示したものに過ぎず、具体的な検討過程を沿線住民が知る手立てはなかった。

そうした中、トンネル施工等検討委員会は二〇一四年六月に公表した『とりまとめ』においてある提言を行っている。これは、構造物の維持管理や安全管理などのために地上ランプと地下本線の結合部（＝地中拡幅部）の形状と工法を地下部分の土圧に耐えられるような、より堅牢な構造にする為に当初計画を変更するべき、という趣旨の提言であった（東京外環トンネル施工等検討委員会二〇一四年：九）。これに基づき、行政は速やかに地中拡幅部を馬蹄形状（≒楕円形）から円形形状（正円形）へと都市計画変更する手続きに入り、そこから一年も経たない二〇一五年二月、地中拡幅部の都市計画変更案は東京都都市計画審議会で原案通り議決され、同三月の計画変更決定を経て、同六月に事業として承認・認可された。この〝迅速〟な都市計画変更をめぐっても、やはり行政と沿線住民のコミュニケーション過程は形式的かつ一方的なものだった。計画変更素案の説明会では数々の疑問・批判的意見が投げかけられたが、その多くに対して明確な回答はなかった。軽微な計画変更であるため二〇〇七年の環境影響評価書に基づき一部の評価・予測を見直すのみで対応可能であること、工法は今後具体的に決めていくためコスト等の詳細は不明であることなどが回答されたが、全般的に、変更は軽微なもので大きな心配は不要であるという主張であり、その主張に基づいて事業承認・認可が進められたといえよう。

そして、計画変更の承認・認可後の二〇一五年一二月、トンネル施工等検討委員会から『地中拡幅部に関する留意事項まとめ』が発表された。特に中央JCT南、中央JCT北および青梅街道ICについて、「大深度地下部における、透水性が高い帯水層下での大断面の施工となることから、技術的難易度が高い施工が求められる」こと、「これに伴い、所要のコスト、工期の増加が見込まれる」ことが、そこで初めて明らかにされた（東京外環トンネル施工等検討委員会、二〇一五年：一－二）。さらに二〇一六年三月には、同委員会より『地中拡幅部（中央JCT、青梅街道IC）の工法の考え方まとめ』が発表された。そこには地中拡幅部が「市街化された地域の大深度地下部において、地下水を有する地盤内に非開削で構築する必要がある、世界でも類を見ない規模の、技術的困難さを伴う工事となる」こと、また「中央JCT南、中央JCT北及び青梅街道ICの地中拡幅部は、東名JCT部と比較して、地山の透水性が高く、地山の自立性が低い地盤での施工となるため、より技術的難易度の高い施工が求められる」ことが明記されていた（東京外環トンネル施工等検討委員会、二〇一六年：一－二）。つまり、変更された地中拡幅部の形成事業はもとより、とりわけ中央JCTと青梅街道ICにおけるそれは、世界でも類を見ない規模の技術的難工事であることが事業の承認・認可後に明らかになったのである。加えて、工法については「今後、詳細な技術的検討、検証を加えることが必要」とある通り（東京外環トンネル施工等検討委員会二〇一六年：一）、未だ確定していない状況であった。この言明を見る限り、本事業は行政が主張していた「軽微」な変更とはいえず、技術的に大きな困難性や未確定性を孕んだまま事業の承認・認可が下りたことになる。

こうした事態は果たして技術検討における不可抗力的な結果といえるだろうか。否、トンネル施工等検討委員会における毎回の議論がオープンにされ、施工技術に携わる民間業者へのアンケート結果もある程度公表されながら、かつてのＰＩ会議などを通じてその検討経過に関する疑問・意見が沿線住民からその都度投げかけられていれば、事業の技術的困難性、リスク、コスト増加をより早期に予測できたのではないだろうか。また、こうしたプロセスを経ていれば、その予測を踏まえたより合理的な都市計画変更手続きが可能だったのではないだろうか。それがすべての要因とはいえずとも、事業者である行政、専門家による第三者機関、施工に関わる民間事業者の三者による閉じた関係の中で検討を進め、事業化段階におけるＰＩプロセスを形骸化させたことが、拙速な都市計画変更および事業の承認・認可という結果を招く一因となったことは間違いない。

4　市民・住民参加のあり方

では、道路計画または都市計画全般における市民・住民参加の望ましいあり方とはどのようなものなのだろうか。

そもそも、施策検討に対する市民・住民参加の議論が戦後の日本で初めて活発化したのは、一九六〇年代から一九七〇年代にかけてであった。高度経済成長の負の部分として生活環境整備の遅れや公害発生が問題となり、国を中心とするトップダウンの都市・地域開発政策に対して市民・住民が異議申し立てをし、主に抗議運動を通じて自らの主張を施策に反映させるための様々な働きかけが行われた。その当時、市民・住民参加概念の代表的モデルとして知られていたのがArnsteinによる八段階の「梯子」モデルである（Arnstein 1969）。これは「①世論操作」から「⑧市民による管理」まで、参加レベルを八段階に階層化したものだったが、「⑦権限委任」と「⑧市民による管理」は市民側がほぼ完全に権限を掌握するものであり、これらを「参加」の段階に含めてよいかについて、日本では議論が分かれていた。その後、このモデルを基に関係する議論、研究成果、社会状況の変化を考慮した上で、市民・住民参加の段階の現代的な考え方として整理されたものが、原科幸彦による「参加の五段階」モデルである（原科編著、二〇〇五年他）。

この五段階は、①情報提供（informing）、②意見聴取（hearing）、③形だけの応答（reply only）、④意味ある応答（meaningful reply）、⑤パートナーシップ（partnership）から成り、①から⑤へ進むにしたがって参加レベルが上昇するものとされている（原科、二〇〇二年：三〇）。①は行政からの一方的な情報提供のみがなされる段階であり、市民・住民からの意見は聴取しない。②は情報提供だけでなく市民・住民からも意見を聞くが、意見を聞くだけで終わる恐れがある段階を指す。③は市民・住民からの意見に対し応答するものの、それが一回限りで終わってしまう段階であり、従来の公聴会をはじめとする日本での参加機会はこの形が多かったという。そして④は市民・住民と行政との間に複数回の意見・応答のやりとりとそのフィードバック（＝いわゆる「議論」）がなされる段階であり、行政はこの議論を踏まえて意思決定を行い、決定結果の根拠を明確に示す説明責任を負う。⑤は④での議論に加えて意思決定も市民・住民と行政が共同で行い、その決定に対する責任も共同で負う段階とされている（原科、二〇〇二年：三〇、原科編著、二〇〇五年：三四-三六）。

原科は通常の公共事業について、⑤の段階は市民・住民の責任負担という点から適用することが難

図２　参加の５段階モデル（原科編著 2005）から評価した外環道の PI

【参加の5段階モデル】　【外環道計画のPIの評価】

参加レベルの深化（↑）

	参加の5段階モデル		外環道計画のPIの評価
⑤	パートナーシップ	×	
④	意味ある応答	×	ほぼ皆無
③	形だけの応答	△	当初からのデータと主張が繰り返し提示されるのみ
②	意見聴取	△	意図やニュアンスを市民・住民と共有する態度に欠ける
①	情報提供	△	提供内容の恣意的な編集や周知の不徹底が目立つ

しく、④の段階まで市民・住民参加が実現されるか否かがポイントとなると述べている（原科編著、二〇〇五年：三三五）。また④のあるべき像として、事業者・行政と住民・公衆は公開プロセス（≒公共空間）の中で議論をし、事業者・行政は住民・公衆の意見に対して正面から答え、疑問に対しても関係者が検証可能な形で十分な説明をする必要があること、そのためには十分な情報公開が必須条件であること、そして住民・公衆が求める計画や事業の修正あるいは大幅な変更にも事業者・行政は必要に応じて答え、時には計画・事業の中止を決断することなどがあげられており、こうした対応こそが住民・公衆の意見を反映するということであると記されている（原科編著、二〇〇五年：三三五－三三六）。

この五段階に沿って外環道のＰＩを評価するとすれば、図２の通りとなるだろう。

「情報提供」に関しては提供内容の恣意的な編集が散見され、情報の周知にも不徹底が目立った。「意見聴取」では〝ただ聞き置く〟という傾向が強く、沿線住民と意図・ニュアンスを共有する態度に欠けていた。「形だけの応答」は達成されているようにも見えるが、形式そのものが住民からの疑問・意見に応答する様態になっておらず、何を問われようとあらかじめ用意された行政の見解をコピー&ペーストするのみだった。パートナーシップは対象外にするとしても、本来最も重要な「意味ある応答」、すなわち議論内容がフィードバックされる双方向のコミュニケーションは、ほぼ皆無だったといわざるをえない。

他方、二〇〇八年に公共事業全般を対象とするガイドラインが策定されたことを受け、国交省道路局は二〇一三年に『構想段階における道路計画策定プロセスガイドライン』を改訂・公表している。その中の「コミュニケーションプロセスを実施する上で留意すべき事項」には、留意事項として以下の四点が示されている。

①計画検討手順やコミュニケーションプロセスの進め方について、住民・関係者等と共有されていること

②住民・関係者等へ積極的な情報提供が行われ、透明性が確保されること

③住民・関係者等との双方向で実質的な対話機会が十分に確保されること

④住民・関係者等からの意見・質疑等に対し、真摯に対応すること

（国土交通省道路局、二〇一三年：一九）

この留意事項の中の特に②③④は、原科が定義した「意味ある応答」とほぼ同じ内容に言及している。したがって、行政自身も住民等との間に複数回の双方向コミュニケーションを重ねた上で計画検討していくことを、ガイドラインという形で推奨しているのである。私見では、日本における市民・住民参加プロセスは、形式上は「意味ある応答」の段階が設定されたものが増えつつある。しか

し、外環道計画のＰＩに見られるように、それが形骸化し、プロセス自体が行政による〝アリバイづくり〟であると住民に非難されるケースもまた多いといえよう。

形式的には「意味ある応答」の段階が設定されたとしても、応答の内容と態度如何により、それは「形式だけの応答」以下になってしまう。外環道のＰＩでは、行政からなされた応答のほとんどが当初からのデータ・主張のくり返しとなり、それは市民・住民意見のフィードバックに基づく対話的なものではなかった。これは「意味ある応答」としてのコミュニケーションとはまったく異なるものであり、いわば「形だけの応答」の回数が増えただけに過ぎない。検討プロセスが次のフェーズへ進む際にも、そこまでの聴取意見と双方向コミュニケーションがどのような経緯で反映されたのか（あるいは反映されなかったのか）が、検証可能な形で明示されることはなかった。もし実質的にも「意味ある応答」を目指した検討プロセスを実施するならば、行政が提示した資料・データに対して市民・住民から様々な疑問・意見が投げかけられたときには、検証可能な資料・データを国交省・東京都があらためて用意したり、市民・住民側が自ら用意した資料・データも検証したりしながら、双方が対等の立場で議論し、二〇一三年のガイドラインにも記されているように地域の現状と課題を「共有」すべきだったといえる。

参加の五段階モデルやガイドラインを踏まえるならば、目的・課題・現状はもとより、議論の前提となる様々なデータの妥当性に関する認識を共有した上で、行政と市民・住民との間に実質的な双方向コミュニケーションが展開されなければならない。外環道のＰＩでは〝二重基準〟をはじめとする行政の不公正な態度への批判が強まり、信頼関係が損なわれたことも影響し、沿線住民は行政が示す定量的データやその測定方法、測定条件に疑いをもつことが非常に多かった。しかし仮に行政の態度が違ったとしても、道路計画に関する情報をほぼ独占し（＝情報の非対称性）、自由に編集することもできる行政が示す情報やデータは、市民・住民から見れば多かれ少なかれ疑わしく思えるのではないだろうか。たとえそれが専門家による〝お墨付き〟を得たものであっても、一つの現象に対して専門家の間でも見解に幅があるのが実情である。したがって、見解の幅も考慮した上で、情報・データの妥当性に関する認識を行政と市民・住民の間で共有する必要がある。

この認識の共有を実現する一つの方法として、Joint Fact Findingという手法を提示したい。鈴木温らによれば、Joint Fact Findingとは、将来予測や影響予測を含むような科学問題に対して、前提となるデータや分析方法をその問題の関係者が共有することによって、共通認識を構築する方法である。専門的知識を有する科学者の特定も、事業主体や市民などの関係者が共同で行う（鈴木・矢嶋、二〇〇五年：三 - 四）。具体的には、①考慮すべき問題の定義、②情報収集のプロセスの定義、③専門家に聞くべき質問と分析法の定義、④分析方法の限界の定義、⑤進むべきベストな方法の定義の五点を関係者が共同で議論し、議論の結果を踏まえた合意文書を第三者がまとめる。特に②情報収集のプロセスの定義に住民等が関与できることにより、計画検討のための調査を実施する場合でも、その前提や方法などが可視化され、後の議論がしやすくなる（鈴木・矢嶋、二〇〇五年：四）。

海外において、この手法や類似手法は、規模の大きな都市計画だけではなく原子力発電所のリスク評価や近隣地区レベルのまちづくり計画などにおいても導入されている。その中には、行政が自らの情報をまず提供し、それを基に市民・住民が自主調査（自主アセスメント）を実施し、その結果と行政からの提供情報をつきあわせた上で、課題・評価・改善方法などを共有していくものもある（原科・小泉編著、二〇一五年など）。

外環道のＰＩでもこうした手法が採用されていれば、構想段階で見られたような前提のズレは生じず、行政からの「意味ある応答」を引き出す双方向コミュニケーションが少しは実現されていたかもしれない。少なくとも地中拡幅部の都市計画変更に関しては、トンネル施工等検討委員会とＰＩとの連携の中でこの手法を導入できていれば、事業の承認・認可後にそれが「世界に類を見ない難工事」であることが判明するなどという事態は起こらずに済んだのではないだろうか。

5　むすびにかえて

以上、いささか雑駁な議論を進めてきたが、最後に本論の要点を以下のようにまとめておきたい。

(1)　外環道計画の構想段階におけるＰＩは、行政の〝二重基準〟に基づく不公正な進め方、代替案等との比較検討の不十分さとそれにともなう説明責任の不履行、地域政治構造の不公正な介入、第三者機関の役割遂行の不徹底などが顕著であり、当時のガイドラインに照らし合わせても、少なくとも透明性と公正性が十分に保証されたものではなかった。その結果として、市民・住民と行政との信頼関係は悪化の一途をたどった。こうしたプロセスを経て策定された概略計画の妥当性は極めて疑わしい。

(2)　計画段階以降のＰＩはさらに形骸化し、それは行政の立場・考え方を個別の沿線地域で一方的に説明するだけの機会となった。沿線住民へオープンにすべき重大な検討課題が生じても、検討プロセスが行政・専門家・民間事業者の内部に閉ざされており、計画・事業全体の妥当性を再確認・再評価する機会は奪われてしまった。特に地中拡幅部の都市計画変更は、明らかにＰＩの形骸化が一因となって拙速な手続きが進んだために、事業の承認・認可後に重大なリスクが判明する事態となっている。

(3) 以上の通り、外環道の計画・事業におけるＰＩは、参加の五段階モデルに照合すると全般的に甚だ不十分なものであり、特に「意味ある応答」の実現からはほど遠いものだった。この事業については今一度ＰＩのあるべき姿に立ち返り、Joint Fact Findingまたはその類似手法も導入し、事業の必要性を判断する情報・データ、その収集方法、その他諸前提を行政と市民・住民の間で共有するところから、あらためて妥当性を検討すべきではないだろうか。

脚注

注１　外環道計画の事業変更（二〇一五年六月付）の承認に対して、筆者は行政不服審査法に基づく異議申立の口頭陳述を行った。本稿はその陳述原稿に加筆・修正を施したものである。

注２　当然ながら、ＰＩでも未検討の、行政による比較検討の説明にも妥当性が認められないＩＣとなれば、設置予定地の住民は論理的にも感情的にも納得できるわけがない。その結果、青梅街道ＩＣについては事業認可取消を求める行政訴訟が起こされ、現在も裁判が継続している。

参考文献

・Arnstein, S., 1969, "A Ladder of Citizen Participation", *Journal of the American Planning Association*, Vol 35, No4, 216-224.
・藤原真史、二〇〇一年、「パブリックインボルブメントとパブリックコメント」『都市問題』第九二巻第五号：七九 - 一〇九。
・合意形成手法に関する研究会編、二〇〇一年、『欧米の道づくりとパブリック・インボルブメント――海外事例に学ぶ道づくりの合意形成』ぎょうせい。
・原科幸彦、二〇〇二年、「環境アセスメントと住民合意形成」『廃棄物学会誌』Vol.一三、No.三：二七 - 三六。
・原科幸彦編著、二〇〇五年、『市民参加と合意形成――都市と環境の計画づくり』学芸出版社。
・原科幸彦・小泉秀樹編著、二〇一五年、『都市・地域の持続可能性アセスメント――人口減少時代のプランニングシステム』学芸出版社。
・梶田孝道、一九八八年、『テクノクラシーと社会運動――対抗的相補性の社会学』東京大学出版会。
・国土交通省道路局、二〇一三年、『構想段階における道路計画策定プロセスガイドライン』。
・国土交通省・東京都、二〇〇五年、『東京外かく環状道路（関越道～東名高速間）についての考え方――計画の具体化に向けて』。
・国土交通省関東地方整備局・東京都都市整備局、二〇〇五年a、『東京外かく環状道路（関越道～東名高速）これまでの検討の総括』。
・国土交通省関東地方整備局・東京都都市整備局、二〇〇五年b、『「東京外かく環状道路（関越道～東名高速間）についての考え方」のインターチェンジについて』。
・国土交通省関東地方整備局・東京都都市整備局、二〇〇六年、『これまでにいただいたご意見・ご提案と計画の具体化の検討等における考え方』。

・ＰＩ外環沿線協議会事務局、二〇〇二～二〇〇四年、「ＰＩ外環沿線協議会　会議録」（第一回～第四二回）。
・ＰＩ外環沿線協議会事務局、二〇〇四年、『ＰＩ外環沿線協議会 二年間のとりまとめ』。
・ＰＩ外環沿線会議事務局、二〇〇五～二〇〇七年、「ＰＩ外環沿線会議 会議録」（第一回～第二六回）。
・ＰＩ外環沿線会議事務局、二〇〇五年、「ＰＩ外環沿線会議 委員への『考え方』についての報告会 会議録」。
・鈴木温・西野仁・山口真司、二〇〇三年、「社会資本整備の合意形成における手続きの公正さと信頼の役割」『建設マネジメント論文集』Vol.一〇：三九‐四八。
・鈴木温・矢嶋宏光、二〇〇五年、「市民参加プロセスにおける計画合理性――Joint Fact Findingの意義と可能性」『土木計画学研究・講演集』Vol.三二。
・東京外かく環状道路の計画に関する技術専門委員会事務局、二〇〇五年、「東京外かく環状道路の計画に関する技術専門委員会　議事録」（第一回～第五回）。
・東京外かく環状道路の計画に関する技術専門委員会、二〇〇五年、『外環の必要性検討における技術的視点からの評価』。
・東京外環トンネル施工等検討委員会、二〇一三年、『東京外環トンネル施工等検討委員会　中間とりまとめ』。
・東京外環トンネル施工等検討委員会、二〇一四年、『東京外環トンネル施工等検討委員会　とりまとめ』。
・東京外環トンネル施工等検討委員会、二〇一五年、『地中拡幅部についての留意事項まとめ』。
・東京外環トンネル施工等検討委員会、二〇一六年、『地中拡幅部（中央ＪＣＴ、青梅街道ＩＣ）の工法の考え方まとめ』。
・東京環状道路有識者委員会、二〇〇二年、『東京環状道路有識者委員会 最終提言』。
・屋井鉄雄・前川秀和監修、二〇〇四年、『市民参画の道づくり――パブリック・インボルブメント（ＰＩ）ハンドブック』ぎょうせい。

第2部　住民はどのように抵抗し何を勝ち取ってきたか

第1章　住民参加を目指して

第一節　住民参加を目指して　PIの実態と取り組み

外環道路反対連盟

【路線概要】
①路線名：東京外かく環状道路
（関越自動車道新潟線の三鷹市東京都練馬区間～中央自動車道富士吉田線の三鷹市東京都世田谷区間）
②種別：高規格幹線道路
③規格等：第二種第一級　道路幅員（四〇～九八m）：延長一六・二km
④事業者：国土交通省・東日本高速道路株式会社・中日本高速道路会社
⑤当初事業費：一兆二八二九億円（令和二年再評価時：二兆三五七五億円）

東京外環道路計画は、一九六六（昭和四一）年六月六日、東京都の都市計画地方審議会で五四対五〇の僅差で強行可決された。その後反対署名や国会議員への陳情を精力的に行い、ついに一九七〇年一〇月九日、参議員建設委員会で根本建設大臣が「地元と話し得る条件の整うまではこれを強行すべきでない。暫く凍結せざるを得ない」と計画の凍結を言明。これ以降も私たちは密集した住宅街に起こる被害予測（大気汚染、騒音等、環境問題や地域破壊）など基に一貫して「絶対反対」だと主張し、区市、市議会、住民の三者一体となって反対運動を続けてきた。この運動の中で、一九八七年六月には「通すな外環：一〇〇〇人集会」を立教女学院講堂で開催。一一〇〇名を超える参加者で盛況。その後も地道に反対運動を進めてきた。

このような状況下、一九九九年四月二七日（火）、明後日からゴールデンウイークという時に突然、朝日新聞社広告部と朝日サンツアーズの二人が、渡辺事務局長の勤務先を訪問した。

「首都圏の道路問題について二年続けて【東京・パリ都市交通シンポジウム】を有識者中心で開催してきたが、今年は住民を主体にしたシンポジウムを秋に企画しているので、一一月のシンポジウムに出席してほしい。六月にパリに行って住民と話してもらいたい」

とのことで、連盟では急遽、連休明けの五月八日緊急幹事会を開催。提案したところ三名の応募があった。朝日新聞広報部の説明では、パリに行くのは大学の先生がリーダーで、住民代表、朝日新聞、それに国・都にも声をかけているが連絡がなく、行くのか不明との話であったが、成田空港での結団式に出て驚いた。同行者一一名中、何と建設省（現、国交省）二名、東京都一名の三名が参加していて、朝日新聞に騙されたとの思いを強く抱いた。

なぜ、パリを選んだのか後で朝日に聞いたところ、次のような理由によるものだった
「東京とパリの道路事情はよく似ている。東京首都圏とパリ首都圏（イル・ド・フランス）の面積が一万二千キロとほぼ同じで、高速道路の建設もほぼ同じ時期（一九六〇年代）に始められているとのことで、パリ首都圏の都心から一五キロ圏をめぐる、全長八五キロのA八六号環状道路（当時開通区間は約七五キロ）と東京外環（当時開通区間は約二九キロ）で、両者の間に著しい違いが出てきていた。フランスでは八〇年代、住民の猛烈な反対運動が起きたが、情報を公開して、なかでも技術者が住民の疑問に対してきちんと説明。官と民が互いに力を合わせて、未来を構築する姿勢をとるように努めた。七年間に亘る話し合いの結果、当初の地上から掘割構造へ、最終的には地下を走るトンネル構造に落ち着いたこと。このような努力が進捗率アップになっていった。ところが日本は都心環状線が完成に近づきつつあるものの外環は都内で全く動かず、圏央道も二〇キロしかできていない。中でも六〇パーセントを占めるといわれる、東京に寄る必要のない車の走行経費や事故によるロスなどから生じる無駄をなくすはずの外環が『休眠状態』にあることが大きな問題である」

パリへの機中、我々住民と朝日新聞、国・都との間の話は一切なく、夕食後の翌日の打合せ時に濱本勇三代表幹事と関東地方整備局調整課長とが口論になり、前途多難さを思わせる様相となった。翌二五日、午前中はA八六号の建設現場を視察し、午後はパリ郊外のナンテール市で、仏地方整備局の部課長、県の工事課長、地域住民が参加してフォーラム、終了後は交流会が開催された。この時期パリは、夜一〇時半位まで明るく、就寝が一時過ぎという状況で、二泊四日（機内泊二回）という短時間であったが、帰国前日にヴェルサイユ宮殿の見学等を通じて、国・都にも住民のことを考える人が

図1　朝日新聞記事（1999年7月17日付けより）

東京・パリ都市交通シンポジウム

環境と交通、両立探る

仏・ナンテールの住民運動

情報公開が官民結ぶ■地下構造へ計画変更

東京外かんの現状

住宅地に計画、高架式にも抵抗

図2　朝日新聞記事（1999年7月17日付けより）

東京・パリ都市交通シンポジウム

道づくり、地域と共に

官民合意進むフランス訪問

新しい試みに参加して

賛否双方に開かれた説明会を

相手の意見も尊重　フランス　時間と費用、覚悟を

必要性は承知　日本　行政に率直な対話望む

いるという感触を持つことができ、その後の官民の信頼関係（人間関係）を形作る一因になったということができるだろう。

パリ視察の成果の一つとして、フランスでは道路計画について、構想段階から工事完成共用段階まで担当者を変更せず、住民との対応等に接していることがPIの本来の姿に繋がっているようだった。日本の行政は二～三年で担当者が交代し、住民との対応が悪く計画決定から何人もが交代して、これまでの経緯についての把握もその時々の担当者で変わり、非常に迷惑である。このような外国との違いを考えると外環道で日本らしいPIができたのか疑問に思う。

一九九九年一〇月六日、石原東京都知事が練馬区と武蔵野市の外環予定地を視察。一〇月一二日、朝日新聞社主催の「第三回東京・パリ都市交通シンポジウム」にパネリストとして浜本代表幹事、渡邊事務局長が参加。住民代表として住環境を破壊する建設計画に反対する理由を話した。

二〇〇〇年四月二八日、外環道路凍結三〇年目にして国・都と外環反対連盟を含む地元団体との話し合いが始まり、国・都は「三〇年に及ぶ凍結状態で、地元住民に迷惑をかけたことを反省している」と謝罪の意を示した。

二〇〇一年一月一六日、扇国土交通大臣が三鷹市と武蔵野市の建設予定地を視察。五月二四日には扇国土交通大臣は参議院国土交通委員会で、「三〇年以上にわたり計画が放置され、地元の皆様にご不便をおかけしたことは大変遺憾である。原点に立ち戻って話し合いの場を設置したい」と遺憾の意を表明した。また、五月二八日には国・都主催の「東京外かく環状道路の計画のたたき台」の説明会が三一日まで四回開催された。この他に各地区反対同盟が主催し、国・都が住民の質問に答える形式の「たたき台説明会」が五月一六日〜七月一九日まで七回開催されている。

同年九月二八日、都庁で第一回「PI外環協議会（仮称）準備会」が開催され、一四年三月二五日、第九回準備会で「PI外環協議会（仮称）設立に向けた確認内容」に調印し会を終えたが、この協議会では各地区の反対連盟幹事七名を構成員にすることができた。この確認内容の中には、住民側の大奮闘でPI協議会の主旨として以下のような文言を盛り込むことができた。

(1)「原点について」……現在の都市計画を棚上げにし、昭和四一年都市計画決定以前の原点に立ち戻って…… (2)「必要性の有無（効果と影響）について」……計画ありきではなくて、もう一度原点に立ち戻って、計画の必要性から検討する。……協議会は結論を出す場ではないが、公開して進めるので、より多くの人にその議論の内容を知ってもらうことに意義がある。……外環計画の意義がないとの社会的判断がされれば、事実上計画を休止することもあり得る（傍線部分は筆者）。

この確認書を取り交わした後、「PI外環沿線協議会」が始まるのだが、PIに対する反対連盟の基本的立場は、国・都には「原点に立ち戻っての検討」を求め、反対連盟として「反対のための反対はしない」との立場をとってきたことであり、これが揺らぐことはなかった。

同年一二月六日には、五名の大学教授を集め「東京環状道路有識者委員会」が発足。翌二〇〇二年三月八日の第四回委員会では、浜本、渡邉の二名が出席し地元団体の意見として、意見・考え方を述べ委員の質問に答えた。この委員会は二〇〇二年一一月二九日、一三回の協議を経て、最終提言を行った。提言内容は、「今後は、移転戸数を少なくし、地元住民への影響を軽減化するため、インターチエンジ無し地下案を検討の基本とし、地元区市と調整の上、速やかに基本的方針を決定すべき。」

1993年2月	平成5年	外環市川ルート受け入れを市川市議会特別委可決
10月		五十嵐建設大臣と連盟代表（10名）大臣室で会談。
1994年3月	平成6年	外環埼玉ルート（和光～大泉間2.9km）供用開始。これで三郷～大泉間29.6km開通。
1997年9月	平成9年	東京都「東京外かく環状道路とまちづくりに関する調査報告書」を発表。関越～東名間は地下化、地上は緑地帯。
10月		瓦建設大臣と連盟代表（3名）大臣室で面会、陳情。
1998年3月	平成10年	東京都が建設省・関係区市と「東京外環とまちづくりに関する連絡会」設置。
1999年6月	平成11年	朝日新聞の招きで代表（3名）がパリを訪問し、住民と話し合い。
10月		石原都知事、外環予定地視察（練馬区、武蔵野市）
10月		朝日新聞社主催「第3回東京・パリ都市交通シンポジウム」に濱本、渡邊が出席。
12月		国幹会議で外環道の基本計画が承認され、37年間の凍結に終止符をうつ。
2001年1月	平成13年	扇国土交通大臣、外環予定地視察（三鷹市、武蔵野市）
4月		国と東京都、「外環計画のたたき台」を公表。
2002年6月	平成14年	第1回「PI外環沿線協議会」始まる。16年10月まで42回開催。
11月		「東京環状道路有識者委員会」最終提言：「インターチエンジ無しの地下案を基本とする」
2003年1月	平成15年	扇国土交通大臣と石原東京都知事が地下方針発表。
2005年1月	平成17年	第1回「PI外環沿線会議」始まる。

表1　外環道関係年表（2000年頃まで：これ以降は263頁表2参照）

西暦	元号	主な出来事
1966年3月	昭和41年	外環道路建設計画が新聞報道される
5月		沿線7区市が外環道路反対連盟結成。
6月		都計審（東京都都市計画地方審議会）で54対50の僅差で強行採決。
7月		建設大臣、都市計画決定告示（都県境〜東名高速18km）。旧都市計画法で戦時立法。
1967年4月	昭和42年	超党派の「外環道路国会議員協議会」10名で結成。7月には 衆:自民6、公明9、民社2、社会4、共産1の22名、参:自民2、公明5、社会4の11名で合計33名になる。
1970年10月	昭和45年	参議院建設委で根本建設大臣「地元と話し得る条件の整うまではこれを強行すべきでない。暫く凍結せざるを得ない」と計画の凍結を言明。
1972年6月	昭和47年	西村建設大臣、雑誌で外環は「もっと外を通すべき」と事務局に指示したと発言。
1973年4月	昭和48年	参議院建設委で金丸建設大臣、計画の凍結を確認。
1981年5月	昭和56年	参議院建設委で斎藤建設大臣、反対と答弁。
1982年7月	昭和57年	衆議院建設委で始関建設大臣、凍結を確認。
1984年6月	昭和59年	建設省と東京都が練馬区に1.5kmの計画変更案を提示。
1986年1月	昭和61年	木部建設大臣、大泉地区1.5kmの計画を認可。
4月		建設大臣、日本道路公団に施工命令。9月埼玉ルート着工。
6月		立教女学院で「通すな外環1000人集会」開催。
1991年3月	平成3年	衆議院建設委で大塚建設大臣「昭和41年当時と状況が変化しており、そのまま建設することはできない」。建設省藤井道路局長「高架計画がそのまま使えると思っていない」
12月		国幹道路建設審議会、千葉の外環ルートを東関東自動車道として基本計画化
1992年10月	平成4年	山崎建設大臣に平成5年度予算から外環調査費を除外する要望書を提出。
11月		外環埼玉ルート（三郷〜和光間26.7km）供用開始。

「沿道環境への影響などについては、基本的方針を決めた後に、正式な環境アセスメント手続きの段階で、さらなる評価を行なうべき」と、我々住民の意向を大きく反映したものになった。

だがここで問題点が残った。それは練馬区が上石神井地区の再開発について、外環道計画を利用して行おうと考えていて、練馬区内のIC（インターチエンジ）がなくなるのでは、建設計画に同意できない、と強く主張したことによるためで、結果として青梅街道のハーフインターチエンジが設置される要因になった。これがなければ0（ゼロ）インターが実現したのにと残念でならない。痛恨の極みである。有識者委員会も練馬区の同意を取り付けるために青梅街道IC設置を受け入れざるを得なかったようで、残念でならない。

このような経緯の中、二〇〇二年三月一七日、反対連盟は全体連絡会を開催し、三月二五日の第九回「PI外環協議会準備会」で調印することの承認を全会一致で受け、外環沿線協議会への参加が決定した。

第一回PI外環沿線協議会は、二〇〇二年六月五日（水）都庁第一庁舎五階大会議室で、住民一六名、地元自治体六名、国交省・東京都四名の二六名が集まり始まった。当初、二年間の予定であったが、二〇〇四年一〇月二一日（木）、第四二回協議会を開催し、二年四カ月に及ぶ会合にひとまず幕を引いた。ただ、この協議会では、一番大事な外環道路の必要性について、共通の認識を得るには至らず、引き続き話し合いの場を設けることで合意した。

これを受け二〇〇五年一月一八日、第一回「PI外環沿線会議」が開催され、二〇〇七年一〇月の第二六回まで二年九カ月続いたが、協議員だけでなく一般住民の声が聞きたいとの国・都の意向で、二〇〇八年一月、東名JCT（ジャンクション）周辺地域の課題検討会を皮切りに八地区で複数回開催され、六地区は二〇〇八年一一月の世田谷地区を最後に終えたが、杉並地区と一〇月五日と開始が遅かった武蔵野地区が、その後も検討会を続け二〇一〇年に終了した。

この後、国・都に「PI外環沿線会議」の再開を申し入れたが、国は応じたものの東京都は「外環の二」計画を協議事項にされるのを嫌い参加に非協力的で、自然消滅状態になってしまった。

このような反対連盟の半世紀にわたる活動の結果、外環道路建設を阻止することはできなかったが、問題は残ったにせよ高架計画を地下化させ、当初は五つあったIC（インターチェンジ）計画を三つに減らし、高架方式であれば約三〇〇〇戸が立ち退き対象であったのを約一〇〇〇戸弱にしたことが最大の成果であったといえよう。

朝日新聞社が企画したわずか二泊四日のパリ住民との話し合いに参加したことが、このような効果を生み出したといえよう。我々外環反対連盟がPI協議会に参加したのも、朝日新聞社の企画がなければ、ありえなかったのでは……と思われる。反対連盟としては、不参加でダンマリを決め込むような時代・状況ではなく、相手の主義・主張にも耳を傾け、公の場で我々の主張を申し述べ、社会環境破壊を訴え、我々が納得し得る状況を相手から導き出すことも考えるべきである、との基本的認識から参加に踏み切る決断をしたものであった。

PI協議会では①構想段階、②計画段階、③工事段階、完成後の④共用段階に亘って議論を行うことが基本の確認事項であったが、これは反故にされPI沿線会議を止めたことは、住民を冒瀆し行政との信義を裏切る行為であり、断じて許されるものではない。また、今後のPI議論の発展を妨げたものであり、ＰＩの育成に努めてきた我々の気持ちを行政は肝に銘じてもらいたい。

第二節　事業再評価で見直しをさせる

横浜環状道路（圏央道）対策連絡協議会

【路線概要】

①路線名：圏央道（首都圏中央連絡自動車道）（高速横浜環状南線：金沢区釜利谷町～戸塚区汲沢町）
②種別：高規格幹線道路（一般国道四八六号の自動車専用道路）
③規格等：釜利谷ＪＣＴ～戸塚ＩＣ間・延長八・九km　種級区分：第一種第三級（完成六車線）
④事業者：国土交通省・東日本高速道路株式会社
⑤事業費：五七四〇億円（令和二年再評価時）

はじめに

一九六〇年代にオオタカが住む横浜市南部の栄区（元戸塚区）で大規模宅地開発が始まった。横浜市は国の計画に応じて高速道路予定地をその開発地域に確保していた。開発業者が「高速道路がそこ

図１　横環南　配置図　正式名称は「横浜環状道路南線」圏央道の一部で往復６車線、予測交通量は６万台／日、供用は1997年予定（当初）、事業費2000億円

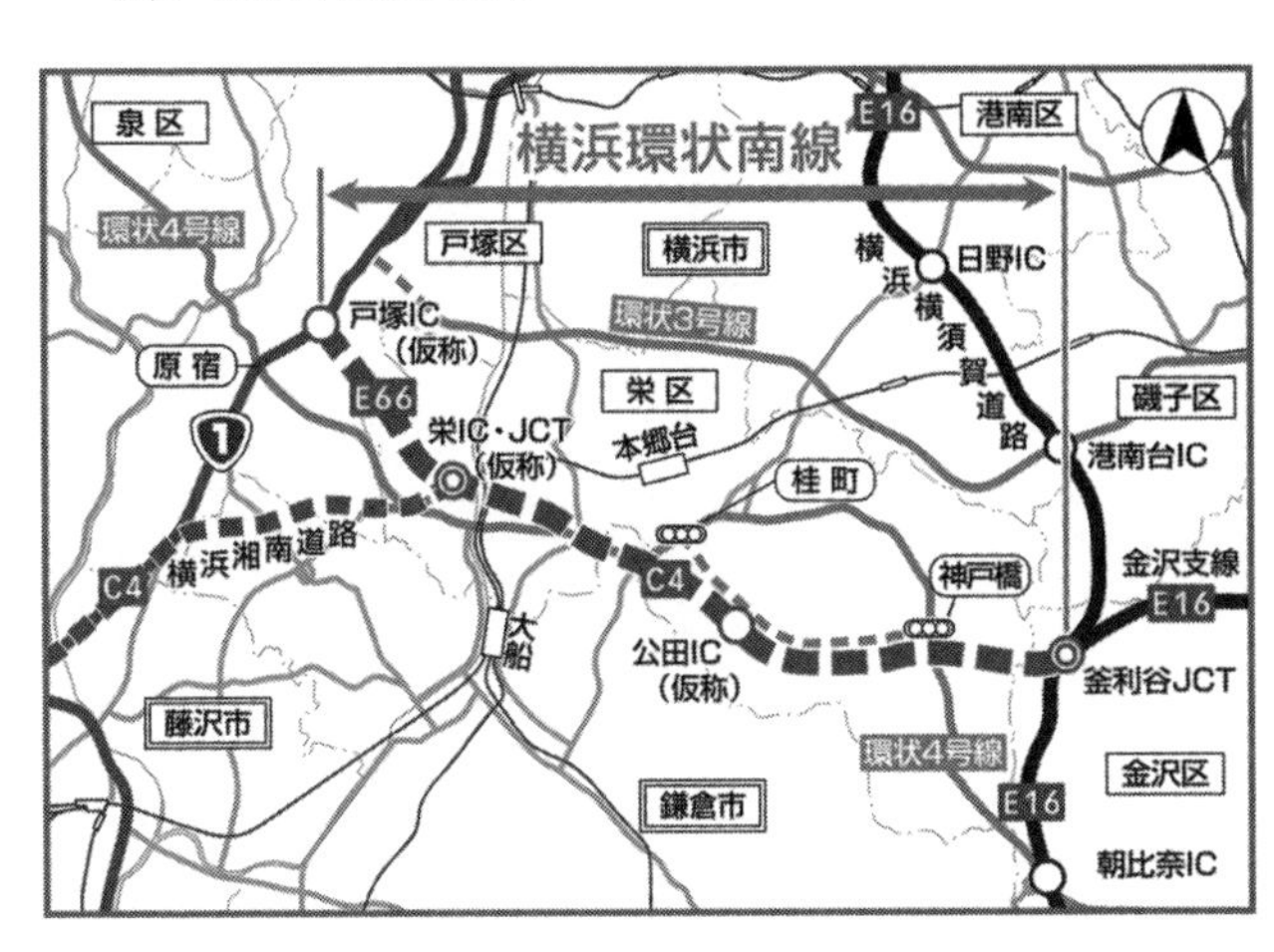

を通ることでは販売しにくいので一般街路と説明させてくれ」と頼み込み市はその要請を認め、次頁図2のようなウソ看板を現地に設置した。善良なる宅地購入者をだましたことがこの運動の始まりである。

1　ウソ販売への憤慨

住民はその後一九八七年に朝日新聞の報道でこの計画（横環南）の次年度着工を知ることとなった。住宅販売地に出た図2の看板を信じて当時の多くの働き蜂達が終の棲処として買い求め移住してきた。その人達が立ち上がり、一九八八年九月に横浜環状道路（圏央道）対策連絡協議会（以後、通称連協）を早速設立したのである。

その後このウソ看板事件は市への陳情の結果、看板の掲示を高秀市長が許可したことが

図2　ウソ看板写真

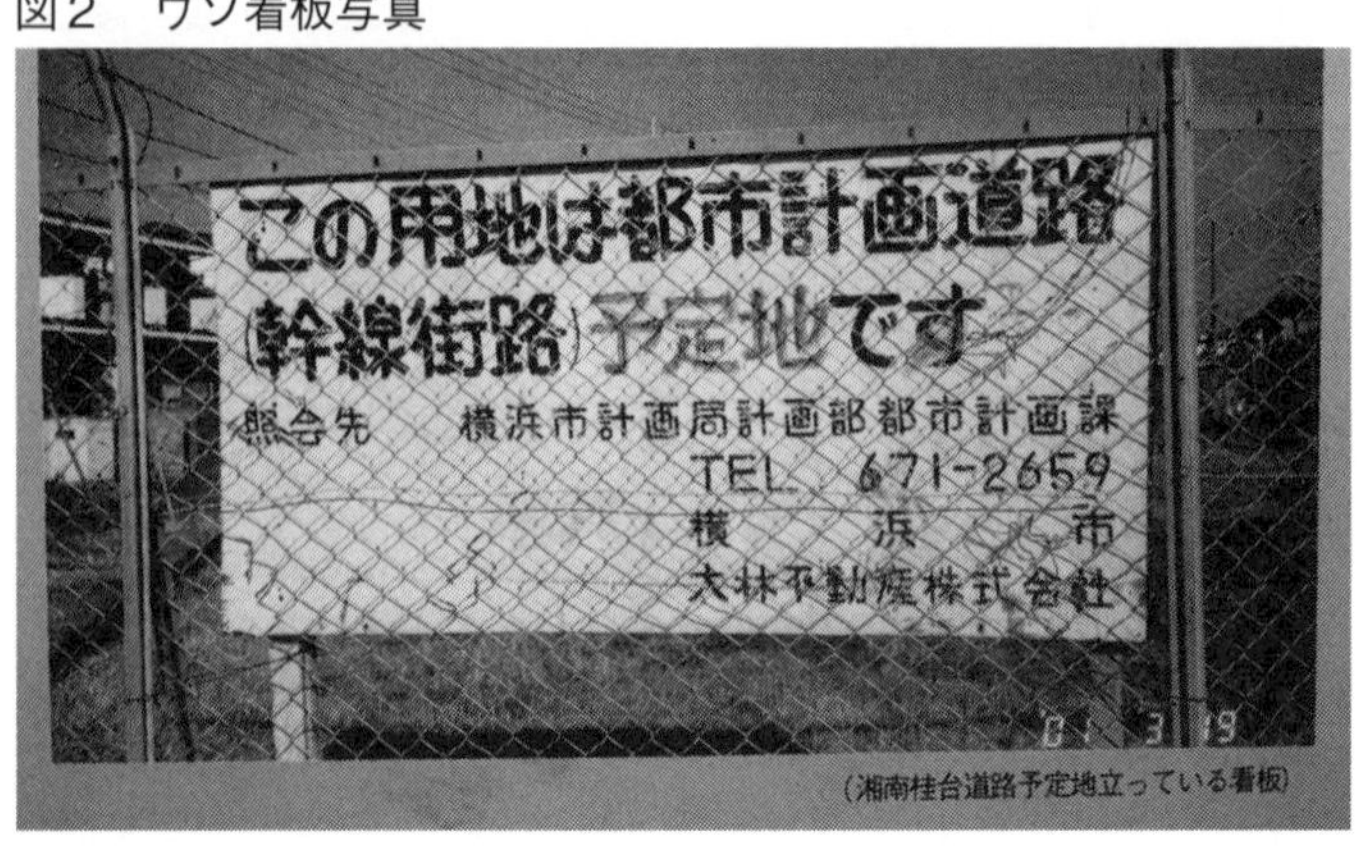

この用地は都市計画道路
(幹線街路)予定地です
照会先　横浜市計画局計画部都市計画課
TEL　671-2659
横　浜　市
大林不動産株式会社

（湘南桂台道路予定地立っている看板）

文書回答で明らかになった。なおこの件は訴訟にも持ち込み最高裁まで争ったが、東京高裁で証拠（前記の市長の文書）不採用となり、行政追随裁判の典型ともいうべき結果となった。

2　都市計画への住民の抵抗

連協は早速「白紙撤回を含む抜本的見直し」をスローガンとして活動を開始した。一九八九年にはその本気度を見せつける一〇万人の反対署名を集め横浜市議会に請願した。不採択となったが「今後法的手段を進めるに当たっては住民の理解を求めるように」との付帯意見を勝ち取り、その後の連協の反対運動に大きな影響を与えた。

連協はこの言質を以って事業の各段階で先回りしてその手続きを阻止することを運動方針としたのである。まずは道路事業の入り口である都市計画法に基づく申請の阻止を試みた。計画の公告縦覧に対してこの法の主旨である「都市の健全な発展のため」にはならないので都市計画決定は不当であると約四万通の意見書を提出した。また実力行使では現地調査をピケを張って中止させ、測量説明会も開催を阻害したなど様々な成果を勝ち取った。例えばボーリング調査では二カ月間毎日述べ一〇〇〇人余りが現地に集まり抗議し続けた。

私達は、連協発足当初から「連協道路ニュース」を毎月欠かさず発行し、沿線住民に反対運動のニュースを送り届け現在三七五号を数えている。加えて反対の意思表示として沿線住民が自主的に参加した反対パレードをスタートさせ、毎年一一月二三日に国会議員や地方議員も含め首都圏からの応援も得て二〇一八年まで続け、多い時は一〇〇〇人以上の参加者があった。

横環南の計画地域が横浜南部の谷戸と呼ばれる地域であり排ガスの挙動は平地と異なることを主張した。事業者に有利な平地での評価法ではなく三次元流体モデル(注1)での環境影響評価をすべきとして理論闘争だけではなく、実際にその手法を使って数百万円の募金を集めて外部に依頼し環境基準をオーバーすることを実証した。第5章第一節「アセスに最新の知見と技術を提案」にその際の成果が詳細に報告されている。

大気中のNO_2濃度の住民による自主測定を一九九六年に開始し現在も継続中であり、供用開始時とのデータ対比は今後に威力を発揮すると期待している。

反対の意思表示として道路予定地を共同で所有するトラスト運動も三カ所で行い、道路予定地の一部を賛同する多数の方々が取得して抵抗を続けた。しかし表4のように不当な土地収用法の裁決で終了した。このような激しい運動の中で一九九一年には連協から市会議員を送り込むという実績も残したが、このような抵抗にも拘わらず一九九五年に都市計画決定をみて反対運動は新しい段階に突入したのである。

3　事業評価

一九九七年一二月、国の行政改革会議の最終報告書で初めて政策評価という言葉が使われ、二〇〇一年に「行政機関が行う政策の評価に関する法律」が施行された。当時、税金を使用した公共事業が各地で棚ざらしになっていることが国会等で問題になり、第三者による事業の評価が必要と同法が生まれたのである。不当な道路事業を糾弾する連協としては「時のアセス」としてこの評価法に大いに期待した。この法律に基づき事務局である国交省横浜国道事務所を通して事業評価委員会にその不当性を訴える多くの意見書を提案した。

しかしこの評価制度は事業者の隠れ蓑として現在まで活用されているのが実情である。この二〇年間で表1のように道路事業では四七六件の事業評価を実施したが休止・中止の事例は全くない。つまり第三者の名を借りて事業の継続を与えるのが事業評価委員会なのである。

横環南関連では都市計画決定一〇年後の評価として二〇〇五年に初めて事業評価監視委員会が表2のように開催された。その委員会で「住民の理解を得ることが不可欠」との付帯意見を以って継続と決定された。この付帯意見は前述のように事業発表当初に横浜市議会への請願の不採択時に得たものであり、住民運動を全く無視することができない最低条件として事業評価監視委員会でも付帯意見とされたのである。

表１　関東地方整備局　再評価・事後評価実施結果（H10～H30）

道路事業				
審議数	再評価	休止・中止	継続	事後評価
476	441	0	441	35

表２　横環南の事業評価監視委員会

開催		審議結果	事業費	供用	B/C	付帯意見	備考
平成17年(2005)	3月	継続	4300億円	平成25年	2.2	住民の合意が不可欠環境保全に注力	質問集会スタート
平成21年(2009)	11月	継続	〃	平成28年	1.7	継続	
平成24年(2012)	10、11、12月	継続	〃	平成33年	1.5	継続	要請にて3回開催
平成27年(2015)	10、11月	継続	4720億円	平成33年	1.5	継続	要請にて2回開催
令和2年(2020)	1月	継続	5740億円	令和7年	1.2	継続＋積極的な安全対策	平成27年事業告示

　その後五年ごとの評価が始まるが民主党政権時に三年ごとに改められた。二〇一二年一〇月の委員会では道路用地が軟弱地盤地域であることから連協は地質学者を急遽委員会に出席要請し、委員長はそれに応えるとして国交省お抱えの地質工学者を招聘して事業継続と決定した。この人選には納得がいかず東京地裁に提訴したが東京高裁にて委員会の決定は「処分」に当たらずとして棄却とされた。

　第三者の意見を聴いて公共事業を評価するという仕組みであり、今まで述べたとおり五回の評価を通して連協として徹底的に論戦を展開し、結果として表２のように供用を一〇年遅らせ、事業発表からすれば今日まで紆余曲折の攻防により三〇年近く延長させたと言える。

4 「住民合意が不可欠」から質問集会へ

前述の付帯意見に基づき我々は事業者の理解を求めて質問集会を、二〇〇五年九月から二〇〇九年四月まで毎回テーマを決めて六回にわたり開催し徹底的に議論した。この貴重な記録は四冊の本にもまとめられ国会図書館にも所蔵され、全国の道路運動の研究に引用されている（図3）。

その後二〇一三年度には改めて質問・回答会議と名を変えて事業者との会議を持ち、事業者に対して理解できない点について質問を投げ回答を要求し続けて現在に至っている。

なお二〇〇九年の二回目の事業評価監視委員会での事業者の配布資料には「住民からの提案による、住民と事業者との話し合いを新たに実施。これまでに六回（計二二時間）の話し合いを実施（表3）。話し合い結果について、住民がまとめた記録（計四冊）」として本の写真が掲載された。

5 土地収用法

次期オリンピックが東京開催と決定した二〇一六年九月から急遽事業化に推進が掛かり事業者の態度が急変し、土地収用法を振りかざして住民に威圧を与える収用手続（表4を参照）きがスタートした。憲法で保障する私的財産を公共の為に供するには意見を聴かねばならない条項を設けているにも拘らず、認定に関わる意見書も公聴会の陳述も結果として全くの無視で告示に至った。そして告示に際

図3　質問集会記録

表3　質問集会記録

No	書名	ページ数	発行日
1	その1　大気汚染予測について	計68ページ	平成17年12月
2	その2　地盤沈下について①	計153ページ	平成19年10月
3	その3、4　地盤沈下について②③	計 78ページ	平成20年8月
4	その5、6　騒音・振動、居住環境と路線問題、費用対効果	計236ページ	平成21年9月

表4　土地収用法手続き

開　催	名称	内容
平成26年（2014）　3月	説明会	ホール入り口にバリケード
平成27年（2015）　1月	公聴会	意見書6400通。口述とも無視
平成27年（2015）10月	告示	事業認定申請より1年以上
平成29年（2017）12月	裁決	小菅ヶ谷地区
平成30年（2018）　6月	裁決	田谷地区
平成30年（2018）11月	裁決	原宿地区

して第三者委員会である社会資本整備審議会の意見を聴くことになっているが、前述の事業評価監視委員会と同じくお墨付きを与えるだけだった。その後の収用委員会も一方的な儀式で有無を言わせず収用裁決となった。

6　民主党政権

民主党が二〇〇九年九月~二〇一二年一一月に政権を担った。我々は「コンクリートから人へ」の政策転換に大いに期待した。八ッ場ダム問題から一連の公共事業の見直しが始まり、横環南も同様であると与党の国会議員や国交省にロビー活動し公共事業の見直しを期待した。この間に二回の事業評価監視委員会が開催された。事業評価の項で述べたように連協の要請で延長戦に持ち込み委員の追加要請を認めさせたが、市民の要望は聴いたが事業者としては形を整えただけで行政を支える官僚の言いなりであることが判明した。

更に事業評価の判定に使われるB／Cの計算根拠の問題点を徹底追及したが見直しには至らなかった。

7　強制収用後の事業評価

最新の事業評価監視委員会は委員長交代のもと二〇二〇年一月に開催された。表2に示すとおり事業費は何と五七四〇億円と跳ね上がり、供用も前回から五年延長となったのである。これは我々が主張し続けてきた白紙撤回を含む抜本的見直しに沿った工事計画の結果、見直さざるを得ない問題点が続々と現れ、費用、工期とも修正することに至った結果である。それほど事業計画、工事計画が杜撰であったことを示すもので委員長も苦言を呈した。

我々住民に対する今までの付帯意見は有効と確認した上で、「地域住民との充分な対話を基礎に、環境対策や安全対策に積極的に取り組み、現実的な範囲で最善を尽くすこと」が付け加えられた。

工事は前述の強制収用に当たる裁決が出されてから着々と進行しているが今後、我々が指摘してきた問題点に事業者は遭遇すると懸念している。

なお環境基本法の精神に則った沿線での脱硝装置設置は都市計画時には技術が確認できたら設置せよとの約束があった。それにも拘らず事業者は、当地は環境基準値内だから設置の必要はないとしているが、我々の請願を横浜市議会が全会派一致で採択し、横浜市長が国交省に設置を要請しているところである。ＳＤＧｓ最先進県神奈川を詠う地元で環境を守る安全安心のゴールを拒否することは許せないことを付言する。

おわりに

白紙撤回を含む抜本的見直しを求め三〇年以上にわたり運動してきたが、土地収用認定告示後、着々と工事が行われている。この運動を通して当初予定供用を三〇年近く引き延ばしたことで近隣住民の健康を三〇年以上に亘り守り続けてきたことになる。

今後は「この緑豊かな生活環境を守る」をスローガンとして建設中はもちろん未来永劫この横環南に基因する健康被害や住宅地やその周囲の異常を感じた時、被害を未然に防ぐ一方、住民の駆け込み寺的な仕組みを事業者と住民との間に作ることがこれからの仕事である。

この三〇年間にわたり法的手続きの全ての段階で弁護士的な仕事を引き受けられ数多くの裁判などにも本人訴訟を通して併せて一〇〇〇ページにも及ぶ書面を手掛けられた支柱として、連協設立者の一人でもある永田親義さんの活動は忘れてはならないと、ここに感謝の意を表します。

第三節　計画段階で意見を反映させることは可能か

中部横断自動車道八ヶ岳南麓新ルート沿線住民の会

【路線概要】
①路線名：中部横断自動車道（長坂〜八千穂）高速自動車国道　高規格幹線道路
②幅員等：二〇・五m（四車線）距離：約三四km
③事業者：国土交通省
④当初事業費：二三〇〇億円（山梨側一六〇〇〜一八〇〇億円　長野側は未定）

はじめに

中部横断自動車道は、新東名高速新清水ジャンクションから関越自動車道佐久小諸ジャンクションをつなぐ一三二kmの高速自動車国道として計画され、現在は山梨県北杜市長坂町から長野県八千穂高原IC間の建設計画が進められようとしている。

この区間では国交省が二〇〇五年九月に公表した「構想段階における市民参画型道路計画プロセスのガイドライン」に基づき、建設計画の当初の段階から住民の意見を計画に反映させることを目的として、他の地域の二つの建設計画(注1)と合わせて日本で初めて「計画段階評価」が「試行」されることになった。しかしその実態は、計画に住民等の意見を反映させることはなく、国交省が内部で作った計画を一方的に住民に押し付けるというそれまで国交省が行ってきたやり方のままだった。沿線住民の会では、国交省のガイドラインを参考にして、国交省が中部横断自動車道の「計画段階評価」の手続きで行ってきた様々な問題点を一つ一つ検証しながら建設計画の見直しを求めてきた。

1　計画段階評価とは

国交省が作成したガイドラインでは、高速道路の「計画プロセスの早い段階から、市民等の意見を反映する手続きを定め、より良い計画づくりに資する」ことを目的とし、その手続きの適切性を保つものとして「透明性」「客観性」「合理性」「公正性」を挙げている。また、早い段階からとは「高速道路建設の概ねのルートの位置や基本的な道路構造等（概略計画）を決定する段階」を意味し、この手続きを開始するとされている。ガイドラインでは一見口当たりのいい文言が並べられているが、中部横断自動車道（長坂〜八千穂）の計画段階評価は、実際はどのように行われたのか。

2　賛成意見を誘導するアンケートの問題

国交省は二〇一〇年一二月に関東地方小委員会（注2）を招集し、中部横断自動車道の建設計画を始動させた。そして第二回関東地方小委員会で住民アンケートの実施を決定したが、アンケート実施前に住民に対して十分な情報開示や説明は行われなかった。

第一回アンケートは二〇一一年二月〜三月に行われた。住民からは、①アンケートが実施される前に住民への情報公開及び丁寧な説明をすること、②住民の意見聴取の場と住民参加の機会を設けることなど、実施方法や内容について住民意見の反映を要望したが、国交省や山梨県、北杜市は地元住民への事前説明は一切行わず、アンケート実施に際して住民参加の機会はつくられなかった。

アンケート結果では、北杜市民の六〇％以上が自然・生活環境・景観に甚大な影響を及ぼす高速道路整備を望まず、反対、疑問、懸念を表明した。また長野側では国道一四一号の他に代替道路が無いが、山梨側では複数の代替え道路があるという地域的差異があることも明らかになっている。

第二回アンケートは二〇一二年一月〜二月に実施された。

図１　計画段階評価の区間

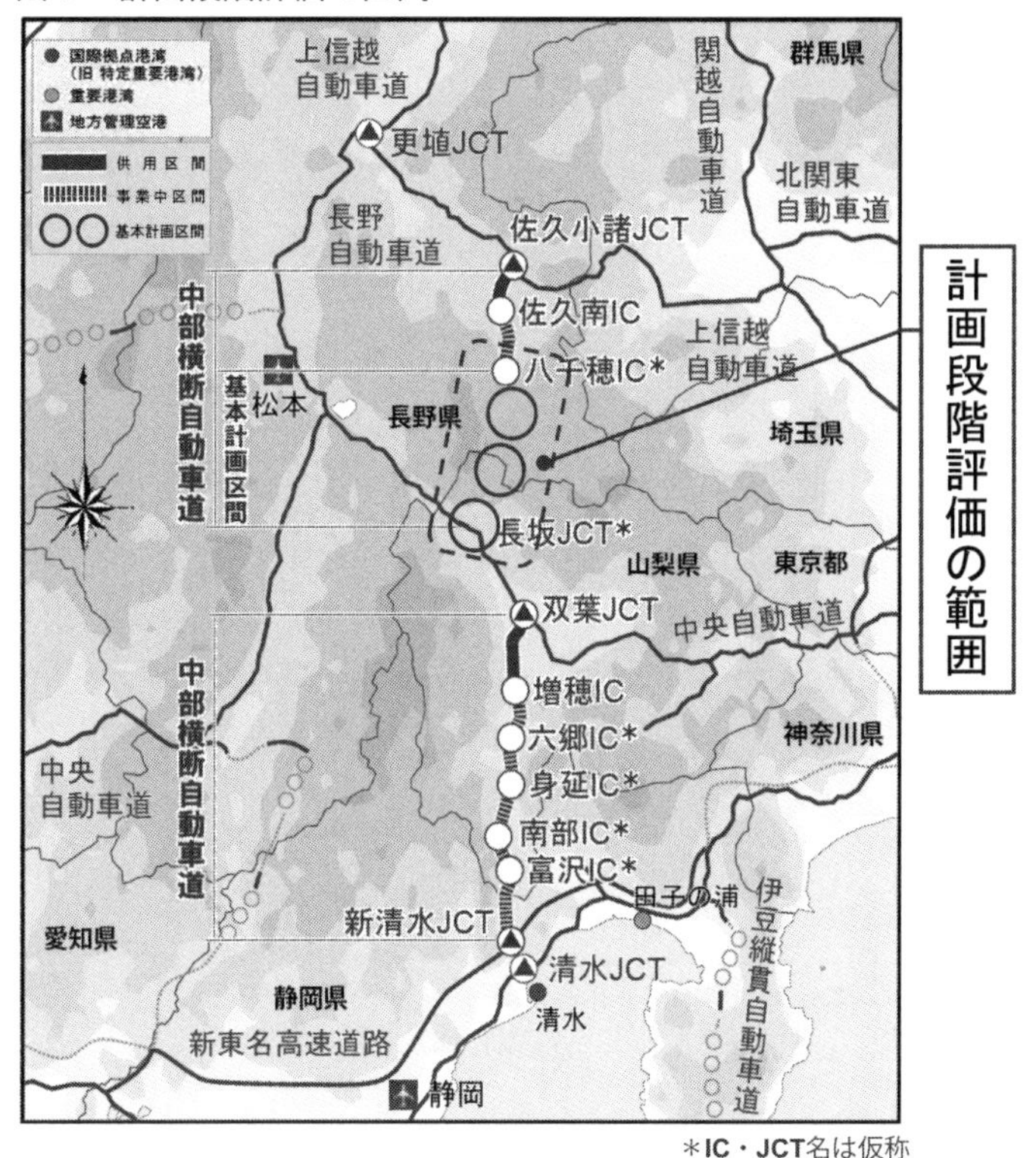

出所：2012年11月21日の第１回ワーキンググループ資料

図２　事業と計画段階評価の流れ（フローチャート）

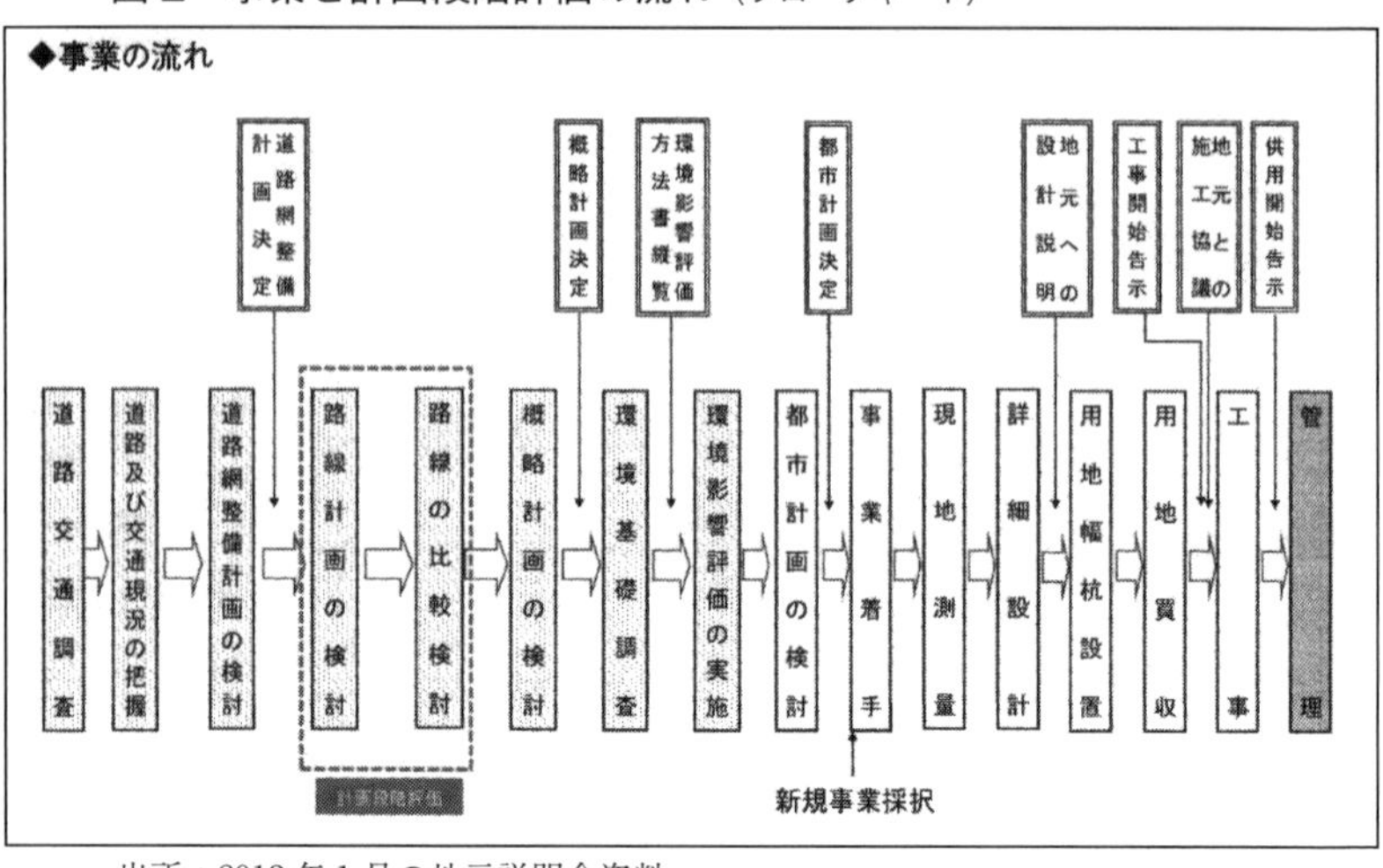

出所：2013年１月の地元説明会資料

しかしアンケート用紙の配布場所や部数等に意図的な偏りがあり、建設賛成の意見が多数となるように画策されたことが判明した。またその集計方法も、建設に反対する意見と賛成意見を一緒にして「関心の高さ」を示していると恣意的に解釈するなど、およそ公正な集計とは程遠いものであった。それにもかかわらず第二回アンケート結果を分析すると、北杜市では「国道一四一号線改良案」が五割を超える支持があった。国交省は「高速道路整備が多数の民意」を作り出すための術策を講じたが、明らかにそれに反して、山梨県北杜市側は「国道一四一号改良案」が民意と言える結果が出たのである。

3　新ルート案の突然の発表

八ヶ岳南麓での高速道路建設は、この地域の豊かな自然生活環境・景観に取り返しのつかな

表1　中部横断自動車道に関するこれまでの主な経過

■全体計画	
1987年6月（S62年）	高規格道路網として閣議決定
1997年2月（H9年）	長坂町（現北杜市）～八千穂村（現佐久穂町）（34キロ）基本計画決定
2010年12月（H22年）	第1回関東地方小委員会で長坂～八千穂（34キロ）の計画段階評価の試行を決定
■主な経過	
2011年1月20日	第2回関東地方小委員会、複数路線案の設定と地域の意見聴取方法を示す
2012年1月27日	（～2月27日）第2回コミュニケーション活動、アンケートほか
10月4日	第6回関東地方小委員会、ルート帯変更とワーキンググループの設置を決定
11月21日	第1回ワーキンググループ開催。A、Bルート案提示
11月22日	新聞報道による突然の発表「八ヶ岳南麓の山岳地域3kmルート帯から南、同じく八ヶ岳南麓の里山地域に1kmルート帯として新ルート帯案が示された。
2013年1月12日	「中部横断自動車道八ヶ岳南麓新ルート沿線住民の会」設立総会
1月12日	第2回ワーキンググループ。委員がA、Bルート案の現地視察
2013年1月31日	（～2月16日）国交省地元説明会。全11回開催
5月1日	白倉北杜市長、国交省に「ルート帯B案が望ましい」と提言
6月27日	国交省第3回ワーキンググループ開催「Bルート案」を取りまとめる
2014年7月23日	関東地方小委員会、ワーキンググループが取りまとめたBルート案を了承
11月26日	沿線住民の会、国交省へ計画段階評価のやり直しを求める要請書を提出
12月26日	国交省が環境アセスの手続きの配慮書に当たる「検討書」を環境大臣に提出
2015年4月	国交省が中部横断自動車道（長坂～八千穂）の対応方針を決定
11月26日	沿線住民の会、国交省へ要請行動、意見書「計画段階評価の問題点」を提出。国交省道路局の担当者「地域住民との合意形成ができていない」「ボタンのかけ違いがあった」と表明
2016年4月25日	沿線住民の会、国交省関東地方小委員会へ「計画段階評価の再審議」を要請
8月29日	沿線住民の会、国交省に対して「ルートの見直しを中心とする話し合い」を要請
9月9日	甲府河川国道事務所が話し合いの要請を受諾。しかし国交省は様々な条件を付けて話し合いを先き延ばしにする
2017年3月14日	超党派国会議員連盟「公共事業チェック議員の会」総会で国交省及び沿線住民の会のヒアリングが行われる。新ルート内の長野側の住民も参加、国交省へルートの変更などを要請

い被害を与えることになるため、住民等はこの建設計画に一貫して反対してきた。八ヶ岳南麓の住民等の「高速道路NO」の意思表示に直面させられた国交省は、当初案の三キロルート帯内での新ルート案建設に反対していた住民団体（沿線住民の会では無い）に「八ヶ岳南麓を外す」とルート帯の変更を打診し了解を取り付けた上で、二〇一二年一一月に八ヶ岳南麓の里山地域を通る一キロ幅の新ルート案を発表した。これはだまし討ちであり、新ルート帯の対象となった住民等にとってはまさに「寝耳に水」の出来事であった。

国交省はあたかも住民の意向を反映するかのように装って、実際は国交省がその内部で決定したルート帯を一方的に住民に押し付けたのである。これは従来、国交省の行ってきたやり方に他ならず、構想段階からの住民参加による建設計画とは名ばかりで、計画段階評価とは言葉だけであることが露呈した典型的な例である。

4 「住民に説明した」と居直るためにルート帯関係図を改ざん

国交省は「八ヶ岳里山地域を通る一キロ幅新ルート帯がそれまでの三キロ幅ルート帯を絞ったものであり、三キロルート帯の中に含まれる。それ故新ルート帯に居住する住民には説明してきた」と装うためにルート帯関係図の改ざんを行った（図3）。この改ざん図は関東地方小委員会で山梨側ルート帯を検討した「ワーキンググループ」でも使用されており、まさに計画段階評価の瑕疵を象徴かつ実証する重大な証拠であった。しかもこの改ざん図は、現在もなお訂正されずに国交省、山梨県、北杜市等で行政資料として使用され続けているのである。

沿線住民の会ではこの改ざん行為を当初から把握、検証し、訂正するよう求めてきたが、国交省は「転記ミス」と認めはしたものの、「審議には影響ない」などと居直り、頑として訂正に応じようとはしなかった。しかし度重なる国交省との面談や、国会公共事業チェック議員の会との公開ヒアリングの場での追及などにより、ついに二〇二〇年一月三一日に改ざんを訂正した関係図を国交省ホームページに掲載することとなった（図4）。国交省がルート帯関係図の改ざんを認めたことは、この計画段階評価には重大な瑕疵があることを国自身が認めたということに他ならない。

5　利権にまみれた新ルート帯案

一キロ幅新ルート帯案は長坂インターチェンジ付近のジャンクションから分岐する八ヶ岳南麓を東西に横断するルート案である。沿線住民の会では、なぜ長坂分岐となったのか、その決定に至る過程の文書を国交省へ開示請求したが、回答は、「文書が存在しない」とのことで不開示となった。

しかし新ルート帯の決定に至る過程が不明であることは、多くの疑念を生じさせる要因でもある。このルート帯には地元の市長、有力者、山梨県議が関係してルートが決められたのではないかという疑惑が当の地域ではまことしやかに語られていたからである。実際、このルート帯の中には当時の北杜市長とその親族、山梨県議、商工会の会長の所有する広い土地の存在が確認され、問題視する市民も多くいたのである。

図3　ルート帯図（改ざん後）

出所：2012年11月21日の第1回ワーキンググループ資料

図４　ルート帯図（改ざん前）

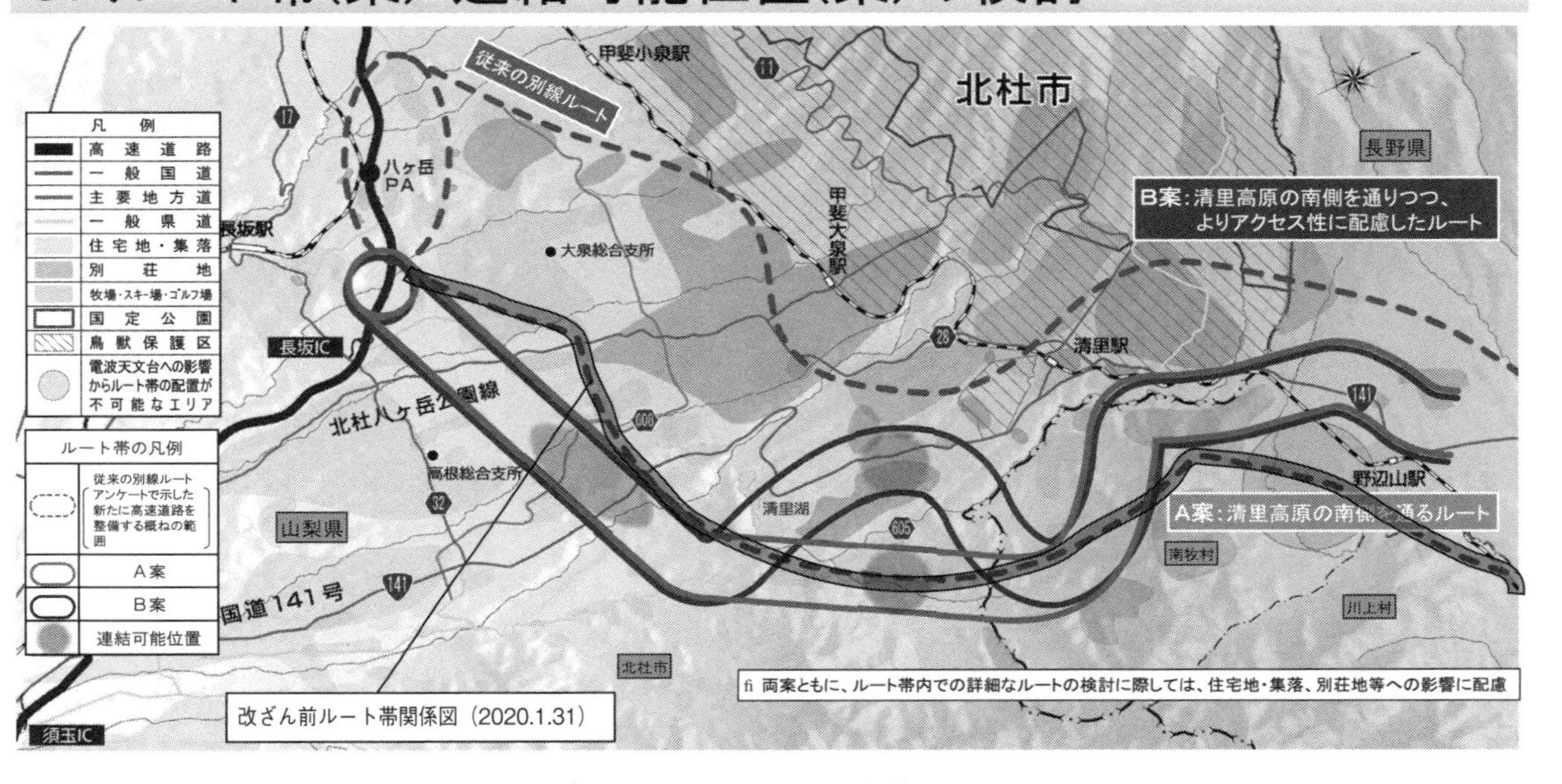

出所：2020年1月31日国交省甲府河川国道事務所のホームページに掲載

新ルート帯の決定に際し国交省は「中央道双葉ジャンクションから分岐するルートと須玉インターチェンジから分岐するルートも検討していた」ことがその後の沿線住民の会の開示請求で明らかになった。つまり国交省は、複数ルート案を内部では検討していたが、住民には何ら提示することはなく、新ルート帯のみを提示することで、有無を言わせず押し付けたことが明らかとなっている。国交省が地元の有力者の意向を忖度し、利益供与したのではないかという疑惑も否定できない。

6　国交省は「計画段階評価は適正に終了した」と主張

この計画段階評価において、私たちは様々な問題を指摘してきた。沿線住民の会では二〇一五年三月に国交省に対して「計画段階評価の問題点」の意見書を提出し、二〇一七年三月には国会公共事業チェック議員の会の公開ヒアリングで長野側住民と共に新ルート帯案の様々な問題点を鋭く追及した。

国交省は住民意見や沿線住民の会の質問にまともに答えないだけでなく、一方的に「計画段階評価は適正に終了した」と二〇一五年四月に宣言したのである。これは国民の言うことなど聞かず、ただ内容の無い手続きだけを行えばことが済むという居直りの姿勢に他ならない。

7　国交省に代わって山梨・長野県が環境影響評価の手続きを行う

中部横断自動車道（長坂～八千穂）の建設計画は、計画段階評価の試行として行われたが、国交省の担当者は旧態依然の方法で進めることしかできず、住民の意向をその計画のプロセスに反映することはなかった。

沿線住民の会では、建設計画が国交省のガイドラインの内容に沿ったものであるかを点検精査しながら、国交省に対して一つ一つの事実の確認を迫り、それが「透明性」「客観性」「合理性」「公正性」を保障するものであるかどうか鋭く問うてきた。そのことにより国交省と八ヶ岳南麓の住民等の間に緊張関係をつくり、住民等の意向を建設計画に反映させることに努力してきた。

住民等が長年にわたり建設計画に反対し続ける中で、計画を進められずに困惑していた国交省に代わり、二〇一九年五月、突如、山梨県と長野県が中部横断自動車道の環境影響評価の手続きを行うことを表明した。両県は八月に環境影響評価方法書を公表し、現在、住民等の意見を募集して手続きを進めている。

しかしその環境影響評価方法書は国交省が作成したものをそのまま流用したものに他ならず、住民等への意見に対する「見解書」もまた国交省が作成したものであることも判明している。

山梨、長野県を前面に出しながら、その後ろに隠れて糸を引いているのは国交省に他ならず、今後も国交省に対して中部横断自動車道の建設計画の問題点を鋭く追及し、計画段階評価に瑕疵があったことを自ら認めたことから、今後も建設計画の見直しをより一層強く求めていく必要がある。

脚注

注1：他の二つは、①北海道横断自動車道（黒松内〜余市）延長約七四km、②日本海沿岸東北自動車道（二ツ井

白神〜あきた北空港）延長約一六km

注2：正式名称は「国土交通省社会資本整備審議会道路分科会関東地方小委員会」

第2章　環境を守る

第一節　守られなかった奇跡の山─高尾山から公共事業を問う

橋本良仁

【路線概要】

①路線名：圏央道（首都圏中央連絡自動車道）
②種別：高規格幹線道路（一般国道四八六号の自動車専用道路）
③規格等：種級区分：第一種第三級（完成四車線）
④事業者：:国土交通省・東日本高速道路株式会社
⑤事業費：愛川〜八王子区間一六・九km：四〇七六億円（平成二三年再評価時）

1　バブル経済の遺物

総延長三〇〇キロメートルの首都圏中央連絡自動車道（圏央道）の東京都内部分二二・五キロメートル（青梅〜八王子）の建設計画が八王子市裏高尾町の住民に知らされたのは一九八四年の夏、住民には寝耳に水のできごとだった。

建設の目的は、①都心に集中する東名、中央、関越、東北など九本の放射状高速道路を三つの環状道路（中央環状・外郭環状・圏央道）[注1]で分散し都内の渋滞を緩和、②国道一六号線の交通緩和と横浜、厚木、八王子、川越、つくば、成田、木更津をむすぶ業務核都市実現のためとした。

計画の母体は一九六七年、国道一六号線の外側一〇〜一五キロをとりまく東京第三外郭環状道路で、一九八七年、中曽根内閣時に第四次全国総合開発計画として閣議決定した全国一万四〇〇〇キロメートルの高規格幹線道路網の一部である。計画発表時の建設費一兆三〇〇〇億円は、二〇二〇年現在、事業開始より三六年を経過し全線の八割は完成したがすでに四兆円を超えている。圏央道は八〇年代バブル経済の遺物であり、将来世代に大きなつけを残す。

2　日本一生物多様性の豊かな山

高尾山は関東山地の東南端に位置し、標高五九九メートル、豊富な地下水から湧出する二つの滝は修行の場となっている。一九六七年、明治百年を記念して、大阪の箕面山とともに明治の森国定公園に指定された。

一二〇〇年前に薬王院が開山され信仰の山として手厚く保護され、境内には「殺生禁断」の碑が立つ。江戸時代は幕府天領、明治になると御料林、戦後は国有林となり、特別鳥獣保護区、各種保安林、国定公園など法律で保護されてきた。

公園面積七七〇ヘクタールと国内最小の国定公園であるが日本全国の植物種の約四分の一の一三二一種を記録する。稀にみる種の密度は生物多様性の見本でイギリス本土の一六〇〇種に近い。原生林に近い森林が残されており、都心から電車でわずか一時間、天然のブナが見られる貴重な場所である。特筆すべきは、太平洋型のブナの存在で、八〇本もの幹の太いブナが残されている。樹齢三〇〇年、胸高周囲三・四メートルに達するものもある。標高四八〇メートルのところに冷涼な気候を好むブナの存在は、江戸時代が寒冷気候であったことを示し、小氷期の生き証人といえる。利用者は年間四〇〇万人、世界一登山者が多い。

この高尾山に、直径一〇メートル、長さ一二〇〇メートルのトンネルを二本掘り、その前後にジャンクションとインターチェンジが造られ、一日五万台の車が通過するという。最も危惧されるのは、地下水位の低下とそれによる植生の衰退、昆虫や動物の減少である。また通過する車からの排気ガスや騒音は沿線住民を悩まし、癒しと静けさを求めてくる登山者に不快感を与える。

東京学芸大学名誉教授（自然地理学）の小泉武栄さんは、「高尾山は奇跡の山、圏央道は法隆寺の庭をコンクリートで舗装するようなもの」と法廷で陳述した。

3　高尾山の自然を守る運動と裁判

計画が発表されるやいなや、五〇戸足らずの裏高尾町の住民は、建設反対の狼煙をあげ、裏高尾圏央道反対同盟を立ち上げた。中央道の小仏トンネルから排出された土砂が谷間を埋めつくし、住民は騒音や排気ガスに悩まされてきたからだ。霊山高尾山にトンネルを掘ることは「仏さまに矢を射る」として、「高尾山にトンネルを掘らせない」運動は、瞬く間に八王子から都内に全国へと広がった。

住民は、「先に建設あり」の国や東京都の態度に不信を抱き、国が実施する環境アセスメントに対し、科学者と共同で大規模な自主アセスメントを始めた。住民らはこの活動を通して科学的知識を身につけ、事業者の杜撰なアセスメントを批判し、国や道路公団を追いつめた。

建設に反対する運動は考えられるあらゆる手段で闘った。一九八四年〜二〇〇八年まで二四回開催した「高尾山にトンネルを掘らせない、集会と天狗のパレード」は裏高尾の梅林に二〇〇〇人が集い、炎天下、高尾の守り神である天狗みこしを担いで、「高尾山の自然を子どもたちに残そう」と市民に訴えた。予定ルート上の土地や樹木のトラスト運動では三〇〇〇人もの地権者が組織され、その多くがのちに提訴した裁判の原告となった。多くの芸術家、法律家、ジャーナリスト、研究者など心ある人々の協力が広がった。本やビデオの出版、グッズを販売し、自分たちも楽しむ多彩な音楽イベントを開催した。

一九九二年のリオの地球サミットをはじめ気候変動や生物多様性の国連会議が開かれた会場では、

天狗を先頭に、「日本の宝物高尾山の自然を守れ」と横断幕を手に訴えた。マスコミには高尾山の詳細な情報や投書を送り届けた。一九九九年八月の天声人語は、「高尾山にトンネルを掘らせない！」の百万人請願署名運動（五四万筆を集約）を紹介し、署名運動にはずみがついた。また、運動のリーダーを候補者に四度にわたって八王子市長選挙を戦い四〇％を越える支持を得た。

写真１　高尾山口駅での街頭署名の様子

計画発表から一五年が経過する中で工事は徐々に進行していった。何としても圏央道工事を止めたいと、最後の手段としての司法の活用を一年余りかけて検討した。二〇〇〇年一〇月二五日、一〇六一人と六つの自然保護団体、高尾山をはじめ五つの自然物を原告に、圏央道工事の差し止めを求める民事訴訟（高尾山天狗裁判）を東京地裁八王子支部に提訴した。提訴日当日の天声人語は、「絵で始まる判りやすい訴状、高尾山など五つの自然物も原告」との書き出しで提訴を報じるなど、多くのメディアが好意的に報道してくれた。

提訴に際しては「未来人」も原告にしたいとの声もあったが、さすがにあきらめた。北アメリカ先住民族の名言に「自然は未来からの借り物」とあるが、この裁判の本来の原告は未来の人々ではないだろうか。

4　圏央道開通後の状況

二〇一二年三月、高尾山北隣の国史跡八王子城跡と国定公園高尾山に高速道路のトンネルが掘られ圏央道の供用が始まった。八王子城跡内の御主殿の滝は涸れ、豊富で涸れたことのない国定公園内の湧水は雨が降らないと渇水するようになった。トンネル掘削による地下水位の低下が原因と考えられる。圏央道に面した自然研究路は、鳥の鳴き声や沢のせせらぎの音をかき消す高速道路からの車の騒音が耳に入ってくる。深山幽谷の面影は全く失われてしまった。

無傷のままの高尾山を未来の人たちに手渡したいとの思いで始めた三〇年におよぶ市民運動であったが、時代遅れの行政とそれを止めることのできない司法に打ち勝つことはできなかった。しかし、私たちは高尾の市民運動から多くのことを学んだ。その成果を全国の道路をはじめダム、干潟、リニアなどの無駄で有害な大型公共事業と闘っている多くの仲間たちの運動に生かしている。

■オーフス条約――環境を守る市民の権利

一九九二年にブラジルのリオデジャネイロで開かれた環境と開発に関する国際連合会議（リオ会議）

では、環境と開発に関する「リオ宣言」が、気候変動枠組条約や生物多様性条約などとともに以下の国際的合意がなされた。

リオ宣言の第一〇原則は市民参加条項であり、「環境問題はすべての望む市民が参加し、公的機関の環境に関する情報を入手し、意思決定に参加する機会、また、司法的・行政的な手続きに参加する機会が与えられなければならない」と記されている。

この理念を実現するため、一九九八年にデンマークのオーフスで開かれた国連欧州経済委員会において、国際条約である「オーフス条約」が採択された。オーフス条約は、「一　環境に関する情報へのアクセス、二　意思決定における市民の参画、三　司法へのアクセス（訴訟の権利）」、この三つを市民の重要な権利として位置づけることを行政に求めている。イギリスやフランスをはじめ四六カ国とEUが加盟しており、加盟国はこれによって国民と対話を図り、求められた情報は何でも開示しなければならない。しかしこの条約を日本は批准していないので、前記の三つの権利は曖昧にされ続けている。

■「市民との合意が大切」とバニュー市の市長

筆者は二〇一五年末、国連気候変動枠組条約第二一回締約国会議―COP21に参加するためフランスを訪問し、パリ郊外人口数万人のバニュー市の市長や市民と懇談する機会があった。

その席で、私が圏央道建設問題を例に、「日本では国が進める大型道路事業によって貴重な自然が壊されたり、多くの住民が住んでいる団地の真ん中に高速道路が造られている。裁判をしてもどん

写真2　天狗行進

なに反対しても最後は私有地を強制的に取り上げる」と紹介すると、市長はこう言った。「想像すらできません。バニュー市の都市計画事業は四〇年という長い時間をかけて進行中です。この事業はパリからの地下鉄をバニュー市まで延伸させ、エコな街づくりを進めるものです。多額な予算のため事業の促進を国に要望しています。市民の声に耳を傾け、全市民との合意を得ることができ、やっと建設にこぎつけました」「市民との合意を求めて説明の機会を設けますが、説明会になかなか足を運ばない市民もいます。その方々にはクリスマス会などといった誰でも集まりやすいイベントの機会を利用して都市計画の内容を伝えて理解と合意が得られるように努力しました。市民の合意なしにどうして計画を進める

写真３　高尾山アピール
2005年4月、朝日、毎日、読売の三紙に掲載した意見広告：「天声人語」を13年担当した高尾山天狗裁判原告の辰濃和男さんが起草

ことができるでしょうか。バニュー市の主権者は市民です。急がばまわれです。市民の合意が得られれば、事業はスムーズに進み、経費も安く上がります」と彼女は胸を張った。まさにオーフス条約を実行している。日本の現状とは隔絶の感があった。

最後に市長は私たちに、「かつてフランスも日本と同じような状況でした。あきらめないで市民が努力した結果なのです。皆さんもどうぞ頑張ってください」とほほ笑んだ。

公共事業は国民との合意形成をいかにつくるかが問われる。熊本県の下筌ダム建設に反対して闘ったリーダーの室原知之さんは、「公共事業は法にかない、理にかない、情にかなわなければならない」の言葉を残している。改めて心に刻みたい。

脚注

注1　圏央道は、都心から半径約四〇・六〇キロメートルの位置に計画された自動車専用道路で、神奈川県・東京都・埼玉県・茨城県・千葉県を通り、横浜市・厚木市・八王子

市・川越市・つくば市・成田市・木更津市を横断的に連絡する。三環状各々の位置や概要は本書三四七頁を参照下さい。

第二節　工事被害への補償問題での前進

環状二号線問題懇談会事務局長　篠原正之
東南部環状2号線問題懇談会会長　弘岡良夫
名古屋環状2号線から環境を守る会事務局長　加藤平雄

【路線概要】

①路線名：名古屋環状二号線　自動車専用部（名古屋第二環状自動車道及び伊勢湾岸自動車道）と一般部（国道302号）
②種別：高規格幹線道路
③規格：第二種第二級　四車線　延長約六六kmの高速自動車国道
④事業者：国土交通省・中日本高速道路株式会社
⑤事業費：五五八六億円（一般国道302号と名古屋環状2号線の五八・六kmとして・H二六年再評価時）

1 環二東北部

環状二号線問題懇談会（以下「環二懇」）は当初、名古屋外周の環二高速計画そのものを中心に、開口部を狭く、半地下部にふたかけ、アセスどおりの防音壁設置等の実現に取り組んだが、工事が進むにつれ、工事説明会の案内方法、土日の工事禁止、井戸枯れ、家屋被害、事前調査範囲・副本配布の問題等や供用後も騒音被害対策、他地区運動への協力などに取り組んだ。

名古屋環状二号線（以下「環二」）は平面道路だけの都市計画だったが、一九七八年一二月に国土開発幹線自動車道建設法で自動車専用道路にする基本計画が告示された。同法の「三〇日以内に意見を述べることができる」を活用し、全国で初めて九〇〇件の国幹道化反対意見書をだし、環境庁は建設省に対し異例の要請を行った。この経験は一九九七年の環二東南部国幹道化での九五三五人の意見書提出に引き継がれた。

国会でも、一九七九年には田中美智子衆議院議員（革新共同）質問主意書への答弁書「都市計画が決定されるよう必要な措置をとる……環境影響評価を実施する」が、その後の運動に力を与え、一九八一年には環二という国事業に市アセス要綱を準用することとなった。

一九八一年の安藤巌衆議院議員（日本共産党）の国会質問に、環境庁大気保全局長が「高層住宅等についても、現実に住民の生活が営まれている……環境基準が達成されるよう努めるべき」と答弁したが、この局長答弁が活かされるのかが不明のまま、一九八三年八月には北半分に施工命令が出された。

一九八七年一一月から一二月まで六回の設計説明会が開かれ、①半地下部にふたかけ、②防音壁の設置、③自動測定器設置、④環境アセスをやり直せ、⑤説明会案内の不備が追及され、その後の交渉の基本テーマとなった。その結果、説明会案内は回覧板ではなく各戸配布（一九八九年九月）、希望者には家屋調査を行い結果も渡すこと（一二月）となった。

一九八九年三月の市交渉では、着工直後の一九八八年末から守山、名東の両区で朝六時からのダンプ走行、日曜日工事などアセス書からかけ離れた実態を訴え、その後も休日工事は現地で即座に抗議し、市や愛知国道事務所（以下「愛国」）にも指導を約束させたが、早朝六時からの生コン打ち込み等が何回も繰り返された。

一九九〇年六月から井戸枯れも問題になった。「九月に水道に切替えた」「水道・電気代は負担するが、井戸水は冬も暖かい・味が良いという井戸への愛着は我慢してくれと言われた」。一九九二年三月には二軒から「井戸水が一週間全く出なくなり、水道料が倍になった」。別の二軒からは「水圧が下がり使えない」との声が寄せられた。八月の愛国交渉で井戸枯れ問題を追及、一二月の文書回答では、家屋被害苦情は三七件、井戸水の苦情が三九件と多くの苦情があったこと、日曜の作業実施は二一五日中一一〇日にも及んだことが明らかになった。

一九九三年末から、請負業者が電話で事後調査希望を問いただし始めたため、一年以上の精力的な交渉で、①事前調査を行った全家庭の事後調査を行う。②報告書（写）は手渡して説明する、③補償の話し合いは業者でなく愛国が行うことなどを改善させた。ニュースで会員に知らせ、二回目の事後調査を行わせた家も数件出てきた。

一九九四年七月の市交渉で、M氏が、家屋に亀裂多数、柱にきしみ音、派遣された業者が柱が生木のせいと言うが、工事が終わったら音はなくなったといった状況を紹介。九月の愛国交渉では、地盤が三センチ下がりドアが開かなくなった、サッシと床に指が入る隙間ができ、クロスも裂けたが補償費は裂けた部分だけといった状況に抗議した。

一九九五年二月の愛国交渉では、①被害は発生しないという説明は誤りだったことの責任を明らかにせよ、市街地では当たり前の連続地中壁工法ではなく、工期も短く安く上がる鋼矢板土留工法の採用が原因ではないか。②井戸の事後調査が不適切。③損失補償の見通しでは白沢地区は九〇%余り契約完了。小幡地区は来週から金額提示の予定だが予想以上の件数。守山区四五七軒のうち損失補償済は一九九四年一二月末時点六八軒（一九九五年三月末二三一軒）であった。守山地区は掘割区間のため被害が大きくなったこともあるが、二十数年前から住民運動が活発なところ、むしろ他のところが泣き寝入りをしているのではないかといった意見を提示した。

一九九五年六月、愛知の住民いっせい行動で補償の遅れへの指導を県に要請。その後の愛国での補償協議状況の確認では、未妥結が九月一五〇軒、一一月一三九軒、一九九六年三月一一一軒、一一月五三軒、一九九七年二月四六軒と減少してきた。こうして二〇〇二年一月、守山区の家屋損失補償はS宅を最後に完了した。

この間の運動の成果として、①一九八八年一二月、開口部一三メートルを九・五メートルに狭隘化させた。②一九九四年九月、旧公害防止条例に基づく騒音調査請求を守山区二名が行い、結果は一階

図１　名古屋環状２号線の工事被害関係図

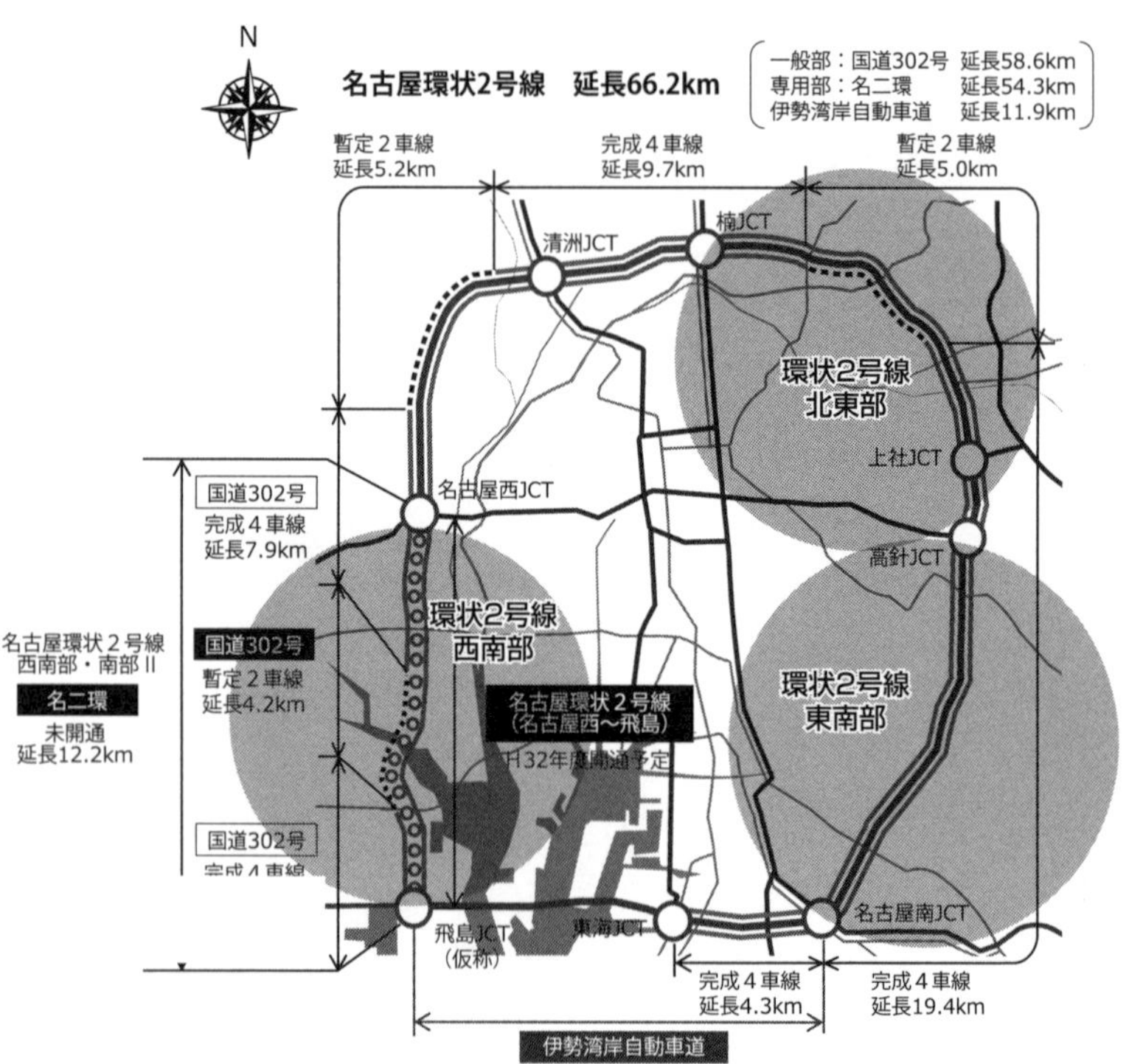
N
名古屋環状2号線　延長66.2km
一般部：国道302号　延長58.6km
専用部：名二環　延長54.3km
伊勢湾岸自動車道　延長11.9km
暫定２車線
延長5.2km
完成４車線
延長9.7km
暫定２車線
延長5.0km
清洲JCT
楠JCT
環状2号線
北東部
上社JCT
名古屋西JCT
高針JCT
国道302号
完成４車線
延長7.9km
環状2号線
西南部
名古屋環状２号線
西南部・南部Ⅱ
名二環
未開通
延長12.2km
国道302号
暫定２車線
延長4.2km
名古屋環状２号線
（名古屋西～飛島）
環状2号線
東南部
国道302号
飛島JCT
（仮称）
東海JCT
名古屋南JCT
完成４車線
延長4.3km
完成４車線
延長19.4km
伊勢湾岸自動車道
（内、名古屋環状２号線　延長11.9km）

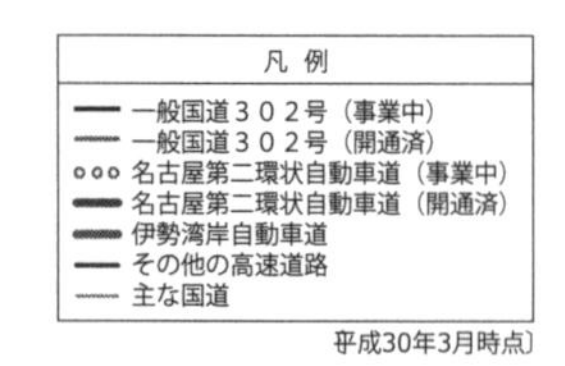
凡例
一般国道３０２号（事業中）
一般国道３０２号（開通済）
名古屋第二環状自動車道（事業中）
名古屋第二環状自動車道（開通済）
伊勢湾岸自動車道
その他の高速道路
主な国道
平成30年3月時点）

で夜間は九割近く、二階で朝夕は全時間帯、夜間は八割をこえる時間帯が環境基準を超えていた（一九九八年九月の騒音環境基準改悪で、ほとんどが環境基準適合となった）。一九九五年一月、条例により守山区地域公害対策審議会で市長に適切な措置をとるよう意見を提出し、二月には愛国は「遮音壁設置を来年度予算で検討する」と約束した。③一九九五年に守山区小幡と名東区上社にモニタリングポストを開設させた。④一九九八年一二月、かねがね要望していた半地下の上部に特殊吸音ルーバー設置表明があった。

法・条例で定められた権限を活用して、行政側を動かすこと、それ以上に住民側の粘り強い要請、運動が重要なことを体感した。

2　環二東南部

名古屋環状二号線東南部約一二キロメートル余の建設工事は二〇〇六年一月から七年余をかけて行われた。前半は中日本高速道路が高速専用部、後半は愛国が専用部に並行する平面一般国道三〇二号の工事を担当し、二〇一一年三月二〇日に高速専用部が開通した。

二〇〇八年一二月頃、これらの工事による広範な家屋被害発生が明らかになった。家屋各所のゆがみ、亀裂、傾斜、隙間発生、各種配管破損、上下水管の傾斜による逆流等であった。中日本高速と愛国はほとんどの場合経年変化だと言い張り、ごく一部を除いて被害の事実を認めず、認めても損失補償額は僅少、極めて不当な対処であった。

二〇一五年三月、本村衆議院議員（日本共産党）が環二東南部（天白区・緑区）の家屋被害現地視察、三月末には代表二人が国交省に要請書を渡し説明、四月には住民九人が本村議員と秘書三人同席で国交省担当者から要望書の回答を聞いた。

五月二九日、本村議員が三〇分間の国交委員会質疑を行った。内容は三回におよぶ河村市長名の中日本高速宛の要請書の内容から始まり、B氏宅の工事による家屋被害全てを経年変化で済ませ補償対象から除外するケースを取り上げ、経年変化は納得できぬと強く主張、最後に地盤軟弱な環二西南部の工事や調査に注文をつけるといった考え抜かれたものだった。

太田国土交通大臣は、「中日本高速はもとより、愛知国道事務所に対しても住民の方々の理解が得られるよう丁寧な説明を行っていくよう指導したい」と答弁した。国会質疑を受け、愛国及び中日本高速宛要請書を作成、八月の交渉以後四回目の二〇一六年三月に愛国調査課長は「損傷が新たに見つかれば新しい段階として対処する」と発言、対処方針変更の予感を持たせた。

この間、中部地方整備局の情報公開に対する行政不服審査の場で、二〇一六年三月二三日付の公式文書での被害届があったにも関わらず、中部地方整備局は工事損害要領第三条に基づく調査をしなかったことを初めて認めた。S氏が行政不服審査を申し立てて一年八カ月後のことだったが、国の動きにそれなりの影響を与えたと思われる。

二〇一六年六月、天白区のA宅で愛国が「C宅の家屋損傷は環二建設工事によるものと認め、全面的に補償する」と表明した。その際に、二〇一六年三月の愛国、中日本高速の所長を交えた打合わせ会で、家屋損傷問題への対処方針の大転換が確認されたとの説明があった。六月、天白区D宅に中日本高速が五回目の来訪をし、「二階のピアノ裏側壁面の亀裂を調査しなかった」との訴えを確認し、課長が「調査もれだ。再調査をさせてほしい」と発言。六月末にD宅再調査。二〇一七年二月の協議一回目に補償対象一一五カ所を提示、七月の協議二回目で用地対策官が「前半工事の中日本高速と後半工事の愛国の全体でD宅の家屋損傷を発生させたとして一体で補償する」と重要発言をした。八月の協議三回目で修復方法を順次説明、集まった住民側がそれを了とした。

二〇一八年四月、単価表を用い箇所ごとに損害額を算出、三月末の人件費、消費税八%を含め諸経費二四・九%をプラスして補償するとの報告があった。二〇一八年七月に最後の数軒の方々が納得して、環二東南部の家屋損失補償は最終的に決着した。

本村議員が国土省から取り寄せた資料によると、九月一〇日現在で、損害補償件数は三八〇件と少なく、四〇%はわずか〇～五万円と雀の涙の金額であった。国土交通省の公表資料では、第二京阪道工事の補償件数は五五二件、うち一〇〇万円以上も一一件ある。[注5]名古屋の場合は補償対象も工事境界から原則二〇メートルまでの調査で、補償対象家屋は、中日本高速は一六%、愛国は二%弱である。第二京阪では三〇メートル、軟弱地盤では五〇メートルまでで、家屋の四七%もが補償対象になっている。環二東南部の補償対象は非常に少なく、補償対象、補償金額が今後の課題として残った。

3　環二西南部

環二西南部は、東北部、東南部のような掘割工事はなかったが、軟弱地盤の高架建設で同様の工事被害が生じ、今までの経験は最大限生かす努力をした。二〇一三年九月着工したが、沿線住宅で地盤沈下や建物の被害が頻発した。この他、夜間工事の被害、電波障害も出ている。

二〇一四年四月から要請している「事前・事後調査について……二〇メートル範囲でなく、広い範囲で調査を行うこと。『副本』を調査した全家庭に配布すること」への回答がないまま、一一月の交渉では、事前調査は一一五〇軒、副本配布は二〇〇軒という状況であった。愛国は「なくすといけないから預かってほしいという方がいる」と言い訳をした。すべての家に説明し副本を渡すという環二東北部での経験をこの地域では手抜きしている。

二〇一五年一一月の愛国への申入れで、環二東北部では、事前・事後調査について、愛国提示の官民境界から二〇メートルでなく住民要請の二五メートルまでの範囲で行い、申し出があれば二五メートル超でも調査したことが判明した。しかし、第二京阪では、軟弱地盤の門真市域は五〇メートルまで、申し出があれば一〇〇メートルまでを調査対象にした。環二南西部の富田地域も同様な軟弱地域であり、調査地域の拡大申入れを再度行った。

二〇一七年五月、新たに春田二丁目の六名が中部整備局長へ「工事損害要領」に基づく被害届を提出した。これに対し愛国は「個別に被害状況を確認し、早急な対応が必要なものについては、出来るところから対応している」とし、この対応は二〇一九年度でも変わらないと回答した。確かに被害届に対して調査後、応急修理等は行っているが、これでは問題解決になっていない。工事終了後の被害補償はもちろんのこと、「生活に支障をきたす件に関しては、直ちに修繕・取り替えるよう」住民団体側は求めている。これは工事損害要領第五条の応急措置のことである。

すでに工事最終盤になっているが、問題が起きてから事後調査だけを実施しても、因果関係があやふやなまま済まされてしまう。工事はまだ続くので、官民境界から五〇メートルまでは申出の有無にかかわらず、緊急に現時点の事前調査を行うとともに、調査結果を全世帯に配布し、事後調査で対比できるようすることが求められている。

4　工事被害対応のまとめ

①計画段階での問題に比べ、工事被害は金銭も絡み対応しにくい面があったが、速やかに取り組むことで直接的被害が直ちに解決することも多く、住民団体が感謝された。
②国会質疑で国土交通大臣から「理解が十分得られるよう丁寧な説明をおこなっていくよう指導」という言質をとった。この背景には長期にわたる住民運動があった。また、この言質後の住民運動によって、事業者の対応を劇的に変えさせた。
③月一回の役員会を定期開催、定期的な懇談会開催、事前に渡す要望書作成を集団で行ったことが大きかった。法・条例の活用も効果があった
④「工事損害要領」の存在と活用法が広まり、幅広い事前調査と副本配布は、事後調査の比較のために重要であることが理解され、環二西南部でも活用されている。

第3章　法廷での闘い

第一節　あきる野から始まった高尾の自然を守る裁判の成果とは

1　「執行停止」と「事業認定取消」の画期的判決

圏央道あきる野事業認定取消裁判　坂本孝

【路線概要】

①路線名：圏央道（首都圏中央連絡自動車道）
②種別：高規格幹線道路（一般国道四八六号の自動車専用道路）
③規格等：種級区分：第一種第三級（完成四車線）
④事業者：国土交通省・東日本高速道路株式会社
⑤事業費：日の出～あきる野区間二・〇km　当初事業費：七〇〇億円（供用開始時公表値）

勝てると思って始めた裁判ではなかった

二〇〇〇年一一月一八日～一九日、道路全国連第二六回交流集会が大阪で開かれた。私がはじめて参加した交流集会だ。当時のあきる野は、国が首都圏中央自動車道（圏央道）[注1]のあきる野区間の土地収用裁決を東京都に申請をした直後だった。

沿線の地権者たちは、前回の高尾での交流集会で広がった、トラストの会の地権者と共に事業認定取消裁判をおこそうとしていた。交流集会で発言の機会を得た私は、「闘うには知恵と金が必要だ。知恵を出してください、もし知恵が出ないなら、金を出してください」とカンパを訴えた。

翌一二月一五日、私たちは東京地方裁判所に事業認定の取消を求めて訴訟を起こした（藤山雅行裁判長の民事第三部が受理）。

原告の一人、大和田一紘さんは、二〇〇四年四月九日発行の雑誌『週刊金曜日』の取材に答えて「国相手に、しかも公共事業相手に裁判をやって勝てるのか?と言われたら、負け戦ですよ。日本の法律は、予測できる被害を食い止める力を持っていないという点で、諸外国と比べて一番遅れているんです。二〇年後、三〇年後には当たり前になっていることを、今私たちはここでやっているのです」……地裁での口頭弁論は一七回に及んだ。

闘いは楽しく、家族みんなで

第一回口頭弁論の参加者は傍聴後、バスツアーで千葉の三番瀬で潮干狩りを楽しんだ。東京都収用

図1　収用停止記事（『東京新聞』2003年10月3日付より）

東京新聞 夕刊 2003年（平成15年）10月3日（金曜日）

圏央道未買収地

土地収用の執行停止命令

東京地裁 適法性に疑問

委員会の公開審理は一〇回開催され、最後の公開審理はあきる野市内で行われた。

公開審理の場で家族三人が並んで陳述したことを思い出す。娘は「私の部屋の窓の下に父が掲げた【圏央道絶対反対】の看板、窓から顔を出すのが恥ずかしかった……」と述べた。勝利判決を前にして亡くなった、地権者の中村文太さんは最後にこう陳述した。「もしも収用されることが決まってどこかに引っ越していくとしたら私の人生、私と妻の人生の最後は何と不幸なことだろうかと思います。しかし、私はいまだにそんなことはあってはならない、間違ったことにはきちんと闘うことが本当の生き方なのだ、私たちの人生の最後は立派な生き方なのだと思っております」。

ここに至って、先の事業認定取消訴訟と新たに収用裁決取消訴訟を起こした。また同時に、執行停止の申立をおこなった（東京地裁民事第三部にて併合審理）。

画期的な執行停止の決定と執行停止の三つ要件

二〇〇三年一〇月三日、藤山雅行裁判長は「終の棲（すみか）」として居住している者の利益は極めて重要なものとして強制収用の執行停止の決定を下した。

一、公共の福祉に重大な影響を及ぼすことの有無

裁判所は圏央道の必要性、特に工事を急ぐ必要性に疑問を提示した。

図2：事業認定取り消し判決記事（『東京新聞』2004年4月22日付より）

東京新聞 夕刊

2004年（平成16年）4月22日（木曜日）

圏央道 事業認定取り消し

「公共利益 根拠ない」

あきる野インター 不必要性に言及

東京地裁判決

収用裁決 高裁、最高裁は認定

判決の骨子

二、申立人に生じる回復困難な損害を避けるための緊急の必要性の有無

この中では、居住の利益は非代替的な性質を有するとして、代執行手続が進行している現段階において代執行手続を停止する緊急の必要性があるとした。

三、本案について理由がないとみえるかどうか

これは、本案（収用裁決取消訴訟）で原告が勝つ可能性があるかどうかと言うことである。事業認定が取消されれば、、それに承継される収用裁決も取消されるとする裁判所の考えと、事業認定の取消が、収用裁決に影響しないとする東京都収用委員会の考えが真っ

写真１　判決日・地裁前

向から対決している。しかし、東京都収用委員会は事業認定取消に関しては主張立証していなかった。これによって、本案に理由がある（原告勝訴）ことは明白だとした。

翌朝、原告の鈴木進さん宅の前の工事現場は、連日鳴り響いていた杭打機の音もユンボのエンジン音もなく静まり返っていた。

事業認定取消の勝利判決

二〇〇四年四月二二日の判決は、国には事業認定を行うにあたり瑕疵ある道路を造ってはいけないという暗黙の前提要件がある。としたうえで、

・圏央道が計画通り建設され、供用が開始されると、周辺住民に受忍限度を超える騒音を与える。

・浮遊粒子状物質などの大気汚染被害が発生する恐れがあるのに、その事を看過して、確度の高い調査を怠った。

・また、圏央道は都心の渋滞解消に役立たないばかりか、資本の分散によって圏央道より内側の環状道路の完成を遅らせ、都心の通過交通解消という問題の解決を遅らせる。

・国の圏央道の便益には具体的な根拠もなく、土地収用法の要件（公共性）を満たしておらず違法

である。

として事業認定を取消した。

事情判決

判決は事情判決(注2)にふれた上で、付言として、このような例外的な制度が問題になるのは、計画行政全般で事業計画の適否について、早い段階で司法のチェックを受けられる制度の新設が必要であるとした。あきる野判決の二カ月後には行政事件訴訟法が改正(注3)され、処分前の計画段階からでも訴訟を提起できるようになった。

判決は、二〇〇六年二月二三日、東京高裁でくつがえされ、二〇〇七年四月一三日、最高裁で住民側の上告は退けられた。

地裁判決から、一六年がたち、大和田さんが語った二〇年後三〇年後が迫っている。無駄で、有害な公共事業を止めるため、これからも共に闘っていこうと思う。

最後に、【よみがえれ・有明訴訟】の馬奈木弁護士の言葉を紹介したい。

「私たちは絶対に負けない、なぜなら、勝つまで闘うから!」

あきる野判決の意義前記の東京地裁の執行停止と取消判決は、大型幹線道路建設などで強制収用を振りかざして暴走する行政に歯止めをかけた画期的なもので、全国各地の住民運動を励まし、新聞各紙も当日の夕刊や翌日朝刊のトップ記事でこの判決を取り上げた。

大気汚染をはじめとする健康被害の発生が明らかなような道路をそもそも作ることは違法であるとした判断は、それまでの健康被害を訴えて損害賠償を訴えた闘いや裁判の流れを一歩も二歩を前進させたもので大きな意義があった。また環境影響評価（アセスメント）の問題での計画段階の調査や評価に対してその杜撰さを指摘したという点では国の道路行政に猛省を促したともいえる。

一度計画された公共事業が止まらないのは、もちろん大手ゼネコンなどの思惑が絡んでいるとはいえ、起業者側の「どうせ土地収用で地権者を追い出せば必ず完成する。工事を進めてしまえば既成事実として建設が止まることは無い」というおごった考えが蔓延しているからに他ならない。あきる野判決はこのような悪しき実態を厳しく糾弾したものでもある。

（道路全国連事務局長　長谷川茂雄）

脚注

注1　当時は建設省が事業者。その後二〇〇一年に運輸省、建設省、北海道開発庁、国土庁の四省庁が合併して現在の国土交通省となっている。

注2　事情判決とは、行政事件訴訟法三十一条一項に定められていることがらで、【（特別の事情による請求の棄却）取消訴訟については、処分又は裁決が違法ではあるが、これを取り消すことにより公の利益に著しい障害を生ずる場合において、原告の受ける損害の程度、その損害の賠償又は防止の程度及び方法その他一切の事情を考慮したうえ、処分又は裁決を取り消すことが公共の福祉に適合しないと認めるときは、裁判所は、請求を棄却することができる。この場合には、当該判決の主文において、処分又は裁決が違法であることを宣言しなければならない】とされていることがらである。

注3　司法制度改革推進本部ＷＥＢより抽出「救済範囲の拡大（中略）差止訴訟の法定、一定の要件の下で行政庁が処分をすることを事前に差し止める訴訟類型として差止訴訟を法定する。（以下略）

2　高尾山の自然を守る高尾山天狗裁判

高尾山の自然をまもる市民の会　橋本良仁

【路線概要】
①路線名：圏央道（首都圏中央連絡自動車道）
②種別：高規格幹線道路（一般国道四八六号の自動車専用道路）
③規格等：種級区分：第一種第三級（完成四車線）
④事業者：国土交通省・東日本高速道路株式会社
⑤事業費：愛川～八王子区間一六・九km：四〇七六億円（平成二三年再評価時）

自然物も原告に

圏央道から国史跡八王子城跡と国定公園高尾山の自然を守るため、二〇〇〇年一〇月から三つの裁判を起こした。圏央道の工事差し止めを求める民事訴訟一件と事業認定の取り消しを求めた行政訴訟二件（事業認定区間が異なる二区間）の合計三つの訴訟である。いずれの訴訟も高尾山の守り神である天狗を冠して通称「高尾山天狗裁判」と呼ぶ。二件の訴訟は最高裁まで上告したが、二〇一二年に東京高裁で敗訴した最後の行政訴訟は上告しなかった。三件の訴訟で合計八回の判決が出たが結果は八連敗であった。(注1)

東京地裁八王子支部の提訴当日の天声人語は、「絵で始まる判りやすい訴状、高尾山など五つの自

写真２　高尾山頂での説明

然物も原告」という書き出しで裁判の提訴を全国的に報道してくれた。提訴前の報道であったにもかかわらず、「本日、提訴します」と報じたことに、担当記者のジャーナリストとしての気概を感じた。

三つの高尾山天狗裁判の原告は、一三〇〇人をこえる人間のほかに六つの自然保護団体と高尾山、八王子城跡、オオタカ、ブナ、ムササビといった五つの「自然物」も原告とした。

裁判所は、国には問題ありと認めたが……

裁判では、被告である国と日本道路公団を徹底的に追及した。特に圏央道を造ることとの必要性について、多くの良心的な研究者や技術者の協力を得てデータの分析を試みた。公共事業は費用対効果（B／C）が一・〇以上であれば建設する意義があるとみなされている。(注2) 国（国交省）は事業認定の当該道路区間のB／Cを二・三と主張したが、我々の試算では〇・三八となり、専門家による計算結果は我々の数値とほぼ同じであった。そこで裁判では国にB／C値が二・三となったデータの根拠を提出せよと求めた。

国は、「コンピュータ内のデータは保持していないので、示すことができない」とあり得ない回答をしてきた。このB／Cの数値の算出は三〇〇〇万円もの国民の税金を使ってコンサルタントに委託して計算させたもので、仮に電子データは消えたとしても紙データは残していなければならない。何度も厳しく追及したが、国は「データを保持していない」との主張を繰り返すばかりだった。最後の手段として敵性証人である国交省の担当課長を出廷させ証人尋問を行った。証人は原告側代理人の尋問にしどろもどろ、ほとんど答えられなかったが、コンサルタントの出したデータについては「担当部門で検証していない」と証言した。

二〇一三年七月一九日に東京高等裁判所で言い渡された判決は、国が税金を使って作成した事業認定区間の当該道路の費用対効果比（B／C）値の計算途中のデータが一切保存されていないのは検証不能ということであり、国民への重大な約束違反であると指摘し、国が主張したB／C値は不採用となった。しかし、原告側が提出したB／Cの数値もただちに信頼できないとして採用しなかった。また判決では国が行った環境影響評価（アセス）についても、自然や環境への被害が軽微という国のアセスの結論は信頼できないと指摘した。しかし裁判所は、「全体的総合的に判断すると、国交省の判断に重要な事実に関する認識に誤認があるとは言えず、事実の評価が明らかに合理性を欠くとも言えないし、社会通念に照らして著しく妥当性を欠くということはできないので、違法とまでは評価できない」として事業認定取り消しを求める訴えを棄却したのである。

裁判所は初めから私たちを勝たせようという意志はなく、住民側敗訴の結論が先にありきの姿勢で、苦し紛れで言い訳めいた判決であった。この判決文に対し新聞各紙は批判した。

私たちは会計検査院に出向き、国交省に対して是正措置をとるよう要請した。二〇一〇年一〇月に会計検査院は私たちの主張を認め、国交大臣宛にデータの保存と開示をせよとの改善命令を出した。こうした活動の結果、現在ではデータの開示請求をすると直ちに開示されることになっている。

司法は行政へのチェック機能を働かせよ

高尾山天狗裁判に限らず公共事業に関わる裁判で住民側が勝つことは至難の業である。勝訴例を挙げると、日光太郎杉の保全のために道路事業の差し止めを認めた判決や広島県福山市の「鞆の浦」の埋立て架橋計画（国ではなく県と市が相手だが）など数えるほどしかない。先に紹介した圏央道あきる野の事業取消請求訴訟は、東京地裁民事三部（藤山雅之裁判長）が「受忍限度を超える騒音被害が予測できる道路建設は違法である」と事業認定を取り消した。これは数少ない住民側勝訴の金字塔ともいえる判決である。

司法は行政の裁量を最大限に認める。そして国交省は公共事業に関しては専門家集団であり事業の公益性を考えているので間違いない（行政無謬論）という姿勢である。当該道路の沿線住民（国民）が先に道路建設ありきの行政の横暴な姿勢に対し、最後の拠り所にするのが裁判所である。司法は行政へのチェック機能を働かせ行政の暴走を止め、国民の期待に応える責務があるはずで、三権分立の実効性を強く求めたい。

一三年におよぶ高尾山天狗裁判は原告団と弁護団の共同で闘った。二〇一一二年一一月、弁護団長であった鈴木堯博弁護士らが中心になって公共事業の必要性をチェックする法律を作ろうと、日本弁護士連合会として「公共事業改革基本法[注3]」を作成し国会に提案したが、現在まで審議されずに棚上げ状態のままである。

脚注

注1　詳細は、『守られなかった奇跡の山――高尾山から公共事業を問う』（岩波ブックレット№八八八）。

注2　B／Cについての国会答弁は二〇〇八年二月衆議院予算委員会。冬柴鐵三国土交通大臣（当時）

注3　法案の骨子については本誌三四八～三五五頁をご覧下さい。

第二節　騒音被害から勤務者と居住者の健康を守る判決を勝ち取る

広島：弁護士　足立修一

1　広島国道二号線訴訟とは

広島国道二号線と訴訟に至る経緯など

広島では一九七〇年代に市内を通過する交通として高架道路延伸計画が進められていたが、中心部への進入地点である西区観音地区の地元自治会などの強い反対によって、一九七四年には工事がストップすることになった。ところが一九九四年に再度の都市計画決定を経て再始動し一九九九年五月から、広島市内中止部を貫く国道二号線の片側三車線ないし四車線の平面道路の上に二階建ての構造で高架道路を建設する工事を再開させた。

これに対し、沿道住民で組織する「国道二号線の環境を守る会」（後に本訴を提起する「国道二号線の沿道の環境を守る会」に発展的改組）が中心になって、高架道路延伸工事に反対する運動を進めて、一九九九年七月に広島県公害審査会に、沿道住民らで公害調停の申立をしたが不調に終わった。

そこで住民らはその後二〇〇〇年八月から広島地裁に一七二名（二次提訴で合計二一八人）で高架道路延伸工事差止仮処分申請をしたが、裁判所は二〇〇二年二月一八日に高架工事の差止を却下する不当な決定を行った。ただ、決定の内容において、自動車排出ガスと沿道住民の健康被害との関連については、これまでの疫学調査の結果を検討し、「自動車排出ガスに起因する大気汚染が進行すると沿道住民の喘息様症状を中心とする呼吸器疾患に罹患し、あるいはこれが憎悪する危険が生じるとの関係を肯定することができる」と判断した。

この決定に対して、同年八月一三日に広島地方裁判所に対し、広島市内の中心部を貫く国道二号線の沿道一〇〇メートル内に居住・通勤する原告一五一名が、高架道路建設差止・道路公害の差止（供用制限）・生活妨害・健康被害に対する損害賠償（総額約三億三〇〇〇万円）を求めて提訴した。

当時の国道二号線の沿道事情と本訴提起への判断

当時の広島市内の国道二号線は、二四時間交通量でみると約七万台から八万台で、大型車の混入率も約一七％だった。この結果、騒音被害では一九九七年に既に二階建てになっている部分の沿道では、昼間八五デシベルという全国で最高の値を記録し、沿道の自動車排出ガス測定局の測定結果でも、二酸化窒素、ＳＰＭ（浮遊粒子状物質）なども環境基準を超えている水準にあった。

従ってこれらの道路公害により、沿道の住民などの生活妨害・健康被害をもたらしていることは明

図２　広島２号線　延伸計画図

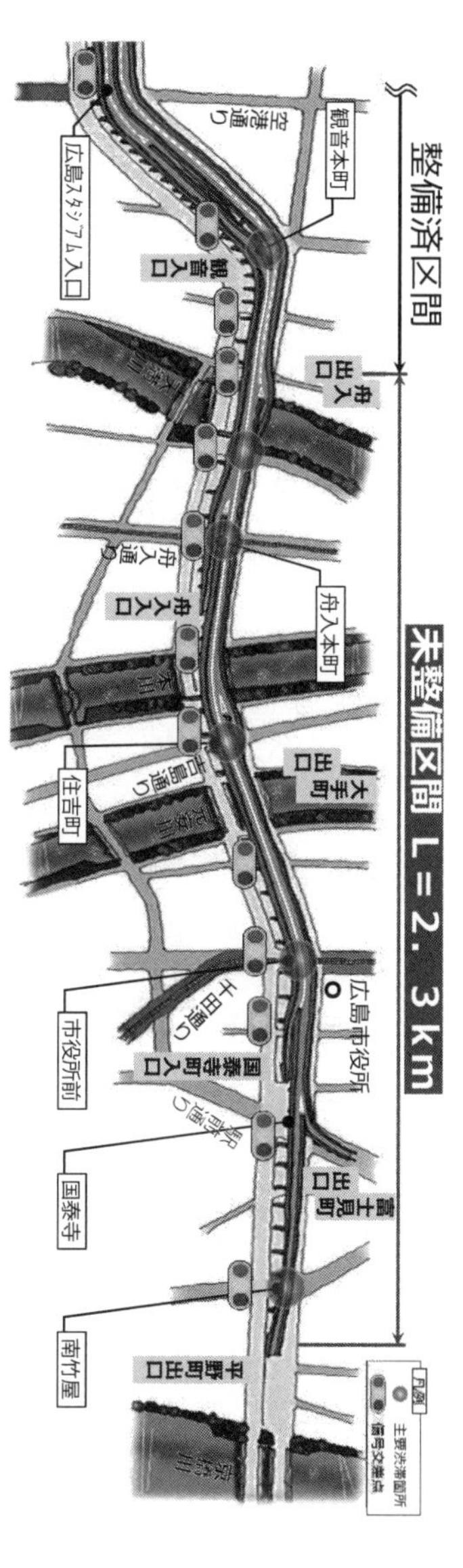

出所：西広島バイパス都心部延伸事業に係る整備効果等の検討結果報告書　https://www.city.hiroshima.lg.jp/uploaded/attachment/101692.pdf

白だったが、住民らは、これを無視した決定を覆すには、本案訴訟で道路公害の実情を多面的に立証していくしかないと考えたのだった。

2 広島地裁で勝訴

二〇一〇年五月二〇日、広島地方裁判所民事第二部（橋本良成裁判長）は沿道住民の訴えを認め、一部（三七名）の原告（居住者）については「受忍限度」(注1)を超えているとして、総額二二〇〇万円の賠償額を支払うよう国と広島市に命じた。

この判決は、一九九五年の国道四三号線最高裁判決(注2)から一五年ぶりに道路騒音に関し国などの損害賠償責任を認めさせたことになり、三大都市圏以外の道路騒音公害訴訟では初めての勝利判決となった。

判決は、沿道住民が受けている騒音被害（屋外騒音の最大値(注3)が八〇～九〇dB：パチンコ店内の騒音と同等）を認定し、道路沿道に居住する者に対し、昼間屋内の騒音が六五dBを超える者ないし道路一列目の居住者に対しては日額一〇〇円、夜間室内の騒音が四五dBの者に対しては日額二五〇円の損害を命じるものだった。

この判断は、基本的には前述の国道四三号線判決を踏襲するものである。しかし一九九八年に改定された環境基準(注3)について、その数値では、受忍限度を超えるとしたことは、四三号線判決後の国の環境行政にNOを突き付けたことでもある。

原告らは、沿道住民が勝訴した部分は評価できる部分もあるものの「沿道の事業所で勤務する原告らが全て敗訴させられた」こと、「道路公害と高架道路延伸部の工事差し止めが認められなかった」ことは不当であるとして、広島高裁へ控訴し、一方の国と県も控訴したために、次の舞台は控訴審に移ることになった。

3 広島高裁判決の概要について

二〇一四年一月二九日、広島高等裁判所第三部（筏津順子裁判長）は、一審判決を一歩前進させ、判決主文で、沿道の居住者のみならず、沿道の勤務者に対しても、道路騒音による生活妨害等の被害について、過去分の損害賠償を認めた。

高裁判決では、「夜間屋内値Ｌｅｑ四〇dBを超える場合には、一審原告らに受忍限度を超える睡眠妨害としての生活妨害の被害が発生していると認めるのが相当である」とし、一審判決より違法であると判断する基準を五dB厳しくし、また、「昼間屋外値がＬｅｑ六五dBを超える場合には、一審原告らに受忍限度を超える聴取妨害としての生活妨害の被害が発生していると認められ」るとし、居住者及び勤務者である原告らに対し、損害賠償を認容した。

昼間の違法性の判断基準は、最高裁国道四三号線判決の判断を引き継ぐものと評価してよい。夜間の違法性の判断基準は、「夜間屋内値Ｌｅｑ四〇dB」とし、木造建物と鉄筋建物で騒音の減衰の仕方が異なることに着目し、屋内値を基準としたことは、原告の状況に即した判断といえる。

この違法性の判断基準は、国の幹線道路についての騒音の環境基準が、屋外値で昼間LAeq七〇dB、夜間LAeq六五dBであることに比較すると、それよりも昼間値では五dB厳しい基準を採用し、夜間値でも単純な比較はできないが、木造建物の遮音性能が約一五dB程度、鉄筋建物で約二五dB程度とされていることから、木造建物の場合の基準値としては、厳しい基準を採用していると評価できる。このことは、現行の環境基準については、極めて問題があるとの司法判断を示したものとして評価できるものである。

しかし、この判決も、差止請求については、「本件道路の供用による騒音被害は、生活妨害としての聴取妨害及び睡眠妨害であり、必ずしも軽微とはいい難いけれども、健康被害にまで至っているものではない」などとして、道路公害の差止め（騒音・大気汚染の軽減を求めた請求）及び本件の提訴のきっかけとなった高架道路の広島市内中心部への延伸工事の差止めはいずれも棄却された。

4　最高裁で広島高裁判決の判断確定

広島高裁の判決は一審広島地裁に続き、道路騒音公害についての一九九五年七月七日の最高裁国道四三号線判決に続き、国などに対し損害賠償責任を認め、三大都市圏以外の道路騒音公害訴訟では初めての高裁での勝訴判決となった。時に道路騒音公害事案では、沿道の勤務者に対する賠償を認めたことは初めてのことであり、この点では画期的な判断となった。

そして、この判断は、二〇一五年六月二四日、最高裁判所第二小法廷の上告棄却決定で、二つの差止め請求は認められなかったものの損害賠償についての高裁判断は確定したのである。

5　日本における騒音をめぐる訴訟に目を広げると

軍事基地の周辺住民が提訴した爆音差止め訴訟では、日本の騒音の環境基準では、健康が守れないことが、日本、ヨーロッパなどの疫学調査で立証してきたことから明らかになっている。

WHO（世界保健機関）が示した騒音の健康影響の知見として、WHO環境騒音ガイドライン（一九九九年）、欧州WHO夜間騒音ガイドライン（二〇〇九年）、欧州WHO環境騒音による疾病負荷（二〇一一年）、環境騒音に関する欧州WHOガイドライン改訂[注4]（二〇一八年）などがあり、これらによると、騒音の健康影響という点を重視した基準を示しているのに対し、日本の裁判所は、騒音を生活妨害の問題とみて、健康影響を無視し続けてきている。

但し、厚木第四次爆音訴訟東京高裁判決（二〇一五年七月三〇日）は、「航空機の発する低周波音を直接の原因とする被害や航空機騒音による身体的被害（健康被害）までは認められないが、厚木飛行場周辺の騒音のレベルは、一般的に身体的被害との関連性が問題となり得る程度にまで至っており、周辺住民の生活環境に関わり、健康にも影響を及ぼし得る重要な利益の侵害である」（要旨）とした。

ただ、この判決が認めた自衛隊機の差止について、最高裁では破棄されてしまっている。

一方で、道路公害の差止訴訟としては、大気汚染に着目した訴訟（尼崎大気訴訟、名古屋南部大気訴

訟）では、健康被害を根拠に差止めを認容した判断が示されている。（注5）

今後の騒音をめぐる問題では、道路騒音が単に生活妨害に留まらず、睡眠妨害などの健康影響をもたらすことを正しく認めさせ、それによって、道路公害の差止（夜間の走行規制などを）を認めさせることが課題となっている。

6　広島の国道2号線の高架延伸の工事再開に向けた動きについて

最高裁の棄却決定後、二〇一八年一〇月、広島市長は、西広島バイパス都心部延伸事業について、国土交通大臣に事業再開の要望を行うなどし、二〇二〇年度中の事業再開を進めてきた。

しかし、二〇二〇年になって、コロナウイルス感染症の拡大により、人や物の流れに変化が生まれており、現状ではどのような流れになるか、予断は許さない。広島市や広島都市圏の市町や経済界の代表で構成される「事業促進協議会」が活動しているところ、「環境を守る会」では、これらの動きを監視し、具体的な動きとなっていくのであれば、再度、高架道路延伸のもたらす公害問題・健康被害について、広く問題提起していきたい。

脚注

注1　受忍限度とは「騒音、振動、煤煙などによる環境権、あるいは人格権の侵害や公害訴訟において問題となるもので、一般人が社会通念上、がまん（受忍）できる被害の程度」を指す。この範囲内であれば不法行為

は成立せず、損害賠償や差止めは認められない、とされている。

注2　国道四三号線最高裁判決（一九九五年七月七日言渡）
最高裁平成七年七月七日第二小法廷判決民集四九巻七号一八七〇頁・二五九九頁）

注3　屋外騒音の最大値とは
最大騒音は「LA,max」とも表される、最小騒音は「LA,Fmin」。環境影響評価（アセス）では、評価マニュアルで最大と最小を除外して等価騒音レベル（LAeq,T）での評価となるが、実生活上は最大騒音での睡眠障害発生が指摘されている。
騒音の環境基準については本誌二二八頁に掲載
https://www.env.go.jp/air/noise/manual/01_ippan_manual.pdf

注4　二〇一八年一〇月　騒音に関するＷＨＯガイドライン改訂
「ガイドラインでは道路交通の騒音レベルを平均でLden ５３dB未満に抑えるよう勧告し、夜間はLnight ４５dB未満が望ましいとした」（屋外値）
勧告などの参考資料は航空環境研究センターに掲載
http://aerc.jp/article.php/20181026175349687

注5　尼崎大気訴訟一審判決（平成一二年一月三一日・判例時報一七二六号二〇頁）、名古屋南部大気訴訟一審判決（平成一二年一一月二七日・判例時報一七四六号三頁）。いずれの訴訟も控訴審で、和解が成立している。
尼崎 http://www.hido.or.jp/14gyousei_backnumber/2013data/1312/1312chiiki-kkr.pdf
名古屋 http://www.hido.or.jp/14gyousei_backnumber/2015data/1506/1506chiiki-cbr.pdf

第三節　小平道路事件——アセスメントの不当性を争う

弁護士　吉田健一

【路線概要】
①路線名：小平328号線　都道（都市計画道路小平三・二・八号線）
②幅員等：幅員三二m～三六m　延長一四四五m
③事業者：東京都
④当初事業費：約二〇〇億円

1　住宅街に三六メートル道路の建設

小平道路（小平都市計画道路三・二・八号府中所沢線）の計画は、小平市のほぼ中央部分を南北に一・四キロメートルにわたって、幅三六メートルの道路を建設する計画で、二〇〇億円という巨額の費用を要するとされている。建設予定地は、西武線鷹の台駅から徒歩数分という都心への通勤圏内で、玉川上水や樹林地など豊かな自然を残す、閑静な住宅街である。ほとんどの地域は第一種低層住居専用地域であり、道路計画が実行されれば約二〇〇世帯もの住民が立ち退きを余儀なくされる。

そもそも、小平道路のもととなる計画が決定されたのは一九六三年。道路予定地となる分譲団地の住民には、何らの事前説明すらなく、まさに寝耳に水の話。団地自治会あげての反対運動が開始され、小平市議会でも、東京都議会でも、住民の陳情・請願を採択して、計画見直しを求める議会決議がされた。にもかかわらず、東京都は、議会決議の履行を長年にわたって怠り続けてきたあげく、さらに道路幅を拡張する変更を行ったが、二〇一三年七月、国土交通省関東地方整備局長は、この小平道路計画を事業認可した。

二〇一四年一月、建設予定地の地権者一五名及び近隣住民一〇名計二五名は、認可取消を求めて東京地裁に提訴した。残念ながら東京地裁判決（二〇一七年五月二六日）、高裁判決（二〇一九年七月二五日）、最高裁（二〇二〇年六月一五日）とも、住民の請求は退けられてしまった。

2　計画の問題点、違法性と環境アセスメント

小平道路は、都市計画法にもとづいて計画される道路であるから、同法一三条一項一一号で定める「土地利用、交通等の現状及び将来の見通しを勘案して、適切な規模で必要な位置に配置することにより、円滑な都市活動を確保し、良好な都市環境を保持することを定めること」が求められる。すなわち、道路計画には「公共性・必要性」のあること、そして大気汚染や騒音被害、自然破壊、住環境破壊が生じないものでなければならないのである。

ところが、小平道路は、これらの要件をいずれも満たしていない。

本件道路については、少子高齢化、人口減が見込まれるにもかかわらず、既存の道路（府中街道）の二倍以上の過大な交通量を予測している。交通量も減少することが想定されるもとで、建設する必要のない道路であって、府中街道の改善で十分対応できる（図2参照）。

また、本件道路により二〇〇世帯が立ち退きを余儀なくされて居住の権利を奪われ、地域コミュニティが破壊されるのみならず、周辺住民には、環境基準を上回るＰＭ二・五の大気汚染や受忍限度を上回る騒音被害がもたらされる。さらには、樹林地の樹木が数百本も大量に伐採され、玉川上水など自然環境や文化遺産への影響などにも重大な影響をあたえる。良好な都市環境を保持する計画とは到底いえない。

加えて、本件では、計画見直しを求める議会の決議が無視され続けたうえ、住民の理解を得て、同意を得ることを基本とする適正手続きも確保されていない。

本件計画が法の求める要件を満たすものでなく、違法であることが明らかであるにもかかわらず、裁判所も、環境アセスメントを経ていることを理由にこれを容認した。すなわち、「環境影響評価（環境アセスメント）は、技術指針に基づいて、行われるべきものであり、また、技術指針の定める環境影響評価の手法は、東京都環境影響評価審議会等の専門的な知見に基づき、適切な科学的判断が加えられて定められたものである」としたうえ、本件アセスに基づく「本件都市計画の決定は、特段の事情のない限り、環境の保全（公害の防止、自然環境及び歴史的環境の保全及び景観の保持等）について適正な配慮をしたものというべきである」とし、計画を容認したのである。

しかし、本件アセスには、きわめて問題が多い。小平道路の認可取消訴訟も、アセスを容認した不当性・違法性を明らかにすることに重点をおいて取り組まれてきた。ここでは大気汚染や騒音問題を中心に報告したい。

3　PM二・五を検討しない欠陥アセス

本件アセスはPM二・五の汚染を予測・評価していない。道路建設による汚染の激化、健康被害の危険が全く無視されているのである。

大気中に浮遊する二・五μm（マイクロメートル）以下の粒子（PM二・五）が健康に有害であることは、いまや争いがない。国及び東京都も、「呼吸器系の奥深くまで入りやすいことなどから、より健康への影響（呼吸器、循環器及び肺がんの疾患）が懸念されている」ことを認めている。しかもPM二・五の汚染は、道路交通によって激化する。沿道で高濃度の汚染値が示され、とりわけ、東京都の幹線道路沿いにおける本件アセス当時のPM二・五測定値は、軒並み環境基準を上回っていた。小平市内の小学校児童については東京都内でも喘息患者の比率が高いのであるが、とりわけ幹線道路沿いの地域において高い比率が示されている。PM二・五を検討しないというのは、欠陥アセスと言わざるを得ない。

ところが、裁判所は、専門家の策定する技術指針において寄与率等を予測・評価することは困難とされているという理由でPM二・五を予測・評価しなかったアセスの欠陥を認めなかった。

騒音に係る環境基準（抜粋）

1998年（平成10年）9月30日環告64）https://www.env.go.jp/kijun/oto1-1.html

1　環境基準は、地域の類型及び時間の区分ごとに次表の基準値の欄に掲げるとおりとし、各類型を当てはめる地域は、都道府県知事（市の区域内の地域については、市長。）が指定する。

地域の類型	基準値	
	昼間	夜間
ＡＡ	50デシベル以下	40デシベル以下
Ａ及びＢ	55デシベル以下	45デシベル以下
Ｃ	60デシベル以下	50デシベル以下

（注）

1　時間の区分は、昼間を午前６時から午後10時までの間とし、夜間を午後10時から翌日の午前６時までの間とする。

2　ＡＡを当てはめる地域は、療養施設、社会福祉施設等が集合して設置される地域など特に静穏を要する地域とする。

3　Ａを当てはめる地域は、専ら住居の用に供される地域とする。

4　Ｂを当てはめる地域は、主として住居の用に供される地域とする。

5　Ｃを当てはめる地域は、相当数の住居と併せて商業、工業等の用に供される地域とする。

ただし、次表に掲げる地域に該当する地域（以下「道路に面する地域」という。）については、上表によらず次表の基準値の欄に掲げるとおりとする。

地域の区分	基準値	
	昼間	夜間
Ａ地域のうち２車線以上の車線を有する道路に面する地域	60デシベル以下	55デシベル以下
Ｂ地域のうち２車線以上の車線を有する道路に面する地域及びＣ地域のうち車線を有する道路に面する地域	65デシベル以下	60デシベル以下

備考／車線とは、１縦列の自動車が安全かつ円滑に走行するために必要な一定の幅員を有する帯状の車道部分をいう。

この場合において、幹線交通を担う道路に近接する空間については、上表にかかわらず、特例として次表の基準値の欄に掲げるとおりとする。

基準値	
昼間	夜間
70デシベル以下	65デシベル以下

備考／個別の住居等において騒音の影響を受けやすい面の窓を主として閉めた生活が営まれていると認められるときは、屋内へ透過する騒音に係る基準（昼間にあっては45デシベル以下、夜間にあっては40デシベル以下）によることができる。

図1　多摩地域の主要道路ネットワーク

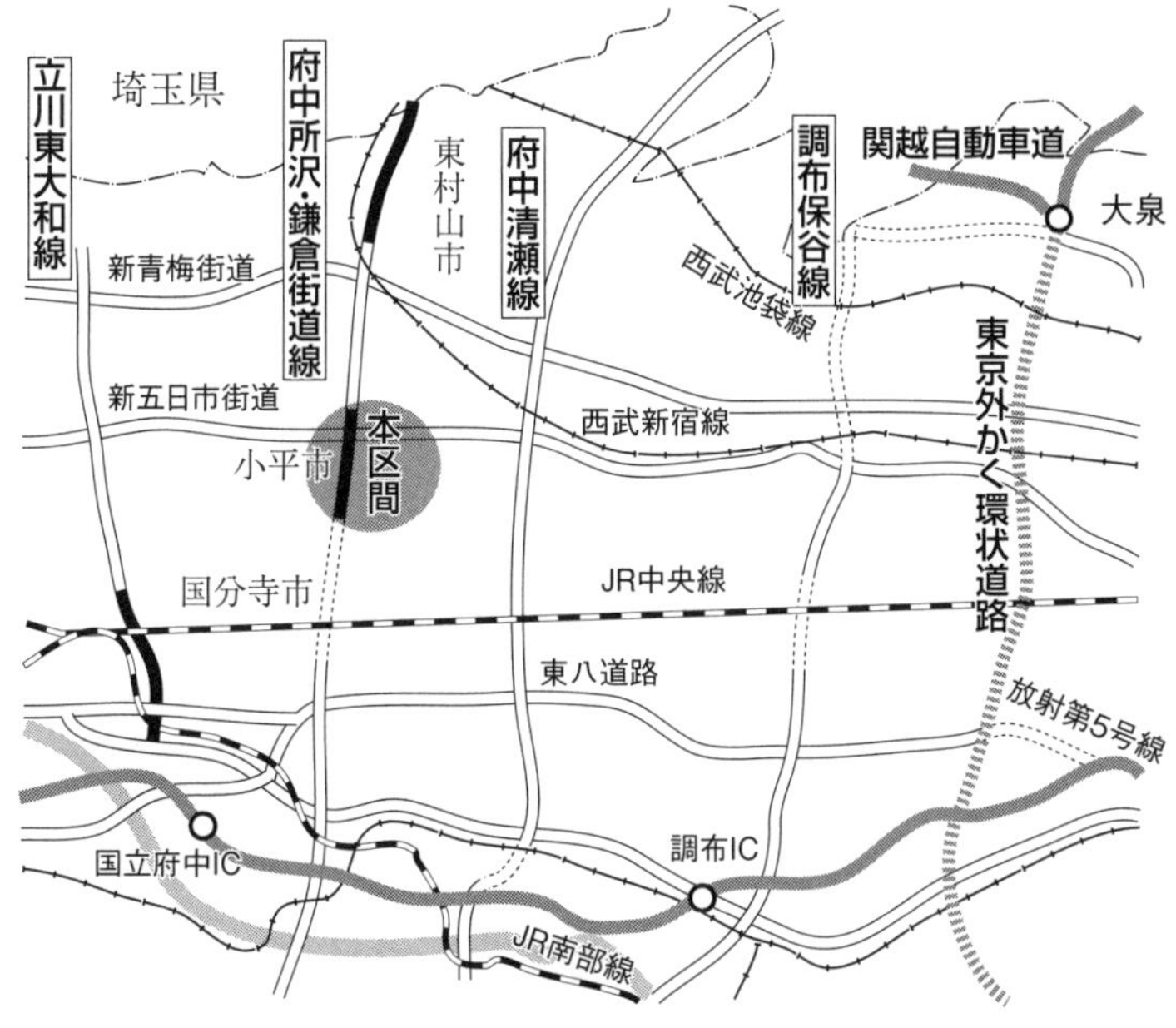

出所：東京都 H22 年パンフ（計画中を含む）より。

しかし、これは、行政側の一方的な説明を鵜呑みにしただけである。一〇㎛以下の粒子の濃度を示すSPM（微粒子）のうち、さらに細かい二・五㎛以下の粒子（微小粒子）の濃度を示すのがPM二・五であり、それはSPM（微粒子）の七〇%を占めると言われているのである。そして、SPM（微粒子）の濃度は本件アセスで予測されているのであるから、そこからPM二・五の予測値を算出できないわけはない。実際、SPMの予測値の七〇%として算出したPM二・五の数値は三九・二㎍／㎥となり、環境基準の三五㎍／㎥を上回る。

そのうえ、小平道路と交差する青梅街道や五日市街道、新たに建設される計画道路（新五日市街道）、さらには隣接する府中街道などとの複合汚染を検討すれば、看過できない汚染が生ずる。

本件アセスにはＰＭ二・五の影響を検討し、健康被害が拡大することのないよう厳しく検証しようとする姿勢は全く見られない。むしろ、環境基準を上回る汚染を隠蔽するものといわざるを得ない。

このような重要な問題を不問に付す裁判所は、司法の役割を放棄するものに他ならない。

図２　本件道路周辺地域の状況

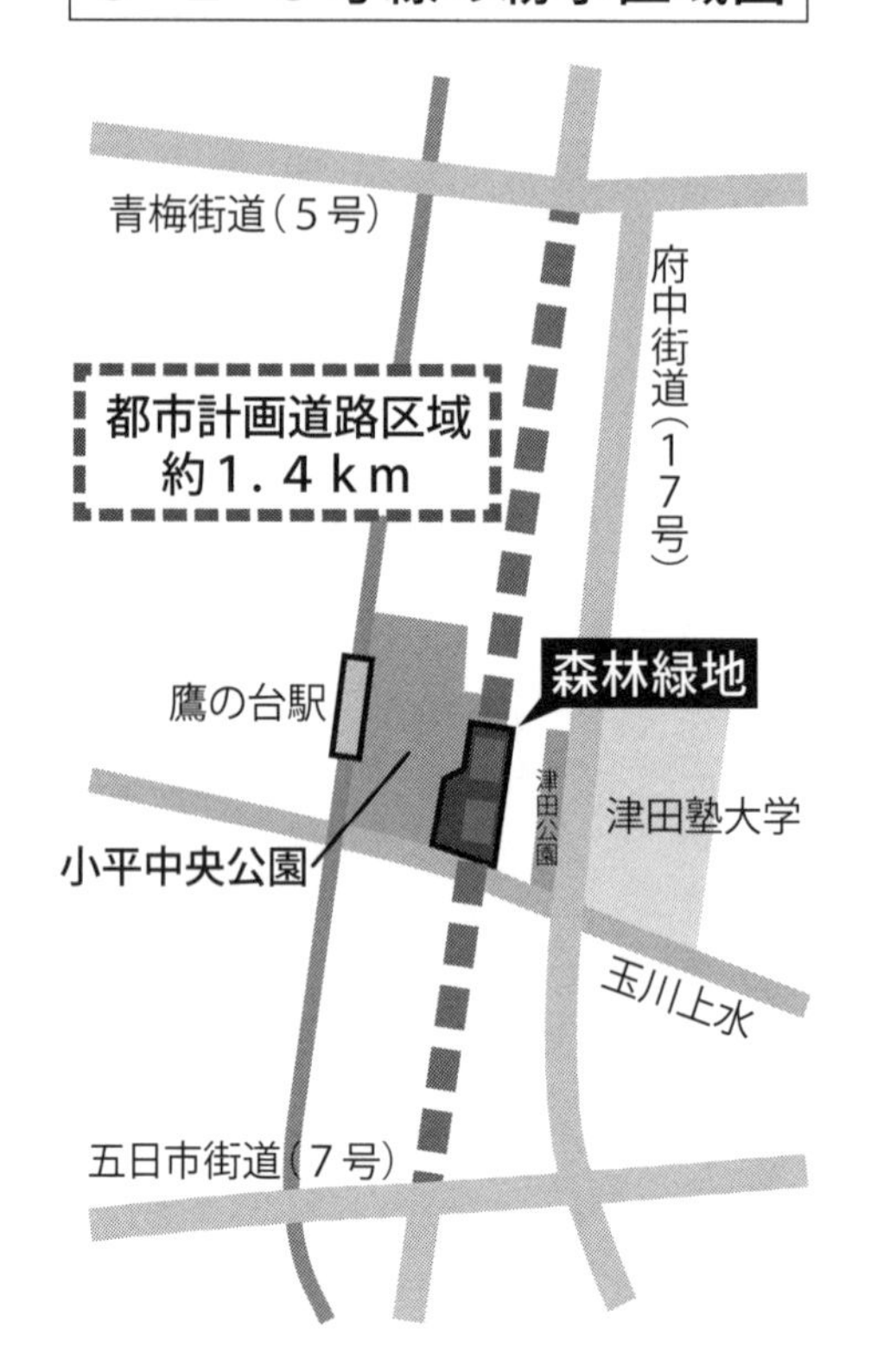

出所：山本俊明著『僕の街に「道路怪獣」が来た』52頁より

4　受忍限度を上回る騒音被害を検討しない問題アセス

道路騒音が、イライラなど精神的苦痛、睡眠妨害、さらには心疾患等のリスクをもたらすことは、世界的にも日本においても十分に周知されているところである。すでに、一九九九年に世界保健機関（ＷＨＯ）も、六五dB（以下、いずれも等価騒音レベル）をこえる地域において虚血性の心疾患のリスクが上昇することを指摘している。また、強い不快感を感じる基準として、屋外で昼間五五dB、夜間四五dBのガイドラインを策定している。日本の裁判所は、道路端から二〇ｍ以内で六〇dB、それを超える地域でも六五dBをそれぞれ受忍限度とし、これを上回る自動車騒音を違法であると判断している（最高裁平成七年七月七日、国道四三号線事件判決）。

ところが、環境アセスは、このようなレベルを上回る激しい騒音被害を許容している。すなわち幹線道路に近接する地域で「昼間七〇dB以下、夜間六五dB以下」という特例基準を設定し、最高裁判決で明らかにされている六五dBの受忍限度を上回る騒音被害が発生する場合であっても、ＯＫサインを出してしまう。道路建設計画における騒音被害が無視されているのである（表参照）。

しかも、本件アセスは昼間騒音の予測値を五八dBとしているが、これは道路騒音の全く実態とかけ離れている。実際、東京都の幹線道路では、上記の特例七〇dBの環境基準をも超過している地点が全五七地点中三四地点もあり五九％を占めている。本件アセス自身が、小平道路に近接する東村山市の新宿青梅線（新青梅街道）について、昼間七六dB、夜間七三dBと激しい騒音被害が発生していることを明らかにしている。小平市における主要道路の交差点や沿道でも、昼間で六五〜七二dBもの騒音被害が確認されている。本件アセスは、これらの実態を無視するものである。のみならず、自動車騒音被害は二階より三階の高さで激化するとされているが、本件アセスは、この点も看過している。

加えて、深夜早朝においては大型車などによる単発的な騒音であっても睡眠妨害がもたらされる事実が無視されている。睡眠妨害については、騒音の平均値よりも騒音の最大値（LAmax）に着目しなければならないのである。この最大値をみると、例えば、都内の環状八号線でLAmax八〇dB以上から九〇dB以上もの激しい騒音が記録されているほか、本件道路に近接する新青梅街道で八六dBから九〇dB、東八道路でも八〇dB前後から最大八七・九dBの激しい騒音が記録されている。にもかかわらず、これらの実態を本件アセスは無視している。大型車通行による単発的・間欠的騒音による睡眠妨害など重大な被害が看過されているのである。

5　計画段階でのアセスの欠如

東京都アセス条例（一一条一項）は、計画段階環境影響評価の対象となる事業については、その計画策定の段階で、実施場所、対象地域、規模などの異なる複数の計画案を検討することを規定している。しかし二km未満に係る事業はその対象でないとして約一・四kmの小平道路は、代替案の検討がされていない。

しかし、小平道路は、南側に接続している国分寺道路（約二・五km）と連続、一体の計画であり、いずれも府中街道のバイパスとして「新府中街道」とも表示される。本来、これが一体として計画段階でアセスの対象となり、実施場所、対象地域、規模などの異なる複数の計画案が検討されなければならない。代替案の検討が不可欠なのである。にもかかわらず、本件道路については、その検討がされていない。本件アセスの重大な欠陥であるが、この点も裁判所は問題を看過した。

6 問われる環境アセスのあり方

環境アセスが、道路公害による重大な被害を看過している点については、事業認可、さらには訴訟手続きにおいて、厳格な審査が求められるにもかかわらず、残念ながら国も裁判所も、その役割を果たそうとしていない。

そもそも、都市計画によりもたらされる大気汚染、騒音被害、自然環境などといった住民の被害について、住民側から問題点が指摘された以上、行政側において、その検討、判断の過程を明らかにし、不合理な点のないことを相当の根拠、資料に基づき主張、立証し、説明責任を果たさなければならないはずである。原発問題に関する裁判所の判決では、そのことが明確にされている。ところが、道路問題については、アセスを踏まえて決定された都市計画は適法であることが前提にされてしまっている。裁判所も、「適法」を覆すためには、被害を受ける住民側が「特段の事情」を主張・立証しなければならないと、いわば立場を逆転させてしまう。行政における説明責任のあり方、裁判所における主張立証の構造を抜本的に見直すことが求められている。

第四節　東京都の都市計画道路と旧都市計画法の瑕疵について

ジャーナリスト　山本俊明

1　遅れている？　東京都の道路計画

「東京は道路整備が遅れている。だから都市計画道路を促進しないといけない」と都民は耳が痛いほど聞かされてきた。だがこれは「指標のマジック」ではないのだろうか。

確かに首都圏の環状道路整備率を世界と比較すると、東京首都圏は五〇％前後に過ぎず、ソウルや北京は一〇〇％、パリで八五％と見劣りする。

しかし都道府県別の道路率（面積当たりの道路の占める比率）でみると、東京は八・一三％と大阪の八・一九％に次ぎ全国二位である。

国交省のデータによると、都市計画道路（幹線街路）の整備状況で、「遅れ指標」となる未着手延長は、東京は二九・一％で、愛知の二六・一％、大阪の二四・九％、福岡の三二・九％より著しく劣っているわけではない。首都圏でむしろ遅れが目立つのは、千葉四〇・一％、神奈川三五・六％、埼玉三二・一％だ。東京都だけが「遅れている」とは言えないのだ。

同省は、将来の少子高齢化と財政事情のひっ迫化を見据えて、都市計画道路計画の見直しを都道府県に求めている。(注1)

ところが東京都は見直し作業(「中間まとめ」)、対象延長五四五キロ分)をほぼ完了したものの、廃止はわずか五キロ、再検討は三〇キロにすぎず、ほとんど変更する気がない。これは他の自治体と比べても異常な状況だ。都は既定の計画通り、道路をどんどん作り続ける方針だ。

2 異常な道路作り

東京都は、年間約三〇〇〇億円(区・市町村は四〇〇〇億円)という巨額予算を投じて道路をなぜ作りたいのか。

都都市整備局によると、都市計画道路の完成率は区部六五・六%、多摩地域六一・五%で、全体では六三・九%。

同局は今後について「①増大する交通需要に整備が追い付いていない、②都心を中心に道路の渋滞が慢性化、多くの問題を生じさせている」ので、交通渋滞を緩和し、都市活動を支えるために放射・環状、東西・南北のバランスの取れた道路整備を進める、と総括している。

こうした大方針を実現するため、東京都は、一〇年ごとに優先する道路事業化計画を立案している。その考えを知る手がかりは、二〇一六年三月に公表された「東京における都市計画道路の整備方針(第四次事業化計画)」にある。「総論」にあたる第1章を見てみよう。

日本全体では少子高齢化で人口減になるものの、東京は例外で二〇二〇年に一三三六万人でピークとなるものの、三〇年後の二〇五〇年も一二四二万人でそれほど減らないと予想。高齢化は進むが、働き盛りの生産年齢人口は六五％から六〇％にしか縮小しないとみている。そのため「活発な都市活動を維持」する必要がある。また経済のグローバル化に伴い、世界の「都市間競争」（という虚構?・）を意識した都市づくりをぶち上げている。「環状メガロポリス構造」だけでなく、リニア新幹線で東京・名古屋・大阪をつなぎ一体の巨大経済圏とする「スーパーリージョナル構想」も背景にあるだろう。

一方、直下型地震対策の木密住宅の不燃化対策は、整備方針とは別枠（「特定整備路線」と称する）で、言及されている。(注2)

これらの考えに基づき、整備方針は道路ネットワークについて、一五項目の検証を行い、四次優先整備路線（二〇一六〜二〇二五年、計三二〇路線、延長二二六キロ）が決定された、としている。

筆者は、都市工学の専門家ではないので、技術的な論点は詳しくない。しかし整備方針に書かれていない重大な「欠陥」を指摘しておきたい。

(1)東京一極集中の旧思考

新型コロナウイルスのパンデミック（世界的大流行）により、密集度の高い大都市の危険性・脆弱性が改めて浮き彫りとなった。加えて直下型地震への備えも必要だ。東京にすべてを集中させる旧思考ではなく、政治のチカラで、首都圏から大企業の一部本社機能と少なくとも人口の四分の一を地方にシフトすべきである。一極集中を続ける前提が崩れ、「ＮＥＷ　ＮＯＲＭＡＬＣＹ（新常態）」に対応する必要性が生じている。持続的発展が可能な国土総合計画が求められる。都の道路計画も例外で

はない。[注3]

(2)主役不在

整備方針には、都市の生活者・働く者≒市民（公民）という「主役」が全く登場しない。都の検討会議の構成メンバーも、専門家と称する人々と、区部・多摩地域の自治体の担当者だけ。背後では、臨海部や都心で大規模再開発を進めるデベロッパー（天下り先でもある）や財界など圧力団体との協議もあるはずなのに。

(3)形式的制度

一応、パブリックオピニオンという「都民からご意見聴取します」という制度はあるにはある。しかし、四次事業化計画が公表される前に行われたパブリックオピニオンでは、意見表明件数で半数を占めた。小金井市の道路計画では九〇％を超える反対の声があっても民意は完全に無視されている。

整備方針の最大の欠陥は、欧米先進国で当たり前の「民主主義的な道路作り」の手法・視点が欠如していることだ。

3 「明治か江戸時代」の思考の産物

道路は公共事業のチャンピオンであり、問題は地方自治（都政）の在り方の根幹に関わる。

多摩地区小金井市の街路計画を例にとる。この計画は、一九六二年に当時の建設相（現国交相）が決定し、官報で公布されたことになっている（傍線は筆者。問題点は後述）。

根拠法は、明治憲法下で出来た旧都市計画法（一九一九年）。同法は都市計画決定に当たって、三つの手続きを課している。（A）都市計画審議会の議決など内部手続き、（B）所管大臣（当時は内務相、戦後は建設相）の決定、（C）内閣の認可（以下「三点セット」）。

天皇主権の明治憲法でも「法治主義」の立場から、臣民たる国民から都市計画で土地などの所有権を奪うためには厳格な法律上の手続きが必要だった。ところが太平洋戦争で戦局が悪化する中、東条英機内閣の下で、戦時行政法規の整備が進められ、手続き簡素化が図られた。「許可認可等臨時措置法」（以下、臨時措置法）の誕生だ。

臨時措置法以降は、（B）と（C）を省略し、極端な場合は内務省などの課長決済でOKになった。

戦時（戦後直後の混乱期を含め）であり、やむを得なかった側面はある。問題は一九四七年五月に日本国憲法が施行されて以降も、「戦争遂行」のための臨時措置法が、生き延びたことだ。

道路関係では、一九六八年に新都市計画法に切り替わるまで、行政が旧都市計画法の「三点セット」のしばりを外して、自由主義を逸脱した臨時措置法を使い「決定」したことにした。小金井や周辺の小平でも、（C）の内閣認可は存在しない。（A）の内部決裁文書も建設省都市局長以下の補助機関の押捺があるだけだ。

ジャーナリストの太田候一氏の努力により、戦後、都下の多くの都市計画が「三点セット」のしばりを免れていることが明るみにでた。現在、都内各地で提訴されている道路建設の事業認可取り消し訴訟で一大争点となっている。（注4）

4 違憲の疑い濃い臨時措置法

臨時措置法が法曹・学界で問題となったのは、道路や都市計画とは関係がない鉄道料金をめぐる裁判だった（一九八二年「近鉄特急料金訴訟」大阪地裁判決）。近鉄の特急料金が、許認可権を有する主務大臣（運輸大臣）ではなく、陸運局長の認可で改訂されたのは、違法との利用者（原告）の訴えに対し、被告（近鉄側）が臨時措置法が有効であるから違法ではないと反論。地裁は、臨時措置法が失効しているとして原告勝訴の判断を下した。しかし高裁、最高裁は原告適格がないというロジックで門前払いした。上級裁は事の大きさに判断を回避したと推測される。(注5)

実は臨時措置法が「問題視」されたのは、ずっと前の一九六七年の国会だ。テーマは外環道。当時は大気汚染や騒音などで自動車優先が社会問題化していた。日本社会党議員が外環道計画の決定が戦時の臨時措置法によるのはおかしいと追及すると、政府委員は「（臨時措置法は現在も）合法的だということで、内閣の認可を得ないですべての都市計画を大臣限りで決めています」と答弁した。「戦争遂行のため」の臨時措置法は有効という立場だ。

鋭い読者は気づかれたと思う。臨時措置法は元々、（C）内閣認可だけでなく（B）の大臣決定も不要としたはずなのに、政府見解では「大臣限りで決めている」とある。

同じ臨時措置法であっても、最高規範である明治憲法と、日本国憲法では縛りの度合いが天地の差ほどもあるということだ。

明治憲法では行政機構の規定はたった二条しかない（第五五、五六条）。国務大臣の責任は、天皇を輔弼することとされた。[注6] しかし日本国憲法では第五章（第六五〜七五条）で行政について細かく規定されている。

第六五条は「行政権は内閣に属する」、第六六条三項「内閣は、行政権の行使について、国会に連帯して責任を負う」と明記された。日本国憲法の下で「大臣の決定」は必須となった（国家行政組織法など）。

行政法上は「行政庁」が問題となる。「国や地方公共団体の意思を最終的に決定し外部に表示する権限を持つものを『行政庁』という」（宇賀同書二頁）。具体的には国務大臣のことだ。臨時措置法が万一有効だったと仮定としても、日本国憲法の下では「行政庁たる担当大臣の決定」が必須となり、各省庁の事務次官以下の「補助機関」では足りないことになった。だからこそ、政府委員は「大臣限り」で決めていると答弁した。

都に話を戻す。戦後の旧都市計画法時代に「決定」された都下の道路計画は、（一）臨時措置法自体が違憲であれば、旧都評価法の「三点セット」がそろわなければ違法か無効、（二）臨時措置法が有効だったとしても、「行政庁としての大臣決定」など適正手続きがなければ無効の疑いがある。

最近、小金井の決定については、当時の大臣決定文書が見当たらないことが判明した。東京都は「（一九六七年：昭和四二年の）官報に掲載」されたことをもって正式決定されたと看做すという立場を表明している。

だが、日本国憲法の下で「官報」を出す際には大臣決定文書が「担保」として存在しなくてはならないのだが、これが確認できない。不存在の疑いが濃い。これは法律上重大な「瑕疵（かし）（＝きず）」であり、「法に基づく行政」を行うべき機関としては絶対あってはならない。

都下では、小平や外環道などその他の道路紛争でも、「三点セット」の不存在が争点となっている。太田氏の尽力で、戦後も「三点セット」で正式に決定した実例が明るみに出た。臨時措置法のルートでも大臣署名が偽物の疑いがあり、相当怪しい事例も判明している。当時の建設省の運用と国会答弁は「ご都合主義」だったのだ。事情を知っているはずの都は「知らぬ半兵衛を決め込んでいる」にすぎない。

臨時措置法の異常さは国会で何度も問題視され、ついに一九九一年（平成三年）に廃止された。つまり臨時措置法は「違憲」であり、同法を適用して決定された都市計画は違法の疑いが濃いと言わざるを得ない。（注7）

5　結論

都市計画が適正になされていない疑いがあるにもかかわらず、都は都民の疑問の声を無視してどんどん道路建設を進める。この異様な行政はどこから来るのか。

一九七〇年代に「市民参加」を提唱した政治学者松下圭一氏によると、日本国憲法は、英思想家ジョン・ロックの「統治二論」に範を置く「ロックモデル」と理解される。根幹には、人民は「所有権（生命・自由・財産）のより良き保全などのために「同意によって共同体に結合する」という価値観（社

会契約論）がある。[注8]

天皇主権の明治憲法は、独プロイセン型の専制君主制を範としたが、行政の主流は「天皇機関説」による国家主権（「国歌高権論」）だった。戦時中、軍部独裁となり、超国家主義的な体制下で「戦争遂行のため」の臨時措置法ができた。

国民主権の日本国憲法に切り替わっても、戦後二〇年以上、役人の思考は旧体制のまま温存され、「天皇機関説が国民機関説へと倒置されただけで、国家主権⇓政治統治の伝統的魔術は崩壊しなかった」（「市民自治の憲法理論」松下）という不可思議な状況が続いた。

「市民の同意」に基づくロックモデルの土壌がなかったので、役人は戦中にできた臨時措置法を廃止せず悪用したのだ。

さらに道路では「超国家主義的な運用」が行使された。

ところが現代の都民（市民）は日本国憲法で育っており、当然ながらロックモデルによる「同意に基づく」都市計画・道路づくりを求めているのに、東京都はそのレベルに達していないようだ。[注9]

典型的なのは、外環道・側道で、欧米の参加手法である「パブリックインボルブメント（ＰＩ）」が試されたケースだ。ここでも東京都の頑なな姿勢がＰＩプロセスの崩壊につながった。

現在、都下で多数の道路紛争が続いているが、市民の不満は「計画に同意がない」ことが最大の理由だ。二〇二〇年一〇月に発生した外環道トンネル工事の真上の道路陥没事故で現場住民は突如「不都合な真実」を突きつけられた。現代の「リバイアサン」、「国家高権」をまとった「道路怪獣」が暴れ回る姿だ。

脚注

注1　二〇一七年七月二七日「都市計画道路の見直しの手引き（総論編）」国土交通省

注2　筆者は木密住宅対策は、住民の「同意」を得てあらゆる方策を用いて進めるべきだと考える。首都圏はプレートが「3・5」も重なった「世界一危険な都市」である。自動車道路だけではなく公園道路も検討すべきだろう。

注3　東京集中への批判は高度成長期から続いたがすべてうまく行かなかった。コロナ渦もあり田中角栄の「日本列島改造論」を再検討するべきだ。市川宏雄の「東京一極集中が日本を救う」は真逆の発想だ。

注4　「東條道路」太田候一。

注5　東京大学の宇賀克也教授（現最高裁判事）の主著「行政法概説Ⅰ」第七版（有斐閣）でも取り上げられている「リーディングケース」である（同書二三頁）。地裁段階で、神戸大学の阿部泰隆教授（当時）が「自治研究」一九八二年二月に「戦時中の行政改革法規＝許可認可等臨時措置法はまだ生きているか」という論文を出して注目された。阿部論文は臨時措置法について、「大東亜戦争遂行のための非常措置」が目的であり、「白紙委任であり、かつ、ナチの授権法と同様に執行権に法律改正を授権する法律」で異常だと位置付けた。

注6　「大臣は君主に対し直接に責任を負い、人民に対し間接に責任を負うなり」伊藤博文「憲法義解」。

注7　詳細については、拙著『僕の街に「道路怪獣」が来た』（緑風出版）を参照されたい。

注8　「市民自治の憲法理論」松下一九七五年。なお「所有権」は最近では「プロパティ」という「生活権」に近い広い概念で把握されている。加藤節「ジョン・ロック」（岩波新書）や、松下氏の「政府二論を読む」（岩波現代文庫）などを参照。

注9　例外は、放射三六号線道路で、拙著第五、六章を参照。

第五節　太郎杉裁判に続く勝利（鞆の浦世界遺産訴訟裁判）

道路全国連事務局長　長谷川茂雄

日本の司法制度の中では、道路や公共事業を裁判によって止めることは非常に難しいというのが現状である。その要因は日本の裁判所（司法制度）が多くの場合、

①訴える権利を事業地の権利者など狭い範囲しか認めていない

②公共事業に関して行政側に巨大な権限（裁量権）[注1]を認めている

③事業で予測される被害を「受忍限度を超えるまではない」

などの判断理由から、事業取り消しや差し止めを認めないからだ。

こんな中で、（国の事業ではないが）広島県と福山市が計画していた鞆の浦地区道路港湾整備事業について、広島地裁が二〇〇九年一〇月一日に公共事業で初めての事業の差し止め判決を言い渡した。判決の中では、事業者である広島県が主張した必要性や効果について「裁量権の範囲を超えている」と判断し、公共事業（≠道路事業取り消し）裁判で裁量権の壁に阻まれ勝てない事案が続いている中で、この鞆の浦判決は全国各地で活動している人々の大きな励ましとなった。

本書にこの事例を取り上げるのは、公共事業で初めての差し止め判決という画期的な判断であるこ

とと併せて、判決の中で裁量権の逸脱という公共事業に関わる行政側の判断にダメを言い渡した数少ない貴重な裁判例だからである。

さて、道路裁判（公共事業に関わる行政訴訟）を考える上で参考にすべき事例として、以下に記す二つの事件（裁判）では事業の取り消し判決があった。

その1 日光太郎杉裁判

裁判によって道路計画を止めた歴史に残る事案としては、一九七三年の「日光太郎杉事件[注2]」がある。これは、栃木県の日光東照宮（徳川家康を神格化した東照大権現を祀る）にある「太郎杉」の伐採を含む県の道路計画に対して、東京高裁が事業の取り消し（正確には土地収用法に基づく採決の取り消し）を命じたものである。判決は次のようなものだ。

「本件事業計画をもって、土地の適正かつ合理的な利用に寄与するものと認められるべきであるとする控訴人建設大臣の判断は、（中略）その裁量判断の方法ないし過程に過誤[注3]があり、これらの過誤がなく、これらの諸点につき正しい判断がなされたとすれば、控訴人建設大臣の判断は異なった結論に到達する可能性があったものと認められる。してみれば、本件事業計画をもって土地の適正かつ合理的な利用に寄与するものと認められるべきであるとする控訴人建設大臣の判断は、その裁量判断の方法ないし過程に過誤があるものとして、違法なものと認めざるをえない。（中略）以上のとおり、控訴人建設大臣のした本件事業認定は土地収用法二〇条三号の要件をみたしていないという違法があるというべきであるから、被控訴人主張の、その余の違法事由についてさらに立ち入って判断するまでもなく、すでにこの点において本件事業認定処分は取消を免れない」

図1　住民のみなさん作成のチラシより

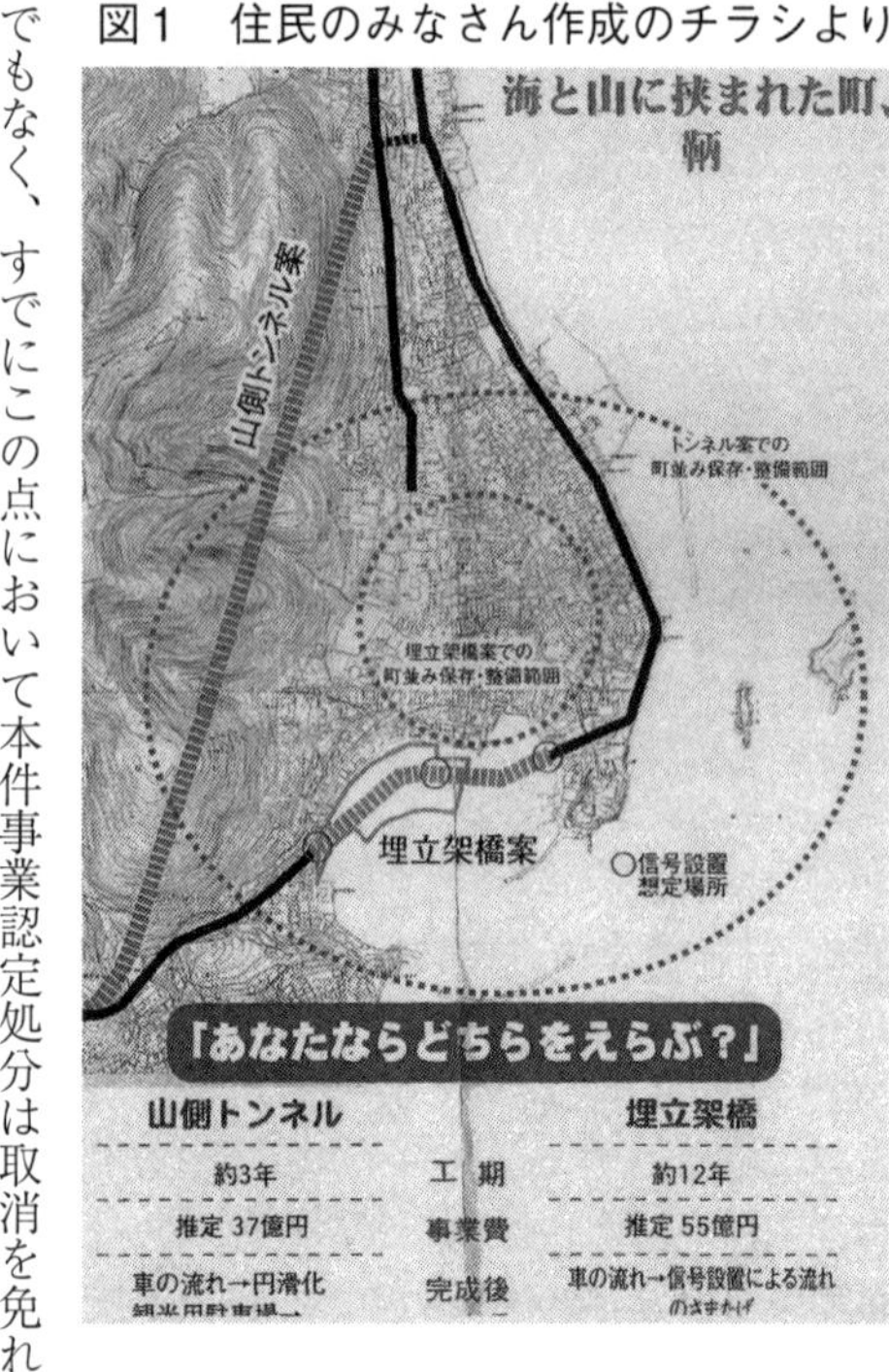

海と山に挟まれた町、
鞆
山側トンネル案
トンネル案での
町並み保存・整備範囲
埋立架橋案での
町並み保存・整備範囲
埋立架橋案
○信号設置
想定場所
「あなたならどちらをえらぶ？」
山側トンネル
埋立架橋
約3年
工期
約12年
推定 37億円
事業費
推定 55億円
車の流れ→円滑化
完成後
車の流れ→信号設置による流れ

その２　圏央道あきる野裁判

その後二〇〇四年に圏央道あきる野(注４)で土地収用法での収用裁決取り消しを求めた裁判で、取り消し判決(注５)があった。しかし、この訴訟の控訴審の高等裁判所では裁判長の判断が翻って、原告住民の敗訴となった。このため収用裁決取り消し判決は確定判決とは成らなかった（詳しくは本書二〇六〜二一二頁を参照下さい）。

鞆の浦訴訟は争点としては土地収用法や事業認定取り消しではないが、広島地裁で二〇〇九年一〇月に原告（住民側）勝訴の判決が言い渡された。裁判は、その後被告である県側が控訴したが実質的な弁論は行われずに（裁判の進行協議という打ち合わせは数回行われた）、二〇一六年に住民側が訴えを取り下げ・県の埋め立て申請の取り下げ表明を受けて裁判が終了し、事業の差止めという地裁判決が確定判決となった。

この訴訟事案を理解するためには鞆の浦という地区の特殊性が大きく影響していると同時に、二〇〇八年に最高裁判断で確定した国立マンション訴訟で話題となった「景観利益」も大事なポイントである。

1 鞆の浦と訴訟の背景

鞆の浦は、万葉歌人の大伴旅人がその風景の美しさを歌に詠んだことでも知られる場所で、千数百年にも渡る港湾都市であると同時に、古来からの景勝地としても有名である。瀬戸内海国立公園の一角でもあり、近年では映画「崖の上のポニョ」のモデルとなった場所でもある。また、鞆港は歴史的・文化的価値のある五つの要素（常夜燈・雁木：がんぎ・波止場・船番所・焚場：たてば）が残されている国内唯一の場所とされている。

このような鞆町（鞆の浦）の観光振興目的で交通事情を解消しようとして計画されたのが鞆港の一部埋め立てを含む架橋計画（鞆地区道路港湾整備事業）であった。賛成派と反対派の攻防の中で計画は途中で何度も凍結されたが、二〇〇四年の市長交代に伴って計画推進が急浮上。広島県と福山市の埋立のために免許申請する動きを鞆町の住民や漁民が知ったことで事態が急変し、その後関係住民が猛反発して埋立免許付与の事前差止を提訴した。

この間、鞆の浦の歴史的・文化的価値に対して、ユネスコの世界遺産登録を諮問するイコモスが鞆の浦を「世界遺産級」と評価し、二〇〇四年～二〇〇八年の総会や専門委員会で架橋計画の中止を求める決議や勧告が計四回出されている。

（その他は後述の表を参照して下さい。福山市のＨＰには一九五〇年～二〇一七年の経緯が公表されている）

2　判決を予感させる出来事や工夫など

この事業の当事者は福山市であるが、県や国が同意しないと埋立免許は取れない。裁判の最中（二〇〇八年六月）に県が国へ埋立免許申請手続きをしたことに対して、国が承認を出さないということが起きた。国側はこの鞆の浦の埋立てを伴う架橋事業に対して市と県の事業を快くは考えていなかったということになる。

裁判を闘う上でも様々な工夫と協力体制が取られた。原告を誰にするかについては、まずは現地の当事者で固め、排水権者に大きく関わる湾の埋立事前の差し止めではあったが、広く鞆町の住民を原告とすることに努力が注がれた。その際に、その前年に判決が言い渡された「景観」を訴訟の柱にすることも工夫された。この景観を柱にするに当たっては、前記でのイコモスでの勧告も大いに影響を与えた。つまり「歴史的・文化的価値」を持つ鞆の浦を最大限、裁判所に理解してもらう裁判にしようという狙いである。

さらに、裁判の進行上でも福山市内という地域だけの取り組みではなく、全国的なネットワークで裁判を支援・進行していくという方法が取られた。現地から遠い全国各地の弁護士や協力的してくれる専門家の方々とは、メーリングリストやＷＥＢサイトで情報共有がされた。

加えて、福山市が依頼した福山コンサルタントの報告書は「歴史的・文化的価値」を持つ鞆の浦の埋立てを強行するには不十分な内容で、訴訟が始まってから弁護団が専門家に詳しく調べて見てもらったら、埋め立てを伴う架橋事業を実施したとしても数分しか渋滞解消効果が無い（朝と夕方に多少の渋滞はあるが整備後でも三分ちょっと遅れるだけ等）ことが判明したのである。

これらの要因が大きく影響して、初めての「公共事業の事前の差し止め」判決が言い渡されたのである。

3　鞆の浦訴訟の主な争点

鞆の浦訴訟の主な争点を次頁の表にまとめた。

表１／原告及び被告　双方の主張

原告主張（住民側）	被告主張（広島県・福山市）
計画によって住民の景観利益や排水権が侵害されるため、原告適格がある。	原告の主張する権利は法的保護に当たらず原告適格は認められない。

計画によって景観に回復困難な被害が出る。取り消し訴訟や執行停止では工事が進行してしまい損害が出る可能性がある。	原告の主張する被害は免許ではなく、免許に基づく工事で発生するものである、計画で人命が脅かされるわけでもなく、取り消し訴訟でも良い内容である。
計画によって歴史的町並みや文化的景観が破壊され、損失は重大である。山側トンネル案も、埋め立て・架橋案と同様に交通事情改善の効果がある。	計画は自然景観の構造を大きく変えるものではなく、景観にも配慮しており損失は小さい。比較検討した結果、埋め立て・架橋案の方が有利である。
埋め立て免許付与で排水権者全員の同意が得られないまま、建設省ないし国土交通省が認めた前例はない。	権利者全員の同意が得られなくとも、工事によって得られる利益の方が大きい場合には法律も例外的に認めている。免許に向けた法手続きは適法である。
埋め立て計画による県営桟橋や船溜り等の港湾設備や駐車場、下水道整備の効果・必要性には疑問がある。	鞆町内の道路事情の改善など、まちの活性化には必要な事業である。また地元住民の大多数が実現を望んでいる。

4　判決の特徴

判決の特徴は大きくいって三点である。

①「景観利益」を国立マンション訴訟最高裁判決より広く認め、景観利益に基づく原告適格を認めた。
②埋め立て免許取得前の時点で重大な損害を認めた。
③鞆地区道路港湾整備事業案の調査や検討が不十分として、事業者である福島市の「裁量権の逸脱」を認定した。

以下、もう少し細かく見てみよう。

◆原告適格（表中のA他）について
◎原告中の排水権については慣習的（直接）排水権者個人と排水権を行使している会館の共有者を原告として認定。一方で漁民については漁協が公有水面について放棄決議を行ったとして棄却。
◎景観利益に基づく原告適格について範囲（○○mの範囲等）こそ明示しなかったが、鞆の浦がある鞆町住民を広く「景観利益を享受している」として原告適格を認めた。
◆景観利益について
◎国立マンション最高裁判断を超えて広く認め（鞆町の住民全て）て、さらに瀬戸内法に関連して景観利益を国民の財産ともいうべき公益と認定。
◆事業の必要性や効果について
◎コンサルタントの不十分な調査や検討だけでは、充分に検討したことにならないとし、裁量権の範囲を超えた違法なものと判断。
◎事業での鞆の浦の景観侵害を認め、景観価値の回復は困難となると判断。
◆付随する事業の効果や必要性について
◎そもそもの事業が不合理であるとして、付随する事業も全て不合理であると判断。
◆事業者の裁量権の範囲や内容について
◎政策判断は慎重になされるべきであり、その拠り所とした調査及び検討が不十分なものであったり、その判断内容が不合理なものである場合には、本件埋立免許は、合理性を欠くものとして、行訴法三七条の四第五項にいう裁量権の範囲を超えた場合に当る。

図２　広報ふくやま2007年７月号「鞆町のまちづくり」特集号から

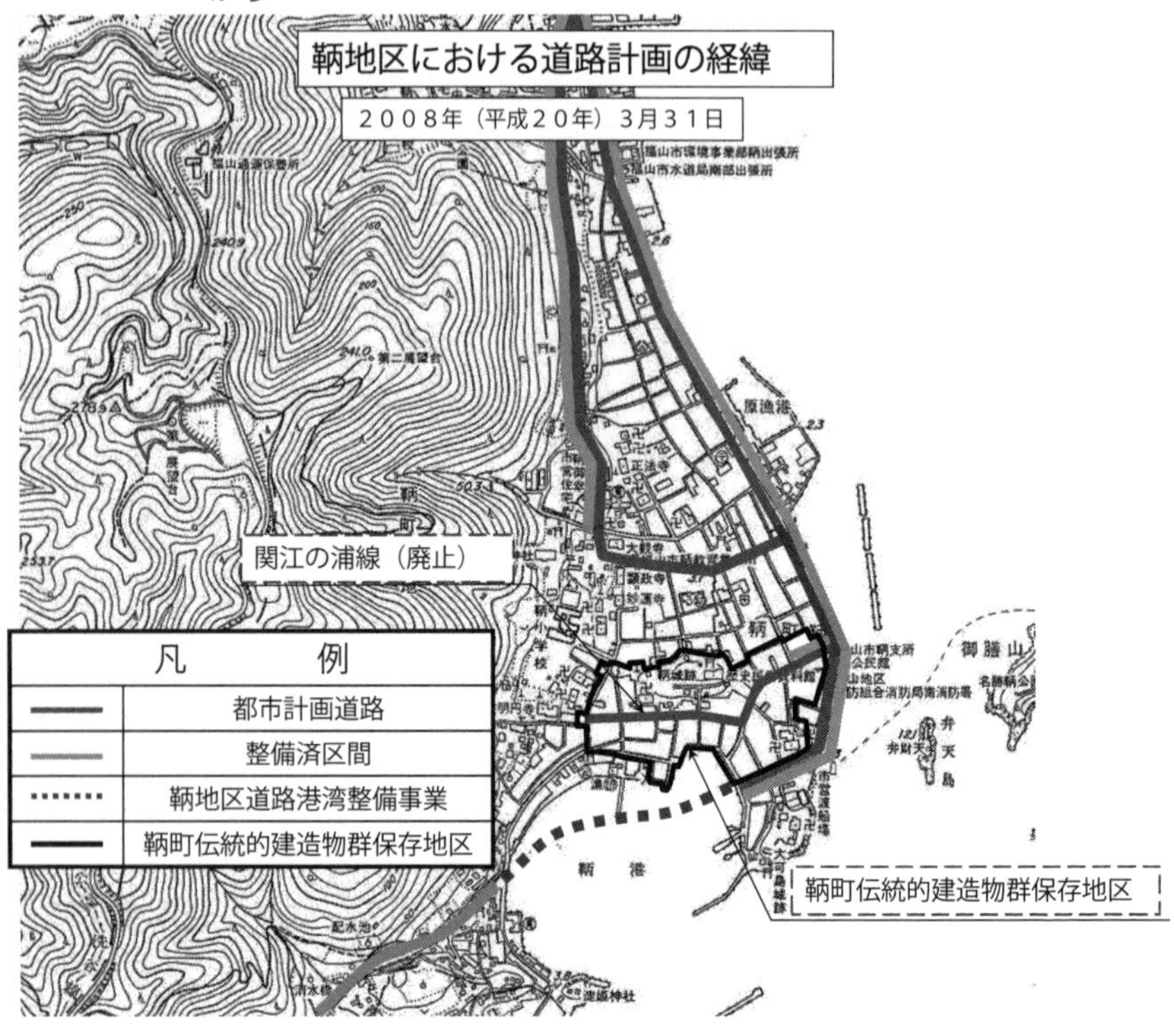

出所：福山市鞆地区道路港湾整備事業を巡る経緯のサイトから2008（平成20）年３月31日より

◆訴えの適法性について

◎行訴法三七条の四第五項(注4)の差し止め訴訟の要件（処分が違法である・重大な損害を生じるおそれ・損害を避けるために他に適当な方法がない）を認定。

5 判決要旨

判決主文（【……】の部分は判決要旨から引用）

【1、景観利益を有すると認められない原告らの各訴えをいずれも却下する。2、広島県知事は、広島県及び福山市に対し、本件公有水面の埋立てを免許する処分をしてはならない】

原告適格について

【3、景観利益に基づく訴え　鞆の景観は、美しい景観であるだけでなく、歴史的、文化的価値を有するものであり、このような鞆の景観に近接する地域内に居住し、その恵沢を日常的に享受している者の景観利益は、私法上の法律関係において、法律上保護に値するものである。そして、公有水面埋立法（以下「公水法」という）及びその関連法規の規定の他、上記の景観利益の性質に照らせば、公水法及びその関連法規は上記の法的保護に値する、鞆の景観を享受する利益をも個別的利益として保護する趣旨を含むものと解せられる。また、鞆町に居住している者は、鞆の景観による恵沢を日常的に享受している者であると推認されるから、行訴法三七条四項第三項所定の法律上の利益を有する者

に当たる。さらに、本件埋立免許がなされれば、上記景観利益について重大な損害を生ずるおそれがあると認められ、これを避けるために他に適当な方法があるともいえない。したがって、上記景観利益を有する者の訴えは適法である】

事案判断の前提・結論

【本案の争点に関する判断（中略）広島県及び福山市（以下「事業者」という）が予定している対策は鞆の景観利益侵害を補填するものとはなり得ない。鞆の景観の価値は、私法上保護されるべき利益であるだけでなく、瀬戸内海における美的景観を構成するものとして、また、文化的、歴史的価値を有する景観として、いわば国民の財産ともいうべき公益である。しかも本件事業が完成した後にこれを復元することはまず不可能となる性質を含むものである。】

【広島県知事が福山コンサルタントの推計結果にのみ依拠して埋立架橋案の道路整備効果を判断をすることは合理性を欠くものといわざるを得ない】

【以上のとおり、事業者らが本件埋立及び架橋を含む本件事業の必要性、公益性の根拠とする各点は、調査、検討が不十分であるか、又は、一定の必要性、合理性は認められたとしても、それのみによって本件埋立それ自体の必要性を肯定することの合理性を欠くものといわざるを得ない。したがって、広島県知事が本件埋立免許をすることは、行訴法三七条の四第五項所定の裁量権の範囲を超えた場合に当るから、主文第二項のとおり、これを差し止めることとする】

事業効果や必要性などについて

【広島県知事が福山コンサルタントの推計結果にのみ依拠して埋立架橋案の道路整備効果を判断をすることは合理性を欠くものといわざるを得ない】（前項と重複）

判断枠組みについて

【本件埋立及びこれに伴う架橋を含む本件事業が鞆の景観に及ぼす影響は、決して軽視出来ない重大なものであり、瀬戸内法等が公益として保護しようとしている景観を侵害するといえるから、これについての政策判断は慎重になされるべきであり、その拠り所とした調査及び検討が不十分なものであったり、その判断内容が不合理なものである場合には、本件埋立免許は、合理性を欠くものとして、行訴法三七条の四第五項にいう裁量権の範囲を超えた場合に当るというべきである】

6　鞆の浦架橋問題の主な経緯

表2　架橋事業を巡る主な出来事

年月日	主な出来事
八三年	鞆地区を東西に結ぶ県道四七号線バイパス計画決定（湾の両岸の埋め立て計画）
九三年一二月	広島県が鞆港四・六haを埋め立て架橋する港湾整備計画を策定
九五年三月	歴史的町並みとの調和を図るとして埋め立て面積を二・三haに縮小
〇三年九月	埋め立て免許に必要な排水権者全員の同意取り付けを福山市が断念、広島県も計画凍結

○五年一月	前年に新市長となった羽田皓氏が国土交通省を訪問し事業推進を要望
○七年三月	映画監督の大林宣彦氏らが計画反対の全国組織を結成。地元反対派住民も統一組織を結成
○七年四月	反対派住民が広島地方裁判所に埋め立て免許差止め訴訟を提訴
○七年五月	広島県と福山市が藤田雄山県知事に埋め立て免許を出願
○七年九月	免許差止め訴訟の原告が、免許の仮差押えを地裁へ申し立て
○八年二月	広島地裁が仮差し止めを却下
○八年六月	広島県が国土交通省に埋め立て認可を申請
○八年一○月	免許差止め訴訟担当の裁判官が現地訪問（現地視察）
○九年一月	金子一義国土交通大臣が、認可には国民合意や反対派住民との対話が必要であると表明
○九年一○月	広島地裁が、景観利益を認め免許差止めを命令（判決）
○九年一一月	イコモス会長が鞆を視察、湯崎英彦県知事が計画見直しを示唆
一二年六月	湯崎知事が架橋計画の中止と山側にトンネルを掘削し道路整備する意向を表明
一六年二月	広島高裁での口頭弁論で、原告側が訴えを取り下げ、広島県は埋め立て免許申請を取り下げる意向を示し、訴訟終結。

【裁判（事件）概要】

・該当地：広島県福山市鞆町（鞆港）
・提訴日：二○○七年四月二四日
・裁判所：広島地方裁判所
・事件名：埋め立て免許差止請求事件
（原告側の訴訟正式名称は：鞆の浦の世界遺産登録を実現する生活・歴史・景観訴訟）
・事件番号：平成一九年（行ウ）第一六号
・原告：一六三名

・被告：広島県（福山市が補助参加申し出）
・判決：二〇〇九年一〇月一日
・最終結論：高裁での弁論法廷はほとんど開かれず二〇一六年二月一五日住民側が訴えを取り下げ、県の埋め立て申請の取り下げ表明を受け、地裁判決が確定。

脚注

注1　裁量権の判断例　小田急高架訴訟最高裁判決：二〇〇六年（平成一八年）一一月二日
【決定する行政庁の広範な裁量にゆだねられているというべきであって、裁判所が都市施設に関する都市計画の決定又は変更の内容の適否を審査するにあたっては、当該決定又は変更が裁量権の行使としてされたことを前提として、その基礎とされた重要な事実に誤認があること等により重要な事実の基礎を欠くこととなる場合、又は、事実に対する評価が明らかに合理性を欠くこと、判断の過程において考慮すべき事情を考慮しないこと等によりその内容が社会通念に照らし著しく妥当性を欠くものと認められる場合に限り、裁量権の範囲を逸脱し又はこれを濫用したものとして違法となるとすべきものと解するのが相当である。】

注2　東京高裁判決：一九七三年七月一三日・行政事件裁判例集二四巻六・七号五三三頁

注3　【本件土地付近の有するかけがいのない諸価値ないし環境の保全という本来最も重視すべきことがらを不当、安易に軽視し、その結果、本件道路がかかえている交通事情を解決するための手段、方法の探究において、尽すべき考慮を尽さなかった」ことが判断の過誤とされた。】

注4　圏央道：正式名称は「首都圏中央連絡自動車道」で、国土交通大臣指定に基づく高規格幹線道路（一般国道四六八号線の自動車専用道路）

注5　東京地裁判決：二〇〇四年四月二二日：東京地裁民事三部：藤山判決。詳細は本書二〇六～二一二頁参照・

判例時報一八五六号三二頁

注6　行政事件訴訟法：第三十七条の四（差止めの訴えの要件）　差止めの訴えは、一定の処分又は裁決がされることにより重大な損害を生ずるおそれがある場合に限り、提起することができる。ただし、その損害を避けるため他に適当な方法があるときは、この限りでない。

五　差止めの訴えが第一項及び第三項に規定する要件に該当する場合において、その差止めの訴えに係る処分又は裁決につき、行政庁がその処分若しくは裁決をすべきでないことがその処分若しくは裁決の根拠となる法令の規定から明らかであると認められ又は行政庁がその処分若しくは裁決をすることがその裁量権の範囲を超え若しくはその濫用となると認められるときは、裁判所は、行政庁がその処分又は裁決をしてはならない旨を命ずる判決をする。

参考文献

・「福山市鞆の浦埋立免許差止め訴訟広島地裁判決の総合的検討」、富井利安、関東学院法学第二〇巻第二号　抜刷　二〇一一年一一月
・「判例研究　鞆の浦景観保全判決」臼井雅子　中央学院大学法学論叢.二三（二）,七二-六二,二〇一〇.
・「鞆の浦世界遺産訴訟における到達点と課題」（講演集）日置雅晴　Law&Practice（早稲田大学大学院法務研究科　臨床法学研究会）No.（二〇一一）
・「鞆の浦を学ぶ　鞆の浦に学ぶ」越智敏裕上智大学准教授（当時）講演記録集、二〇二〇年三鷹三四九号線の会発行冊子

第六節　大深度法は憲法違反——住宅の真下にトンネルいらない

外環ネット

【路線概要】
①路線名：東京外かく環状道路
（関越自動車道新潟線の三鷹市東京都練馬区間、中央自動車道富士吉田線の三鷹市東京都世田谷区間）
②種別：高規格幹線道路
③規格等：第二種第一級　道路幅員（四〇～九八ｍ）：延長一六・二km
④事業者：国土交通省・東日本高速道路株式会社・中日本高速道路会社
⑤当初事業費：一兆二八二〇億円（令和二年再評価時：二兆三五七五億円）

1　高速道路の構造と東京外環道について

高速道路といえばどのような構造がイメージ出来るだろうか。地方や平坦地では地上を走る高速道路が一般的だが、都市部ではコンクリート橋の高架構造が多い。

外環道全体(注1)では、埼玉区間が高架構造、千葉区間は一部が半地下となっている。外環道の東京区間（以下「外環道」）は当初は高架構造で計画された。

その後、「地上の立ち退きを極力少なくする」（石原都知事：当時）という理由で大深度地下[注2]を使用した地下方式に変更された（図1）。このことが後々の大問題の発端となる。この間、住民との話し合いがＰＩ（パブリックインボルブメント）として行われた。しかしこのＰＩは「ゼロ案無し」の事業ありきのものだった（ＰＩについては本誌一二〇～一五一頁を参照下さい）。

2　地下方式についての住民の疑問・不安に真面目に答えない国土交通省

外環道の現在計画は二〇〇七年、地下方式に都市計画変更され、二〇〇九年四月二七日の国土開発幹線自動車道建設会議（国幹会議）で整備路線化が決定した。

大深度地下方式といっても全線の約四〇％は、地表のジャンクション・インター部（立退き）または、地表と大深度トンネルをつなぐランプトンネル部（地下約八ｍから四〇ｍまでの浅深度部）と分岐・合流部（地中拡幅部）であり、それらは、立退きでなく、区分地上権設定区域[注3]である。

沿線住民の反発

トンネルの上に住み続けざるをえない住民、立退対象地域の住民、沿線住民は、東京西部の水源地帯を分断する直径約一六ｍの二本の巨大トンネル計画の外環道について、次のような疑問と質問を事業者へ突きつけてきている。

①外環道の必要性が既に失われている

図１：外環道、東京区間（目白通り～東名高速）図

以前の都市計画
（昭和41年7月決定）
高架構造

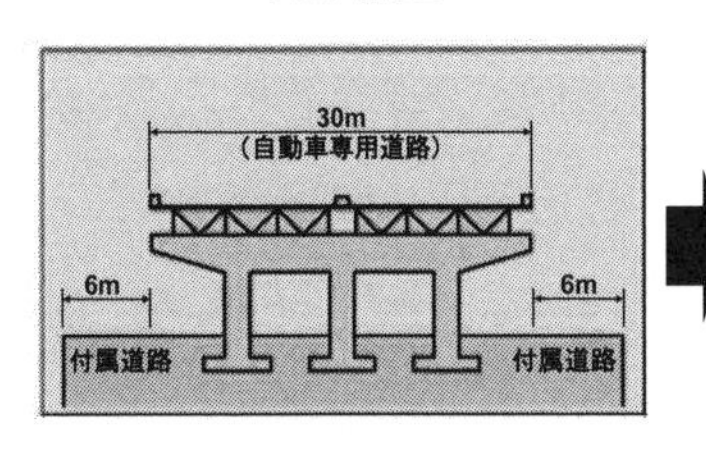

現在の都市計画
（平成19年4月変更）
トンネル構造

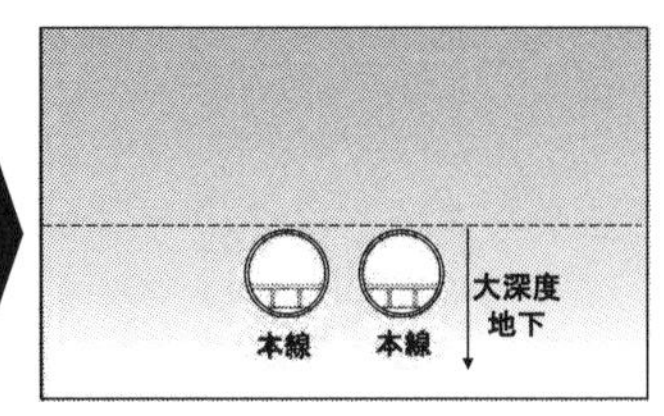

出所：国土交通省関東地方整備局東京外かく環状国道事務所による説明資料
https://www.ktr.mlit.go.jp/gaikan/ext/index20110128.html

②トンネル建設が湧水豊かな自然環境を破壊する蓋然性が高い

③「大深度地下の公共的使用に関する特別措置法」（以下、大深度法）が地権者に無断・無補償で地下四〇m以深を使用できるとするのは民法二〇七条と矛盾している

④住居地域でのトンネル工事は陥没・地盤沈下により住民の生命に直結する危険性がある

⑤ジャンクション、インター周辺では、排気塔からの高濃度排気ガスに汚染される

⑥外環道の予算を東日本大震災復興へ振り向けるべき。事業費約一・六兆円（一m一億円）

しかし事業者からは納得のいく回答を得られない状態が続いている。

異議申し立てと幾つかの裁判

私たち外環ネットは、外環道の数々の場面で法律の規定を最大限活用して、決定に対する異議申し立てや訴訟（支援を含む）を行ってきた。二〇一四年にはそれぞれ一〇〇

表１：異議申立ての年・内容・件数

2014年	大深度地下使用認可（国）に対して	1000件超
2014年	都市計画事業承認（国）に対して	約200件
2014年	都市計画事業認可（ネクスコ東日本と中日本を認可した都）に対して	約200件
2015年	地中拡幅部変更の都市計画事業承認（国）に対して	約200件
2015年	地中拡幅部変更の都市計画事業認可（ネクスコ東日本と中日本を認可した都）に対して	約300件

〇件と二〇〇件を超える異議申し立てを行い、翌年には計画変更[注4]に対しても同様の異議申し立てを行った（表1）。

私たちは前記の国の三つの処分に対する異議申立ての口頭意見陳述で、これらの問題点を次々と指摘した。しかし、国とＮＥＸＣＯ東日本、中日本の事業者側は、二〇一七年二月、東名ＪＣＴ予定地でシールドマシン発進式を強行、トンネル工事を始めた。そして同年七月一一日、国は中立人全員に対し大深度地下使用認可に対する異議申立てを一斉に棄却または却下した。

この間、青梅街道インターチェンジ[注5]取消訴訟や「外環ノ二」[注6]の無効確認や認可取消訴訟など、外環道に関わって幾つもの裁判が起こされていた。

3　国を含む事業者を遂に提訴へ

大深度地下の公共的使用に関する特別措置法（以下「大深度法」）は、大深度地下の公共的使用に関する基本方針（以下「基本方針」）に、事業者の説明責任を規定しているにも拘わらず、事業者はこれを無視して、無補償＝用地交渉不要として、住民とまともに議論しようとしない。事業者に対し、議論の場を設け、情報を公開させる狙いを含め、二〇一七年一二月に一三人の原告で大深度地下使用認可無効確認等を求めて東京地方裁判所に提訴した（「東

表２　外環道関係年表２（2000年以降：これ以前は160～161頁の年表の１を参照）

西暦	主な出来事
2000年5月	**大深度地下の公共的使用に関する特別措置法成立**（2001年施行）
2002年6月	パブリック・インボルブメント方式による話合いの会、PI外環沿線協議会発足
2005年1月	PI外環沿線会議（PI会議）発足
2005年9月	国と都「東京外かく環状道路（関越道～東名高速間）についての考え方」公表
2006年6月	「都市計画変更案」と「環境影響評価準備書」の公告・縦覧（関越道～東名高速）
2007年4月	関越道～東名高速間が地下方式への都市計画変更決定
2008年1月	「第１回東名JCT周辺地域の課題検討会」から地域ごとのPIを順次開催。
2008年10月	**「外環の2」都市計画決定無効確認**（武蔵野訴訟）**提訴** （2015.11 地裁判決、2016.4 高裁判決、2017.1 最高裁棄却）
2009年4月	国と都が「対応の方針」取りまとめ
	国土開発幹線自動車道建設会議（**国幹会議**）で**整備路線化が決定**（4月27日）
2012年2月	倉敷（水島）海底トンネル事故　死者５名
2012年9月	東京外かく環状道路（関越～東名）着工式。住民が抗議行動
2013年3月	**「外環の2」事業認可取消**（練馬訴訟）**提訴** （2017.3地裁判決、2018.2高裁判決、2018.11最高裁棄却）
2014年3月	**外環道大深度地下使用認可**。5月異議申立運動へ（1000件超）
2014年3月	**都市計画事業承認及び認可**。5月異議申立運動へ（約200件）
2014年4月	都市計画法66条説明会（65条 建築制限、67条 先買権、家屋調査）
2014年9月	青梅街道IC取消訴訟提訴（係争中）
2015年3月	**都市計画変更決定（地中拡幅部）**。6月事業変更承認・認可。8月異議申立
2016年11月	地下鉄七隈線工事により博多駅前道路陥没事故
2017年2月	シールド工事説明会で緊急時避難計画策定を事業者が約束。東名JCT発進式
2017年7月	大深度地下使用認可に対する異議申立対する裁決（棄却・却下）
2017年7月	中央JCT南の区分地上権地権者に対して、土地収用法に基づく強制測量実施
2017年8月	横浜環状北線馬場出入口周辺地盤沈下報道。家屋補償説明会開催。
2017年12月	東京**外環道訴訟（大深度地下使用認可無効確認等）提訴**（係争中）。
2018年	東名JCT周辺の野川から酸欠気泡噴出、地表面に地下水流出（5～7月）
2018年7月	国交省「トンネル工事の安全・安心確保の取組み」を公表
2018年12月	北多摩層は空気不使用、東久留米層以北は気泡シールド工法と説明
2019年	事業者へ東名JCT北工事による騒音・振動の苦情が多数寄せられた（1月～）。
2019年1月	大泉JCTシールドマシン発進式。住民が抗議行動
2019年8月	大泉JCT周辺の白子川から酸欠気泡噴出
2020年3月	気泡シールド工法に切替たことにより酸欠気泡が野川（調布市）に噴出。
2020年5月	気泡シールド工法による**工事差止仮処分申立**（係争中）。
2020年10月	大深度トンネル工事直上の調布市住宅街で陥没事故。その後空洞も発見
2021年3月	事業施行期間延伸承認認可（2031年3月31日まで）差止提訴（前年12月）を取消訴訟に

京外環道訴訟」（行政訴訟）。

東京外環道大深度地下使用認可等無効確認等請求事件の請求の趣旨と理由は、以下のとおり。

i　大深度地下使用認可の無効確認・取消し

大深度法法令違憲（憲法二九条違反）、適用違憲（都市計画事業）、認可要件違反

ii　都市計画事業承認・認可の無効確認・取消し

承認・認可要件違反（都市計画法六一条一号「期間の適切性」要件違反）

事業承認認可手続違反（都市計画法六〇条違反、アセスの不適切性）

iii　都市計画事業変更承認・認可の無効確認・取消し

承認・認可要件違反（都市計画法六三条、準用六一条一号「期間の適切性」要件違反）

4　住民の生命・財産に被害が及ぶ外環工事――大深度法は違憲！

土地の所有権とは地上と地下に及ぶというのが民法上の規定ではっきりしているが、大深度法ではこのうち地下四〇m以深について所有権を無視して使用出来るとしている。しかし、そもそも正当な補償も無く勝手に他人の地下を使っても良いのだろうか。

▼補償を欠いた憲法違反の法律

憲法は二九条で、「財産権はこれを侵してはならない」とする一方、「財産権の内容は、公共の福祉

に適合するやうに、法律でこれを定める」とし、「私有財産は、正当な補償の下に、これを公共のために用ひることができる」と規定している。

そこで問題は土地所有権だが、日本の民法二〇七条は「土地の所有権は、法令の制限内において、その土地の上下に及ぶ」と規定している。「上下」というのはどこまでを指すのか、一般的には「上下とも利益の存する限度」と言われている。簡単に言えば、建物や鉄塔を建てる範囲から井戸や資源探索ができる範囲までと言えそうだ。そして「公共の福祉」とどう調和させていくべきかが問われていて、「私有財産を公共のために用いる」ときには「正当な補償」が行われることになっている。所有権が及ぶことを認めた「大深度地下」についても、その利用のためには、「補償」がなければならないはずだ。しかし、大深度法には、補償の規定は一切ない。

「何のための大深度法か、なぜ、憲法違反の疑いを受けるような法案を作ったのか」。関係者たちは、「告白」というより、開き直って次のように言っている。

「この法律をなぜ構想したかというと、用地取得は非常に手間ひまがかかる。権利調整が不要になり、工事期間が短縮できる。さらに用地費がいらないので、コストダウンが可能（注7）」

「『大深度地下利用』はあまり深いところまでは利用されていない民地の地下を公共公益的な目的の施設収納スペースとして無補償で確保できれば、浅深度より高い工事費を払っても十分見合う公共公益事業ができる（注8）」

つまり、「大深度法」は、「用地取得」という難問題をクリアし、しかも無償で土地を使うことで建設費もかえって安くなる、という目的のためだけに作られた法律だったのだ。「特措法」の名で脱法的行為をし、補償の規定を欠いて堂々と憲法違反の法律を成立させる。人権より国家目標を優先させる、自民党政権の姿勢そのものが示されたものだった（傍線は筆者）。

さらに、外環道では大深度法と都市計画法の不整合も発生している。大深度法の制定にあわせて立体都市計画制度(注6)を新設する都市計画法改正が行われたが、都市計画事業とした外環道に、その一一条三項後段の規定を適用しなかったので、都市計画法五三条の建築制限が供用後も永久にかかるという一層深刻な財産権侵害を招いている。

5　トンネル工事の安全神話は全く当てにならない――陥没の危険性

地表の高架構造と違って地下トンネルは地震に強い、シールドトンネルだから事故が起きないなどと事業者側の国は説明するが、大深度法に付属する「基本方針」や「環境保全指針」、「安全確保指針」に適合しているか、環境アセスが適切に行われたか疑わしい。

住民が暮らす地表の下の地層は複雑である。家屋等を支えている軟弱地盤や地下水脈をトンネルで分断すれば、地下水位が変動し、地盤沈下や隆起が起きる。また、トンネル工事で土砂や地下水を取り込み過ぎたり、大量流入が起こるとどうなるか。以下に見るようにシールド工事でも多くの事故が発生し、犠牲者も出ている。

二〇一六年一一月、地下鉄七隈線トンネル工事により福岡市博多駅前大通に三〇m四方、深さ約一五mの巨大陥没事故が発生。土砂がトンネル内に大量流入し、作業員の退避後わずか一五分～二〇分で、この巨大な穴に信号が、街灯が、電柱が、次々に吸い込まれていくテレビ映像は、外環沿線住民の不安を激しく掻き立てた。二〇一七年二月の沿線各地でのシールドマシン発進説明会では、このような事故発生時に、住民は安全に避難できるのか、計画はあるのかと事業者に激しく詰め寄り、完全否定できない事業者に緊急避難計画立案を約束させた。

シールド工事事故は、このほか岡山県倉敷市での海底トンネル水没事故（二〇一二年、作業員五名死亡）、東京都の中央環状道路南品川換気所での本線トンネル崩壊に瀕した事例、横浜市の横浜環状北線馬場出入口工事による周辺住宅地の地盤沈下（四〇〇m離れたところで一三cm沈下）など最近でも発生している。そして、二〇二〇年六月には相鉄・東急直通線の新横浜トンネル工事の真上で、一〇月には調布市の外環道工事現場の真上で陥没事故が発生している。

シールドトンネル工事は、決して安全ではないし、住民を巻き込む可能性も否定できないのである。

6　致死濃度酸欠ガス噴出でトンネル工事停止仮処分申立て

話しは変わるが、過去には圧気工法による酸欠死亡事故が工事箇所から一km以上離れたところでも発生し、酸素欠乏症等防止規則がつくられた。

外環道で事業者は、圧縮空気を使用する気泡シールド工法を用いた掘進をしているが、二〇一八年五月世田谷区の野川、二〇一九年八月練馬区の白子川、二〇二〇年三月調布市の野川と、数度に渡り一呼吸で死に至る超低酸素空気（一・五％～六・四％）を噴出させている。しかし、住民の説明要求に応じないまま工事を続行し、既に約四㎞が掘進されている（二〇二〇年六月現在）。今後、住宅地の地下室や古井戸、床下等に噴出する可能性が極めて大きい。このような暴挙を一刻も早く食い止め、沿線住民の生命・財産を守るため、私たちは二〇二〇年五月、東京地裁に気泡シールド工法による工事停止の仮処分を申請した（民事仮処分）。

7　危惧していたことが現実に！

二〇二〇年一〇月一八日陥没事故発生

トンネル工事への不安がついに現実化した。二〇二〇年一〇月に調布市内で地面の陥没事故が起き、その後いくつもの地下空洞が発見される事態になっている。大深度トンネル上部で起きた今回の事故は、地盤沈下などという軽微な事故ではなく、突然、地面に五ｍ（正確には五ｍ×六ｍ×深さ五ｍ）の大穴が発生するという深刻な事態であり、人的被害こそ無かったが、公共事業の歴史中でも稀有で深刻な事故である（その後に見つかっている地下空洞は、一一月三日：長さ三〇ｍ×幅四ｍ×厚さ三ｍ、一一月二一日：長さ二七ｍ×幅三ｍ×厚さ四ｍ、一月一四日：長さ一〇ｍ×幅四ｍ×厚さ四ｍ）。

前項で指摘した酸欠ガスだけでなく、事故前には異常を示す様々な事象が発生し、騒音・振動、低周波音による健康被害、外壁のひび割れ、外床の亀裂などの家屋被害、更にはマンホール隆起などの異常が頻発しており、周辺住民は幾度もトンネル工事との因果関係の調査や工事中断など要請していたにも拘わらず、事業者らは原因究明や住民の不安や疑問に答えようとせず、住民の安心・安全なくらしよりもトンネル工事を優先した結果が、今回の事態を招いていると言っても過言ではない。

事故後、沿線住民は「いつどこで陥没が発生するかわからない」「自分の家の真下に空洞ができているかもしれない」という恐怖と不安の中での生活を余儀なくされている。当初はトンネル工事との因果関係を認めようとしなかった事業者も、事故から二カ月後の一二月一八日にようやくトンネル工事が事故原因であることを認めたが、いまだに被害を受けた住民などへの補償問題は不明なままである。

外環道工事が原因 認定

トンネル沿い 地盤緩み

最終報告書

調布陥没

東京都調布市の市道が陥没した問題で、東日本高速道路の有識者委員会（委員長＝小泉淳早稲田大名誉教授）は12日、最終報告書を公表し、大深度地下利用法で認可された東京外郭環状道路（外環道）の工事が原因である可能性が高いと認定した。東日本高速は、不動産価値の減少や健康被害についても補償対象とする方針を示した。

不動産・健康被害も補償へ

陥没した東京都調布市の市道（昨年10月18日撮影、本社ヘリから）

大深度地下利用法　都市部の地下深くを活用するため、2001年に施行された。東京、大阪、名古屋圏が対象。地下40メートルより下を「大深度」と定義し、国交相や知事が認可する。認可されれば、土地所有者の同意は不要となる。

リニアに影響か

大深度工事の安全対策 急務

図２（読売新聞2021年２月１３日号）

事故を受けて私たちは、「住宅地陥没！東京外環道路事業・工事の中止を求めます」署名などで全国からの声を集め、事業の即時中止を求めている。更に、法的対抗処置として当初事業期間が二〇二一年三月末までとなっている都市計画事業について、「地上の住宅街に極めて重大な損害を生じさせかねない事業を強行する必要性と公益性はない」として事業期間を延長せずに、工事を今年度末で打ち切

らせるよう求める事業施工期間延伸差止めの追加提訴を二〇二〇年一二月に行っている。(注9)

8 おわりに

憲法二九条の財産権を侵害し、無断・無補償で他人の土地の地下を掘り、使用してよいとする大深度法。その前提である「地表に影響を与えないこと」が致死濃度の酸欠ガス噴出・振動、陥没等により破綻したにもかかわらず、住民に説明責任を果たさずに工事が続く。供用後も陥没や地盤沈下のリスクは残る。トンネルは老朽化して負の遺産になる。住民はその上で命の危険に脅えながら半永久に住み続けなければならない。

東京外環道事業は、財産権侵害、人格権侵害の違憲、違法の「盗掘」事業である。即刻、中止すべきである。大深度法は廃止すべきである。

脚注

注1 外環道全体図は本書三四七頁参照

注2 大深度地下とは、通常利用されない深さ（地下四〇m以深）または、建築物の支持地盤上面から一〇m以深のいずれか深い方の深さの地下。

注3 区分地上権とは、工作物を所有するため、地下または空間について、その上下の範囲を定めて設定される地上権（民法二六九条ノ二）。区分地上権が設定されるまで事業者はトンネルを勝手に掘れない。設定交渉が難航した場合には土地収用法が適用される。一方、大深度地下は無断・無補償で掘られ、交渉の場もな

い。

注4　大深度トンネルとランプトンネルの分岐・合流部の都市計画変更。当初計画は馬蹄形だったが地下四〇m以深の土圧・水圧に耐えられるように直径約三五mの真円形状の構造物に構造変更された。しかし工法が未定で事業期間の変更は無く、都市計画法六一条一号（事業施行期間が適切であること）違反は明らか。

注5　外環道は当初はインターチェンジ二つだけの計画だったが、練馬区のごり押しで「計画に追加された大泉方面だけに通行可能な一方向だけのハーフ・インターチェンジが「青梅街道インターチェンジ」。

注6　図3の目白通り～東八道路の側道計画で、外環本線が地下化された際に都が意図的に残した都市計画道路：東京都施工、幅員四〇m×約九km。当初計画が地下化したのに地上部計画が残っているのは不合理である。

注7　政府広報誌「時の動き」二〇〇〇年七月号、国土庁大都市圏整備局長＝当時＝板倉英則氏

注8　政府広報誌「時の動き」二〇〇〇年七月号、黒川洸・東京工大大学院教授・国土審議会特別委員（当時）

注9　事業施行期間を二〇三一年三月末までに一〇年延伸する都市計画事業の変更が二〇二一年三月末に承認・認可されたことにより、差止訴訟は取消訴訟に変更されている。

参考文献や資料

・『住宅の真下に巨大トンネルはいらない』丸山重威著、あけび書房刊、二〇一八年
・『［検証］大深度地下使用法』平松弘光著、株式会社プログレス刊、二〇一四年
・国土交通省ホームページ「大深度地下利用」　https://www.mlit.go.jp/toshi/daisindo/index.html
・東京外かく環状国道事務所ホームページ　https://www.ktr.mlit.go.jp/gaikan/
・東京外環プロジェクトホームページ　http://tokyo-gaikan-project.com/
・外環ネットホームページ　http://gaikan.net/
・東京外環道訴訟を支える会ブログ　http://nongaikan.sblo.jp/

第4章　あきらめないで闘い続けるということ

第一節　大阪市は市民の生命・財産・環境保全に責任を持て――住民パワー四九年間の奮闘

廣瀬平四郎

1　利便性と自然を求めて入居

私たちが、中津リバーサイド分譲住宅を購入した動機は、大阪市住宅供給公社（以下「公社」と略）が建設・販売する募集パンフレットに示された「大阪駅、梅田に一〇分以内という距離は、まったく都心に等しい場所です。東側が新御堂筋、南側が国鉄貨物線、西側が阪急電鉄、北側が新淀川に囲まれた中津地区（約三〇万㎡）のうち、約五万㎡に今まで例のない一四階建を建設するもので、大阪市の都心高層住区の構想にのっとり、地区の再開発を目指ものです。北側は、新淀川に面しているため広大な空間に恵まれ、通風もよく、眺望も格別かと思われまう。敷地の約三分の一（四〇〇〇坪）もの面積には大緑地帯を計画するほか、もう一部屋あったらと今までの希望される方々のために余裕ある間取りとするため『特殊メゾネット型』としました。この機会に、皆様待望のマイホームの夢を実現して頂くようご期待します」とのキャッチフレーズに惹かれてのことだった。

新淀川は、開削して一〇〇余年、淀川の堤は草花の宝庫となり、広大な葦原（よしはら）は野鳥たちの絶好の繁殖場所で、市民の貴重な憩の都市空間として大人・子供たちに自然の恵みを享受させてくれるだけでなく、日本の渡り鳥の生息地として重要な役割を果たしており、今でも四〇〇〇坪の公園には樹木が生い茂り、四季を通じて多種多様な鳥・昆虫のオアシスになっている。

この都心に存在する稀有の淀川の自然を次世代に手渡すことが私たち住民の責務と自覚して、私たちは住民総ぐるみの運動を行っている。

2　高架道路計画を入居時に突然公表

公社は、一九七一年（昭和四六年）一月末の入居一週間前に初めて高速道路大阪高槻線（高架道路）の計画を入居者に告げた。住民は、公社の無責任な説明に怒りを爆発させ、一九七一年四月二七日中津リバーサイドコーポ（以下「コーポ」と略）住民有志（中熊陽一、小山仁示他三名）が大阪市役所へ高速道路建設反対署名約三〇〇〇筆の陳情書を提出した。

その後五月九日住民二〇〇名がコーポ集会所に集まり「中津コーポ高速道路に反対する会」（以下

「会」と略）を結成（委員長中熊陽一、事務局長小山仁示）し、会の運動方針などを確認した。運動方針は次のとおりである。

1　高速道路建設計画のビラを作成し入居者、沿線住民に配布する。

2　入居者アンケートを実施し、皆さんの考えを集約する。

3　住民総決起大会を五月に開催する。

4　反対する会の会則を作る作業をする。

5　大阪府公害審査会への調停依頼（予測公害発生に対する）を準備する。

6　横断幕、ゼッケン、ポスター、立看板等を製作する。

7　会ニュースを（臨時号を含め）定期的に発行する。

会は、コーポの環境保持の運動体として理事会と表裏一体の関係を保ちながら活動を続け、会発足当初から四〇年間は財源支援も受けていた（二〇一五年まで）。

3　淀川左岸線二期事業のシナリオは国が作成

近畿地方整備局は、阪神高速道路公団と大阪市へ淀川左岸線二期事業[注1]（以下「二期事業」と略」）をスーパー堤防[注2]との一体整備することを都市計画（平成八年三月）決定前に示唆し「暫定スーパー堤防」と「兼用工作物」という方針を指示した。

☆都市計画の考え方は踏襲する。
☆暫定スーパー堤防という形で解釈する方向で進める。希望としては全てスーパー堤防にしたいが時間的に無理、上流・中流・下流で各一カ所をスーパー堤防にする。対外的にスーパー堤防整備が進捗していると理解される状況が必要。
☆全てスーパー堤防にすることが無理な場合、暫定もしくは特殊堤としてみなす。（河川管理施設等構造令一九条の但し書き）
☆スーパー堤防が完成するまでは、兼用工作物（堤防全体が兼用工作物）と認知してもらいたい。道路ができることで堤体を弱めるということではまずい。道路は堤体の一部ということで、安全性（率）は現状維持もしくは向上するということが河川許可条件となる。兼用工作物でなければ堤防定規（2Hルール）を侵すということに対して説明がつかない。

4　公団は二期事業を不採算路線と判断撤退し市は採算度外視で推進

二期事業は二〇〇一年八月に都市再生プロジェクトに位置付けられたものの、阪神高速道路公団は、公団の民営化の論議中に、「民営化後四五年以内の債務返済は困難」と判断し、この事業主体から撤退した。

大阪市は二〇〇六年三月三〇日市議会で阪神高速道路㈱と合併施行方式で建設することを議決し、

同年九月二二日大阪府知事より事業認可を受けた。これに対して、会が質問すると「街路事業は、採算性は度外視して道路を建設する。そして合併施行方式で建設すれば大阪市としては市民負担増にならない。合併施行方式は、国の補助を受け大阪市が街路事業（都市高速大阪市道）として本体部分を建設し、阪神高速道路㈱が約一〇四億円を負担して料金所、道路舗装、電気・通信・信号設備、柵、防音壁等を建設し、有料高速道路として維持、管理・運営を行う事業である」という回答をした。

5　河川堤体の技術的諸課題を自主的に検討

その後二期事業については、技術検討委員会（平成二三年五月〜平成二八年三月末まで七回開催。委員は学識経験者、事務局は近畿地方整備局、大阪市、阪神高速道路（株）で構成）が開催された。

議事録が非公開とされたので、会では開示請求で議事録を取り寄せ、専門家機関である「国土問題研究会」に内容の検討を依頼したところ「地震時は勿論、常時においても堤防の安全性に重大な問題あり。道路建設の根幹は安全で公害を発生させないことが最重要で、問題点を市民に公開し、安全性を確保させる取り組みを進める必要がある」との回答を得た。

6　都計審が都市計画変更および延伸部都市計画を決定

大阪市都市計画審議会は二期事業と淀川左岸線延伸部の都市計画変更を非公開で決定する（二〇一

六年一〇月）という暴挙で市に追随した。非公開の元でも会の代表は都計審で次のような意見を主張した。

淀川左岸線（二期）関連の都市計画変更案について（意見要旨）

1　東行き開口部三〇〇mのトンネル化については、通常のトンネル規模から緊急時の安全対策上問題なしと指摘し、自動車排ガスの拡散による環境への影響、地震時における津波などによる水没の危険性があるので、従来から全面蓋かけを求めてきた。換気設備の性能・技術の向上と変更理由を述べているが、当初計画案との違いを明らかにされたい。

2　換気所数の変更（削減）については、堤防上に三換気所を設置する件については、液状化による堤防崩壊の観点から危険と指摘していたが、変更理由を排ガス規制強化、換気計画の見直し、換気方法の変更だけで二カ所に集約するとの説明では不十分である。換気方式については、削減計画でトンネルの断面縮小でダクトスペースを廃止したためではなかったか。

3　延伸部換気所との合築については、周辺住民の生活健康破壊を招く危険性が予測され近隣住民として認めがたい。特に説明会では、大型車の混入率を四〇パーセント想定し、延伸部から斜度四パーセントの急こう配で接続する際の、大型車のデーゼル排ガス処理についての万全の対策を説明されたい。

〈伸部都市計画案について〉

1　大深度工法は、断層に極めて弱いといわれている。今回の計画案では、新御堂筋〜長柄橋間に

図２　淀川左岸線（２期）・淀川南岸線完成イメージパース

出所：国土交通省淀川対策事務所資料より https://www-1.kkr.mlit.go.jp/yodogawa/activity/comit/sagansen/nb3uba00000043qf-att/01sagansen3.pdf

上町断層が縦断し、その断層を横断して計画される危険極まりないものである。安全・安心が担保されているのかを説明されたい。

２　地下水の流通阻害、残土処分、災害・事故時安全避難対策について説明を求める。

７　堤防の安全性を確保するために

大阪市と近畿地方整備局は、二期事業についての再検討を二〇一一年から始めたが、課題と安全対策については十分解明されていなかった。会は前記の国土問題研究会に検討・分析を委託し、大阪府公害審査会調停委員会等で問題点を指摘した。

調停と大阪市協議を重ねる中「海老江～新御堂筋（国道四二三号）間の淀川左岸堤防の液状化が、震度の強さによって発生すると想定されているのか。左岸線二期事業への影響の有無についてどのように考えているのか」との質問に対し、大阪市建設局長（近畿地方整備局へ照会）は、「淀川左岸は地震による液状化によって、堤防が沈下すると想定しています」と二〇一二年八月九日付けで回答し、会の指摘を認めるに至った。

8　黒塗り議事録を全面公開させ審議経過の全容を解明

二期事業の技術検討委員会の議事録が非公開であることは前記で述べたが、会は市と国を相手に議事録の公開を求めて裁判を提訴した。

裁判では大阪地裁・大阪高裁敗訴、最高裁へ上申書提出、市の情報公開審査会へ「異議申し立て」を行い、審査会会長は大阪市長へ「開示が妥当」の答申が出され市長はほぼ全面開示した。それを受けて最高裁へ上告受理申立理由補充書を提出、最高裁は上告を棄却し、地裁・高裁の判決を取り消し実質勝訴となった。裁判と審査会への異議申し立ての取り組みは、中津コーポ弁護団（井上・岡本・中島・荒木・河本弁護士）との綿密な援助と指導がキーポイントとなった。

9　淀川の現状と二期事業の問題点

1　河川の堤防内に高速道路を埋め込んで建設された事例は、日本国内は勿論国外でも存在しない初めての建設事例である。

2　堤防の安全基準や高速道路の安全基準は、国土交通省で定めているが、高速道路と河川堤防とが一体となった構造物の安全・施工基準は存在しないと国土交通省は認めている。堤防は他用途と供用するものでない。

3　二期事業が建設される新淀川は、堤防の地質が均一ではない。人工的につくられた川であり、堤防に使用された土砂や石について採取地が不明である。

4　スーパー堤防を前提に二期事業は計画されているが、この区間は民家が集中しスーパー堤防化が困難なため、スーパー堤防の暫定形で一体化整備を計画しているので、長期的には堤防の安定がたもたれない。

5　大阪市民約二七四万人強が生活している市内は、上町台地を除いて、天井川である大和川と淀川に挟まれた地形で、その上に大規模な地下街や地下鉄、私鉄の地下路線が存在しており、このような条件のもとに二期の工事中または供用中に、南海トラフ巨大地震、直下型地震が発生すれば堤防は液状化し、遡上した津波により、堤防内の構造物と堤防の間に亀裂が生じ、堤防が決壊し、都市機能の壊滅や市民の生命財産が失われる可能性が想定される。

10　河川法による許可　大阪万博開催で工期二年前倒し

大阪市・阪神高速道路（株）が淀川左岸線建設のため河川法に基づく許可申請書を二〇一七年（平成二九年）一一月二二日近畿地方整備局長へ提出し、翌年三月一六日に許可が決定されたが、会では前記の二者に対して情報の告知などを再三申し入れていたにも拘わらず、この申請と許可については一切黙秘を決め込み、ホームページに掲載するとの電話連絡だけだった。

事業者二者は、その後計画区間の約四・三㎞を三区間に分けて二〇二七年三月末（令和八年度）完成予定で本格着工した。会は、これまで通り安全・安心・快適な居住環境の中で生活できるように、事業者には工事前、工事中に発生する課題の対応を求めている。この拙速な工事着工には二〇二五年に開催される大阪万博があることは明白で、当初の完成が万博開催で二年前倒しされている。

11　南海トラフ地震で淀川左岸線2期全区間堤防液状化の恐れ

南海トラフ地震の発生時は、二期事業地域の全域が液状化の可能性が極めて高いことが、大阪府発表の南海トラフ地震による被害想定で公表されているが、技術検討報告書は、堤防の液状化について軽微で津波による被害はないと影響を過小評価している。
地盤改良工事についての大阪市の回答（大阪市協議二〇一八年八月六日）は、次のようなものであった
「道路トンネルの基礎部分に実施する地盤改良については、技術検討報告書に基づき、液状化対策であるサンドコンパクション工法、圧密沈下対策であるサンドドレーン工法の二種類の改良を行うこととなっております。一定の工事区間ごとに、サンドドレーン工法とサンドコンパクション工法の地盤改良を実施し、地盤改良後にプレロード盛土（載荷盛土）を載せ約六カ月間圧密沈下促進を行い、

圧密沈下が概ね終了後、道路トンネルの構築に入ります。なお、道路トンネルは西行き、東行きを一体に構築します」

また津波・浸水対策についての大阪市の回答（大阪市協議二〇一八年八月六日）も次のようなものだった。

「淀川左岸線（二期）事業に関する技術検討報告書では、洪水や津波の発生により、道路トンネル周辺の水位が上がると、浮力により道路トンネルが浮き上がる場合があるため、掘割、高架部などから道路トンネル内へ浸水させることにより、浮き上がりを防止することとなっております。なお、道路トンネル内の浸水時の利用者の避難や通行止め、トンネル施設の復旧等運用計画を事業者にて検討することとなっております」

会では、二期事業地域で津波・浸水が生じた場合、地下水位は大きく変位し、道路ボックスが浮き上がる可能性があり大変危険と指摘しているが、市の回答は市民の生命財産を重視する対応を想定しておらず、今後も粘り強い追及が欠かせないと痛感している。

土壌汚染の発覚と事業費一・六倍化

二〇二〇年一一月に事業地内で土壌汚染の深刻な実態が露呈し、関西圏では大きなニュースとして報道された。この土壌汚染対策費として、この年の六月八日には国交省近畿地方整備局への当初予算が約七五六億円増額され、このことが大阪市の松井一郎市長には七月二二日に報告された。この事業は大阪市と阪神高速道路㈱の合併施行（国五五％、市四五％）だが、土壌汚染対策の事業費増加で当初事業費は一・六倍になる見通しとなった（現在の総事業費は二〇一三億円）。

この問題発覚に対して、「中津リバーサイドコーポ環境を守る会」と「淀川河畔に公害道路はいらない福島区民連絡会」が連名で大阪市に対して質問書を送付し、汚染土壌による健康被害の有無や安全・安心な今後の対策を求めている

脚注

注1　淀川左岸線二期　事業者：大阪市・阪神高速道路（株）〔事業区間：此花区高見一丁目～北区豊崎六丁目、延長・幅員：延長約四・三km、幅員約二五m、道路構造：本体（地下構造約三・九km）四車線、ランプ部（掘割構造・高架構造）、当初計画の総事業費約一三一〇億円（現在総事業費は約二〇一三億円）、二〇二七年四月供用開始〕。一九九六年三月都市計画決定、二〇〇六年三月国土交通大臣が阪神高速道路（株）に対し事業認可、二〇〇六年九月知事の都市計画事業認可、二〇一六年一〇月都市計画変更変更・淀川左岸線延伸部都市計画決定

注2　スーパー堤防とは、従来の堤体の幅に比べ宅地側の土地を三〇倍程度の幅で盛り上げて堤防を作り、堤防が洪水や地震の液状化現象によっても壊れないようにしたもの。スーパー堤防では通常の堤防に比べて広い範囲に渡って土地が高くなっているのが分かる。

スーパー堤防は高規格堤防と呼ばれることもあるが、どちらも同じ意味である。一般的に治水の基本は水位の低下であり、河道の掘削や堤防の整備が行われるが、大雨などにより計画を上回る水量が河川で発生する可能性は常にあり、超過洪水により堤防の決壊する可能性は捨てきれない。そのためにスーパー堤防によって洪水が発生する可能性を低くする、または仮に洪水が発生しても被害が少なくするようにすることが期待される。特に大都市で洪水が発生すると被害が甚大になることから、東京・大阪などの五水系六河川（利根川水系利根川・江戸川、荒川、多摩川、淀川、大和川）で、スーパー堤防の計画・整備が進められている。

第二節　事業者の住民無視の態度とどう闘うか

福山バイパスと区画整理を考える会　迫川龍雄

【路線概要】
①路線名：福山道路（南環状線）地域高規格道路
②幅員等：一九・五km　計画延長一六・五km（設計速度八〇km／h）この内二・〇km（ICを含むと二・四km）が幹線道路多治米川口線併設部（住宅密集地を通る）で幅員は計六〇・〇m
③事業者：国土交通省（福山道路）及び福山市（多治米川口線）
④当初事業費：一七〇〇億円

1　福山道路の概要

福山道路は、一九九四年一二月に制定された道路で、岡山県倉敷市から広島県福山市を結ぶ五四km「倉敷福山道路」の内、笠岡市茂平から福山市赤坂町までの一六・五kmの高規格道路である。

工事費は一七〇〇億円（一m当たり一〇〇〇万円）で、その内二・四kmが住宅密集地を通り、立ち退き軒数は四三四軒（福山市調査）にもなる。しかし、地元住民の反対により、未だに事業化の目処は立っていない。

二〇一九年一一月に赤坂町（赤坂バイパス）から瀬戸町長和ＩＣ三・三km（第一期工事）の起工式が行われ、早くも一二月に「土地収用法に基づく事業説明会」が、広島県が事業者の「福山沼隈道路」と共に強行された。

2　国土交通省の住民無視の態度

二〇一五年一二月福山道路予定ルートに古代から中世時代の遺跡が多く発見された。

この遺跡は「地頭分溝渕遺跡（じとうぶみぞぶち）」で、西日本最大級と言われる「草戸千軒町遺跡」との関連あると言われており、国土交通省福山事務所（以下国交省福山とする）と福山市に対し、遺跡の現況保存を申し入れた。

しかし、国交省福山は、「記録を保存して埋める」と言及、道路建設のためなら平気で貴重な遺跡を埋める、「正にお宝は土の中に眠る」である。

二〇一六年一一月「不要不急の福山道路は直ちに中止せよ」と国土交通省中国地方整備局に申し入れをした。

この申し入れに対し、国交省福山から三カ月も経って回答があったが、内容は「住民無視・公害被害無視」の回答で、二〇一四年一月の広島国道二号の「騒音訴訟」で受忍限度を超えるとした広島高裁の判決を、「個別具体に判断したものである」とし、判決を無視した。

二〇一七年七月に、先の回答は誠意も無く、住民無視も甚だしいとして、国交省福山に抗議も兼ねて要請を行った（参加者二〇名）。

これに対し国交省福山は「国道二号はラッシュ時以外の時間帯も渋滞が発生している。福山道路は、国道二号の慢性的渋滞の解消にも必要な道路」との同じ回答に終始する。また「赤坂バイパスから瀬戸町長和ＩＣ間三・三㎞の「設計協議の一方的な打ち切りは容認出来ない、納得のいく説明をせよ」と抗議を行ったが、「十分説明を行った」として、私たちの切実な要請を退けた。正に「道路ありき」の態度である。

二〇一八年六月、国交省福山に「慢性的渋滞」の内容を中心に再度の申し入れを行い、誠意ある回答を強く求めた（参加者二三名）。

二〇一九年一月、国交省福山のまったく誠意の無い同じ回答と説明の繰り返しに対し、納得がいかないので、質問書を提出、抗議を行った（参加者一四名）。

二〇一九年五月、質問書に対する回答があり、話し合いを持った（参加者二〇名）。

この話し合いに国交省福山は、個人情報を理由にマスコミの取材を拒否、私たちはこれに激しく抗議し、同席を認めさせた（ただ残念なことにマスコミはこの事を報道しなかった）。

話し合いの場で、当局は、「朝夕ばかりでなく、慢性的渋滞がある」との見解から、「日中も渋滞している時がある」と内容を変えた。

二〇一九年八月、国交省福山と再度の話し合いを持つ（参加者三〇名）。

図１　福山バイパス位置図

出所：出典：国土交通省中国地方整備局福山河川国道事務所より
http://www.cgr.mlit.go.jp/fukuyama/road/fukuyama/outline.html

福山道路建設の理由である「朝夕ばかりでなく、慢性的な渋滞がある」の根拠が無くなったとの私たちの追及に、国交省福山は「朝夕のピーク時以外も、日中も混んでいる時がある状況が、期間として長く続いている状況」と開き直った。正に自分たちの都合のいいように内容を誤魔化す発言である。

「住宅密集地になぜ通すのか」の質問に対しても当局は、「関係法令との整合性を図りながら、安全性・経済性を総合的に検討して決定した」と答えたが、どのように検討をしたのかに対しては、「関係者の理解をいただきながら進めて行く」と訳の分からない答弁に終始した。

二〇一九年八月、国土交通省本省に「福山事務所に誠意のある回答をするよう」に要望書を提出。

その時に本省との話で明らかになったことは、渋滞損失時間を計算するための調査区間（岩足橋北詰交差点〜明神町交差点八・七km間）が、二〇一六年までは三区間に分けていたものを、二〇一七年から四区間に増やし、調査位置を変更したという事実であった。それは渋滞損失時間のワーストランキングの順位が年々下がってきていたものを変えるためと推察し、国交省福山に質問した。これについて「本省が決めたことで、区間の変更についてはこちらでは分からない」と回答。しかし本省は「福山事務所の変更案を採用したもので、区間の地名についてはこちらでは分からない」と答えた。国交省福山事務所は私たちに虚偽の回答をしたことになる。

また新聞で度々報道している国道二号の「渋滞ランキング表」のランク付けの矛盾点を追及、本省に「確かに議論はある」と認めさせ、今後これを使用しないように求めた。

二〇二〇年二月に代表者四名で国交省福山に質問書を提出するも、未だに回答がない。

3　福山市のホームページ「ぶち混むふくやまの道路事情」に抗議して

二〇一九年九月、福山市長に対し、市民を煽る「ぶち混ふくやまの道路事情」の記事に抗議、また二〇一七年三月に発足した「国道二号福山道路整備促進期成同盟会」（福山市・市議会・商工会議所の三組織トップで結成）が、頻繁に東京に提言活動を行っていることがわかり、福山市の市長なら市民の意見を聞くように求め、公開質問状を手渡した。その後、報道機関との記者会見を行う（参加者九名）。

二〇二〇年一月、福山市の回答を基に話し合いを行う（参加者一三名）。

住宅密集地を通る「福山道路と関連施設」は幅六〇ｍにもなる。「地域を分断し、住民の生活を壊し、

図2　道路位置イメージ

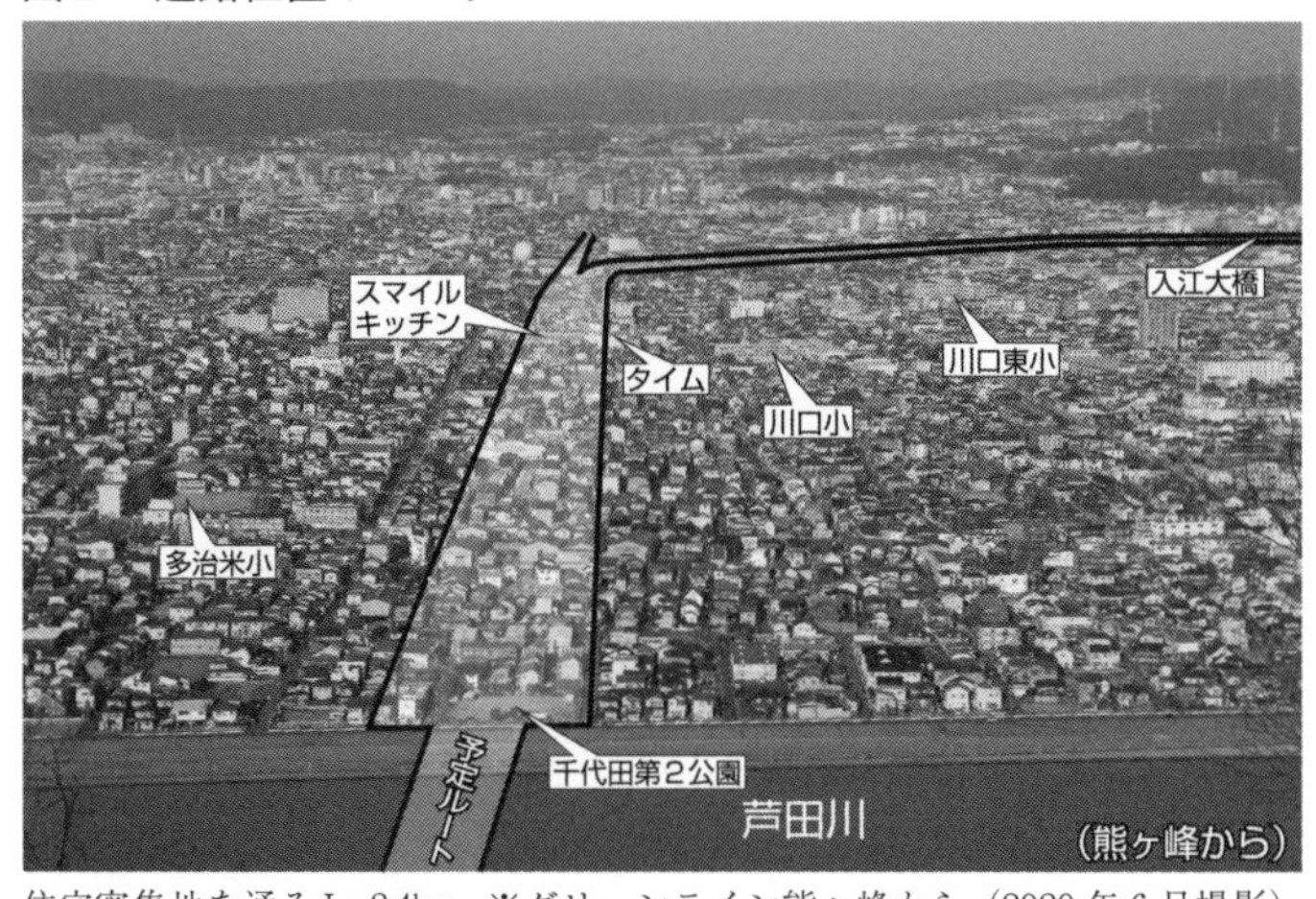

住宅密集地を通るL=2.4km　※グリーンライン熊ヶ峰から（2020年6月撮影）

まちを壊す「大型道路」を、なぜ福山市が推進するのか。また信号の無い道路をどうやって歩行者、特に子供や高齢の方が横断するのかの追及に、福山市は曖昧な答えに終始、まともに答えることが出来なかった。

最後に、二〇一九年一〇月の総会にお招きをした、上岡直見先生のデータを基に車の流れを追及、福山市としてのデータを出すことを約束させた。

4　他の道路団体との連帯と独自の運動

二〇一七年三月に福山道路の予定ルートにあたる「住宅密集地」二・四kmを中心に「子や孫に住みよいまちをのこしたい」をテーマに、現状を知らせるビラ九〇〇〇枚を配布し、新会員二名を迎えた。

二〇一八年一月に「福山道路・福山西環状線等を考える瀬戸町住民の会」が国道二号の渋滞緩和のため、粘り強く要請していた、赤坂バイパス東口交差点の右折車線の拡幅工事が完成した。この拡幅により、かなりの渋滞が緩和した。交差点の部分改良でも、渋滞が緩和することが明らかになった。

二〇一九年一一月の「福山道路」三・三km（赤坂バイパスから瀬戸町長和ＩＣ）の起工式の会場入り口で、「瀬戸町住民の会」と共にプラカードを持ち、抗議のスタンディングを行った（参加者一八名）。

5　事業者の住民無視の態度とどう闘うか

二〇一九年一二月に国交省福山と広島県は、突然「土地収用法に基づく事業説明会」を開催した。この日は、この冬一番の寒さであったにも拘らず、会場の体育館では暖房設備の用意もしていなかった。

当然多くの出席者が、ストーブの設置をするように迫ったが、当局はこれを無視して説明会を始めた。出席者の中には、多くの高齢の方が居られるにも拘らずである。

しかも、自分たちの説明に時間をかけ、出席者からの質問には曖昧な回答を繰り返し、一時間で説明会を打ち切った。

出席者の多くは納得がいかないとして、再度の説明会を要求したが「これで終わりです」を繰り返すばかりで、最後には裏口から逃げるように立ち去った。

私たち三団体「福山道路等の地権者トラストの会」「福山道路・西環状線等を考える瀬戸町住民の会」「福山バイパスと区画整理を考える会」は後日これを不服とし、国交省福山に対し抗議を行ったが、当局は「法律に則って行っているもので再度の事業説明会は行わない」を繰り返すばかりであった。
この「土地収用法」に掛けられた土地や家屋は、先祖から受け継がれたものであり、到底同意は出来ないとして、がんばっておられる二軒（当初は一四軒が反対をしていた）が含まれており、九九名が所有している「トラスト地」もある。

二〇二〇年十二月、全国でコロナ感染症の第三波が急拡大している時に、国交省は突然、土地収用法に基づく公聴会を、私たち三団体の中止要求を無視して強行した。福山道路への連絡道の工事説明会は中止したにも拘わらずである。

三団体は三日間で二一名が大型道路予算は災害対策やコロナ対策へ回すべきことや、現道の拡幅や信号機のＡＩ化の対案も提示し、人口減少の中、無駄で有害な大型道路は要らないことを主張した。

図3　道路計画位置図

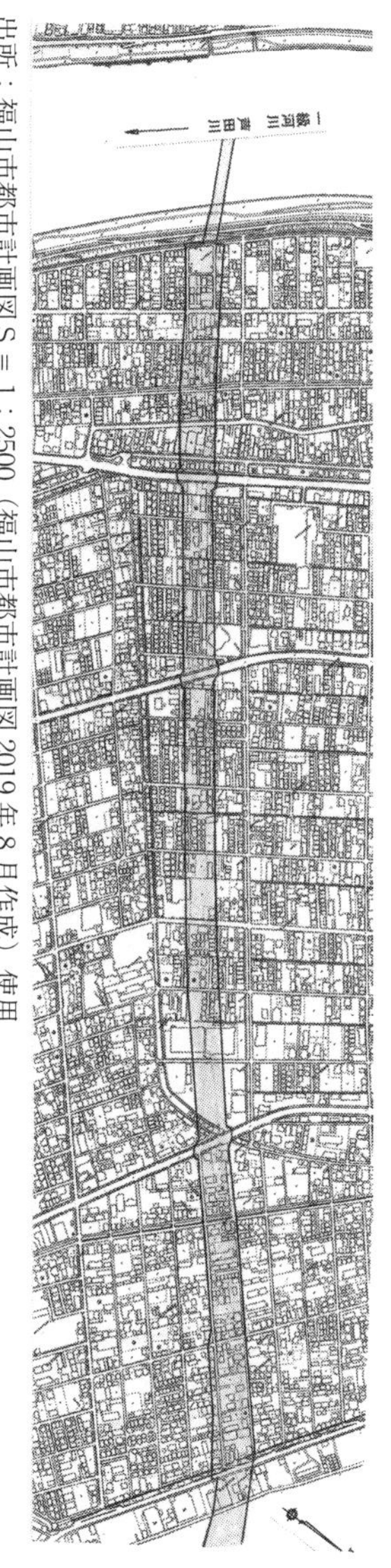

出所：福山市都市計画図Ｓ＝１：2500（福山市都市計画図2019年8月作成）使用

今後、この三・六km（土地収用法の事業説明会で三・三kmが変わる）をなんとしても守らなければならない。しかし、工事はすでに始まっており、また高齢化も進み、どこまで抵抗できるか先が見えないのが現状である。

なお、この三・六kmは、二〇〇一年に事業化されたが、地元住民の粘り強い反対運動により、二〇年経った今も開通の見通しは立っていない。

今後事業者と闘うには、今までの経験を活かし、学習をして知恵を付け、弁護士や道路全国連の知恵を借りて、理解ある議員と共に連帯し、何度でも事業者と交渉をするしかないように思う。そして、沿線住民から全市民の問題にどう広げるかである。

大切なのは、決して諦めず、粘り強い運動をすることである。

第三節　市川市における自治体ぐるみの外環反対運動

市川市松戸市外環連合　高柳俊暢

【路線概要】
①路線名：高速道路　東京外かく環状道路（三郷南IC～高谷IC）
国道二九八号（松戸市小山～市川市高谷）

②種　別：高規格幹線道路
　一般国道
③規格等：高速部　第二種第一級　道路幅員（六〇m・国道部分を含む）延長約二〇km
　国道部　第四種第一級　延長一二・一km
④事業者：国土交通省・東日本高速道路株式会社
⑤事業費：高速部一兆五五六億円（平成三〇年度事業再評価時）
　国道部　五六三五億円

市川市内一〇kmと松戸市内二kmで構成される外環道（東京外郭環状道路）千葉県区間は、計画に反対する住民の五〇年近くにもおよぶ運動にもかかわらず、二〇一八年六月に供用開始となった。

事業者である国と東日本高速道路会社はこの道路建設に一兆二一〇〇億円もの事業費を投入した。静かだった住宅地から四〇〇〇戸にもおよぶ住宅が立ち退かされ、半地下スリット構造の高速自動車専用道路四車線と平面構造を基本とする一般国道四車線が造られ、街は一変した。既に一日一〇万台ものクルマが行き来している。中でも東京湾岸地域と行き来する大型車の通行が目立つ。外環で道路状況が改善されたのは外環と平行する一部の道路のみで、市内全体では外環に接続する道路を中心に交通量状況が悪化した。その状況を端的に示すのが交通事故の増加である。千葉県警で集計された市川市内の交通事故発生件数は、外環供用前の二〇一七年が九一〇件、供用開始後の二〇一九年が一一四七件で、二三七件増、率にして実に二六パーセントもの増加である。

一時は住民とともに反対し、「百害あって一利なし」としていた市川市の議会や行政が何故このような道路を受け入れる方向に変わって行ってしまったのかを反対運動の発端から振り返ることにする。

1　住民がまったく知らないうちに計画決定された道路

外環道路の千葉県内での都市計画決定は一九六九年（昭和四四）五月であった。しかしこの都市計画決定はその後、旧法とよばれるようになった戦前（制定は大正八年）の都市計画法に基づくもので、事前の説明会や計画案の縦覧といったこともなく、住民はまったく何も知らされない中での決定であった。

実はこの前年の一九六八年（昭和四三）六月には現在の都市計画法にあたる「新法」が既に制定されていた。しかし新法は制定から施行までには一年間の猶予期間がおかれ、千葉県内の外環道路計画は、この猶予期間の終わる直前に「駆け込み決定」されたのである。背景には当時「新全総」と呼ばれた第二次全国総合開発計画の決定があった。国はその中に東名、中央など、東京と全国をつなぐ高速道路や新幹線とともに外環を位置づけ、面倒な手続きが要らない旧法のもとで決定してしまいたかったのである。

2　「驚き」と「怒り」が住民のパワーを生む

住民が外環計画を知ったのは計画決定から二年後の一九七一年である。この年の六月、国道部の事業を担当する建設省（当時）首都国道事務所が、道路法に基づき道路の区域を決定する立ち入り測量をすることになり、市川市、松戸市の市議会での説明に続き、先ず松戸市内から説明会を開いた。

住民はこの説明会で、計画されている道路が、高速道路（当時は高架構造）と一般道路の二階建てで、道路幅は四〇メートルであることを告げられる。今では、この程度の道路は珍しくないようになったが、当時は初めて聞かされるようなマンモス道路であった。この道路を造ることになれば、たくさんの住民が立ち退かされることはすぐわかった。立ち退きだけでなく、住み慣れた街が分断されること、騒音や大気汚染を心配する声もあがった。なによりそんな道路が住民の知らないうちに決められていたことに住民の怒りが爆発した。

説明にあたった国の担当官は何も答えることは出来ず、七カ所で行われた説明会の最後に「住民が納得するまで測量は行わない」と約束せざるを得なかった。市川市の住民の中には松戸市内の状況を伝え聞き、説明会に参加した人たちもいたし、首都国道事務所の市議会での説明後、地元の市議会議員から話を聴いたり、市役所の都市計画課で確認する住民も出てきた。そして各地で報告集会や学習会が開かれ、道路計画への反対運動がまたたくまに広がった。「自分たちの何も知らないまま、とんでもない道路計画が決められた」という驚き、怒りが住民パワーとなって爆発したのである。

3　反対運動を一つにまとめた住民組織の外環連合

住民の反対運動が、市川、松戸の市議会、千葉県議会での「凍結、再検討」さらに進んで「計画反

表1　千葉外環道年表（主な出来事）

1969年5月	昭和44年	外環千葉県・埼玉県区間都市計画決定
12月		一般国道部を国道298号と指定（政令280号）
1971年6月	昭和46年	道路法に基づく立ち入り測量の説明会が松戸市内で開かれる
		市川市議会が「外環計画の凍結・再検討」の請願を採択
7月		松戸市議会が「外環計画の凍結・再検討」の請願を採択
		千葉県議会が「外環計画の凍結・再検討」の請願を採択
12月		市川市内の6地区と松戸市内の住民組織で外環連合を結成
1972年6月	昭和47年	国会衆参両院で「外環計画再検討」の請願を採択
7月		市川市長「外環建設派不可能」と計画返上を表明
10月		市川市議会が外環反対請願を採択。市議会としての決議も行う
1973年3月	昭和48年	国会衆議院建設委員会で金丸建設大臣が「住民と自治体が反対ならば外環はやめるべき」と答弁
5月		建設省が国道298号東京都葛飾区～千葉県市川市区間の工事開始を告示
11月		千葉県議会が外環反対の請願を採択
1975年7月	昭和50年	市川市議会に外環反対特別委員会が設置される。市、議会、住民三者による市川市外環反対協議会発足
9月		千葉県知事が建設大臣あてに「外環のルートと構造の再検討」を文書で要請
		松戸市議会が外環反対請願を採択
1977年7月	昭和52年	建設省が市街地の高速部を半地下スリット構造とする案を県に提示。この案に市川市は直ちに反対を表明。知事に案の返上を要請。
1978年3月	昭和53年	千葉県知事は建設省に対し「更なる抜本的再検討」を要請。ただし松戸市が要望した国道6号から葛飾区の一般国道部を国道以南と切り離す条件で容認。
1985年10月	昭和60年	千葉県議会が外環道路の進展を求める決議を行う
1987年10月	昭和62年	建設省が高速部を半地下スリット構造とするとともに、一般部に側道、環境施設帯を設ける変更案を県に提示。県は市川、松戸両市に検討を要請
		市川市長が検討案を白紙の立場で検討を表明。市議会は外環反対特別委員会を外環対策特別委員会に変更
1993年6月	平成5年	市川市長が変更案受け入れを表明
1996年12月	平成8年	構造変更案を都市計画決定
2018年6月	平成30年	外環千葉県区間供用開始

対」の請願採択、市長や知事の国への「計画撤回」あるいは「計画の抜本的見直し」要請などと成果を上げていく過程は年表（二九七頁）の通りである。

このように反対運動が大きく前進出来たのは、当初、松戸市、市川市の各地区で立ち上がった住民が「市川市松戸市東京外郭環状道路対策協議会連合（外環連合）」という組織にまとまることができた（一九七一年一一月）ことが大きいと思われる。千葉県内の外環道路路線は前述のように市川市、松戸市一二キロにおよぶものであり、その中には戦前からの住宅地もあれば、戦後すぐに生まれた住宅地で農家なども多い地域や、高度経済成長期のもとでつくられた新しい住宅地もあり、歴史や環境、年齢構成も違う地域の集まりであった。そうした市川市内の六地区と松戸市内の運動体が「計画の白紙撤回、超党派の運動、住民主体」という三原則のもとにひとつにまとまったことで、市議会や県議会で多数を占めていた保守系議員も外環反対に動かざるを得なかったのである。

4　自治体ぐるみの「外環反対」を実現

市や県が「計画の凍結」さらには「計画反対」を国に申し入れても、国は計画を進める姿勢を変えなかった。それが端的に示されたのは一九七三年（昭和四八）五月に道路法に基づき建設大臣名で出された、外環一般国道部（国道二九八号）の工事を開始する旨の告示であった。当時の建設大臣は金丸信大臣で、実はその二カ月前の三月には衆議院建設委員会での質疑で「住民だけでなく自治体も反対ならば道路建設はやめるべきだ」と答弁したばかりだった背景もあり、告示の衝撃は大きかった。

図1　自治体ぐるみの反対運動を伝える広報「いちかわ」

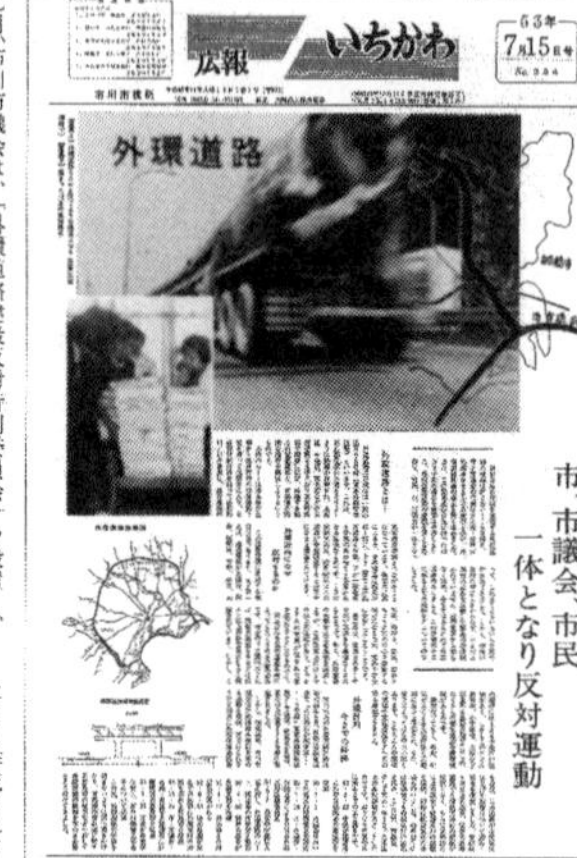
第5章　産業の変容と都市基盤整備

〔5-4-4〕外環道路のあらましと外環計画の経緯を伝える広報
（『広報いちかわ』324号、1978年7月15日付）

七月、市川市議会は、「外環道路建設反対特別委員会」を設置し、同月、市川市外環問題審議会（市）・外環道路建設反対特別委員会（市議会）・外環連合（住民）の三者による「市川市外環反対協議会」が発足した。

一九七五年七月、市長は三木内閣総理大臣に外環計画撤回を求める意見書を提出、九月にはそれに対し、事業の実施にあたっては環境保全に十分配慮し、関係者の理解を得て行うよう建設大臣に申し入れを行った旨、回答が寄せられた。同年九月、市川市は『市川市におよぼす外環道路の影響に関する報告書』を作成し、建設省・国土庁（当時）・大蔵省（同）・千葉県・東京都・埼玉県などに送付し、市民に向けては内容を要約したものを『広報いちかわ』の号外として配布した。また一九七七年には、この報告書の追録となる『外環道路建設反対関連資料』が市・市議会・外環連合の三者により作成されている。

市川の住民や団体のすべてが外環道路建設に反対していたわけではなかった。臨海部の埋立地に進出した企業による市川港開発協議会は、一九七五年十一月、外環道路のうち京葉道路〜湾岸道路間の建設促進についての願書を市長に提出している。根強い反対運動により外環道路の建設は膠着状態となって

この告示が出されたことだけでは、事業が大きく進むことにはならず、私たちは、まだ外環について「凍結・再検討」の段階に止まっていた千葉県議会に「外環反対」の請願を採択させ、県議会としての態度を明確にさせることとなり、結果的に国は具体的な動きに出られなくなった。

しかし国の動きを警戒する住民の中からは「市が反対ならば、それをもっと具体的な行動に出して安心させて欲しい」という声があがった。こうした声を踏まえて外環連合は市川市長に対し「市内各

所に市川市の名前で外環反対の看板を出す」、「立ち退き、地域分断、環境への影響など市として外環に反対する根拠を具体的なデータで示せる報告書をまとめる」、「報告書の内容を国や県、外環路線の他の自治体に説明し理解を求める。市の広報によって市民にも広く伝える」などを内容とする要望書を提出する。また市川市議会には住民、行政と連携して外環計画の撤回を実現するための委員会「外環反対特別委員会」の設置を要望する（これらが実現するのは一九七五年［昭和五五］になってからである）。

市には関係各部を集めた「市川市外環問題協議会」がつくられ、市議会の「外環反対特別委員会」、住民の「外環連合」との三者で「市川市外環反対協議会」を発足させる。この協議会は住民が市や市議会と完全に対等な形で外環反対運動の進め方について話し合う場であり、文字通り自治体ぐるみの反対運動となった。

5 「外環白紙撤回」から「白紙で検討」へ

市川市で自治体ぐるみの反対運動が展開されても、埼玉県内の外環建設は進んだ。埼玉県内で外環建設が進むことを背景に、国は千葉県への働きかけを強めるようになる。千葉県は「半島性からの脱却」をスローガンに東京湾横断道路の建設を国に求めていたため、国はそれを実現させる条件として千葉県が外環の促進に変わることを求めた。

多くの県では土木部長や道路建設課長など、土木行政を担当する幹部は建設省（現在では国土交通省）から派遣され、国の人事で動いている。千葉県もそうした県の一つである。国の意向を受け、土木部幹部が県議会自民党を根回しした結果、一九八五年（昭和六〇）一〇月「外環道路計画の進展を求める決議」が県議会で可決されてしまう。決議に反対する住民に対し、自民党県連の副幹事長は「決議は知事が求めている、外環計画の抜本的な再検討に対し、国が早く回答するよう求める『外環問題の進展』であり、『促進』ではない」と説明したが、国としてはこれで十分だった。

図２　市川市が受け入れに態度変更後の広報「いちかわ」

[5-4-7] 国道部暫定2車線の開通を伝える広報

広報 いちかわ

外環いよいよ市川へ

国道部暫定2車線が開通

（『広報いちかわ』1342号、2009年5月15日付）

二年後の一九八七年（昭和六二）一〇月、この決議に応える形で、国は外環道路の構造変更案を県に提示する。提示された案は「市街地通過部分の高速部を半地下（掘割り）スリット構造とする」「一般国道部の両側を一〇メートル拡げ、副道（地域のためとする道路）、環境対策のための植樹帯などを設ける」というものであった。市川、松戸の両市は県からこの構造変更案を検討するよう求められた。実は高速部を部分的に高架から半地下構造とする変更案は一九七七年（昭和五二）に「事務段階の案」として、既に国から県に示されていたものであった。この時、市川市では前述の外環反対協議会の場で「立ち退きや地域分断という問題を解決しない」「大気汚染など環境面でも問題が残る」という見解で住民、議会、行政の三者が一致し、あくまで計画の撤回を県や国に伝えていた。

新しく国が示した案は、「環境対策」の名のもとに道路幅が広がり、立ち退きや地域分断を一層大きくするもので、市川市の姿勢が一貫していれば到底受け入られないはずのものであった。

しかし市は「知事の正式な要請であり、検討せざるを得ない。検討する以上、検討案には賛成でも反対でもない白紙の立場で検討する」と、それまでの外環計画の「白紙撤回」から「白紙で検討」へと大きな方針の変更をしてしまう。市議会も「外環反対特別委員会」の看板を「外環道路対策特別委員会」に書き換えてしまう。

6 市の方針変更をもたらした根拠の薄い分析結果

市川市の方針変更の背景には、埼玉県内で外環の建設が進んだことに加え、松戸市が国道六号の江戸川架橋での交通混雑を理由に、国道六号から江戸川を渡り、東京都の葛飾区に入る新たな道路として、国道六号以北一キロ余りの外環一般国道部の建設を要望し、県も「国道六号以南の松戸、市川の区間とは切り離して」という条件で、国に建設を要望していたことがある。「外環は松戸まで出来る。そうすれば新たに市内に入ってくる交通量（一日三万台程度と市は試算していた）を現状の市川の道路ではさばけなくなる」という考え方を、都市計画部局などが表明するようになっていた。

国道六号は松戸から水戸方面に向かう国道（水戸街道）で、外環の一般国道部が埼玉から国道六号まで出来たとしても、それで市川市内に入ってくるクルマが大きく増えるという分析は的外れであった。このような分析結果が出てきたのは「松戸市までが外環を受け入れたら市川市は孤立して、外環以外の道路や再開発まで国や県の支援が得られなくなる」という関係部局の国や県にすり寄る姿勢から出たものだった。

7 市の計画受け入れ後の反対運動を担った「外環反対連絡会」

根拠の薄い理由でも、一度、方針転換した市や議会をもとの「外環反対」に戻すことは難しかった。国は「待ってました」というように、湾岸地域の企業を促して「外環促進」の声を上げさせるとともに、計画路線内の住民の不安をあおり、「どうせ道路ができるなら早く引っ越したい」という声をあげさせる。それでも市や市議会が国の示した構造変更案を受け入れると結論するまでには六年間を要した。さらにこの案に基づき、外環の都市計画変更決定をするまでにさらに三年を要した。しかも計画決定の過程で国が行った環境影響予測に対しては、審査にあたった千葉県環境影響評価審査会が多くの不備や問題点を指摘する厳しい意見を知事に答申した。

この間の反対運動はそれまでの外環連合に加え、市内の環境保護や民主運動に携わる幅広い運動体からなる「外環反対連絡会」という体制で行われた。外環反対連絡会はその後も千葉県環境影響審査会の指摘した環境影響評価の不備や問題点を根拠に、千葉県公害審査会への調停申請、最終的には東京地裁への「外環の供用開始差し止め」の仮処分申立など、最後まであきらめない反対運動を続けた。

付記：ＮＨＫは一九七六年に外環連合（市川市松戸市外環道路対策協議会連合）を中心とした外環反対運動を取材し、中学校教科「公民」向け番組として教育テレビで放映しました。今回、ＤＶＤに返還することができ、広くみなさんに見て頂ける形になりました。

https://youtu.be/二HYvsbuk05Q　（その一）

https://youtu.be/Oy九ayyLG5BA　（その二）

ＹｏｕＴｕｂｅサイトで「千葉外環道　明日の市民・公害のないまちをめざして」で検索して下さい。

第5章　住民側からの提案で事業計画を変える試み

第一節　アセスに最新の知見と技術を提案

横浜環状道路（圏央道）対策連絡協議会

【路線概要】
①路線名：圏央道（首都圏中央連絡自動車道）（高速横浜環状南線：金沢区釜利谷町～戸塚区汲沢町）
②種別：高規格幹線道路（一般国道四八六号の自動車専用道路）
③規格等：釜利谷ＪＣＴ～戸塚ＩＣ間・延長八・九km　種級区分：第一種第三級（完成六車線）
④事業者：国土交通省・東日本高速道路株式会社
⑤事業費：五七四〇億円（令和二年再評価時）

二〇一一年春、横浜環状道路対策連絡協議会（連協）永田元部長は、ネクスコ東日本㈱（圏央道）を相手取って紛争調停を提議する事を提案した。横浜環状道路南線（以下横環南線という）沿線は、横浜市の円海山の近郊緑地であり、起伏に富んだ地形で、多くの谷戸がある。谷戸では逆転層が頻発し汚染物質が滞留しやすい。現状でも、小児喘息の罹患率が高く、大気汚染が懸念され、精緻な予測による公害防止処置が必要と考えられた。

大気現象の予測には、コンピュータの発達で三次元流体モデルが常識となっているが、(注1)事業者はこの地域の大気汚染予測に、平坦な草地や砂地での予測に使われる簡単なプルーム・パフモデルを使用し続けている。これでは正しく大気汚染予測はできない（全国の他の道路事業でも同様である）。

同年八月三一日、連協は、横環南線に係る大気環境影響評価に、精度の高い三次元流体モデルを使うべきだとして、神奈川県に対して公害調停を申請した。平成二三年第二号事件である。

調停は、調停委員の前で、申請人（一般には公害被害者）と被申請人（一般には事業者）が主張を述べ、調停委員が双方の折り合いを付けようとするもので、三者が集まる会議を「期日」という。第一回の調停期日は、二〇一一年一〇月二五日に開かれた。調停期日には三人の調停委員が座り、脇に神奈川県の大気水質課の二人が事務局として控え、その前に、申請人と被申請人が対峙した。

期日が始まると、申請人の意見を聞くので被申請人は控室で待つようにと言う委員長の指示があり、被申請人は別室に移動した。逆に、被申請人が論述する時は、申請人は退席させられた。このスタイルは十数回続いたが、科学的ディスカッションにおいて、この様なやり方はすこぶる効率が悪い。技術や法律の議論をした経験のある者ならだれでも分かる。申請人からの申し出で、このスタイルは改善され、この調停の後半では、申請人と被申請人が、調停委員の前で議論する事が認められた。

1　プルームモデルと三次元流体モデル

横環南線には、笠間と公田の二カ所に換気所があり（以下、公田換気所について述べる）、トンネル内の排気ガスを大気放出する計画である。排気ガスは換気所から放出されると風によって移動していく。図1は、空気の流れ（風）が地形に影響されることを表現した模索図である。小さな四角はその部分の風の強さと向きを表す。実際の空間では小さな四角は立方体となり、地形に沿って排気ガスの流れが分かる。これが三次元流体モデルである（このような風の流れは最近では天気予報でも表示されるようになった）。

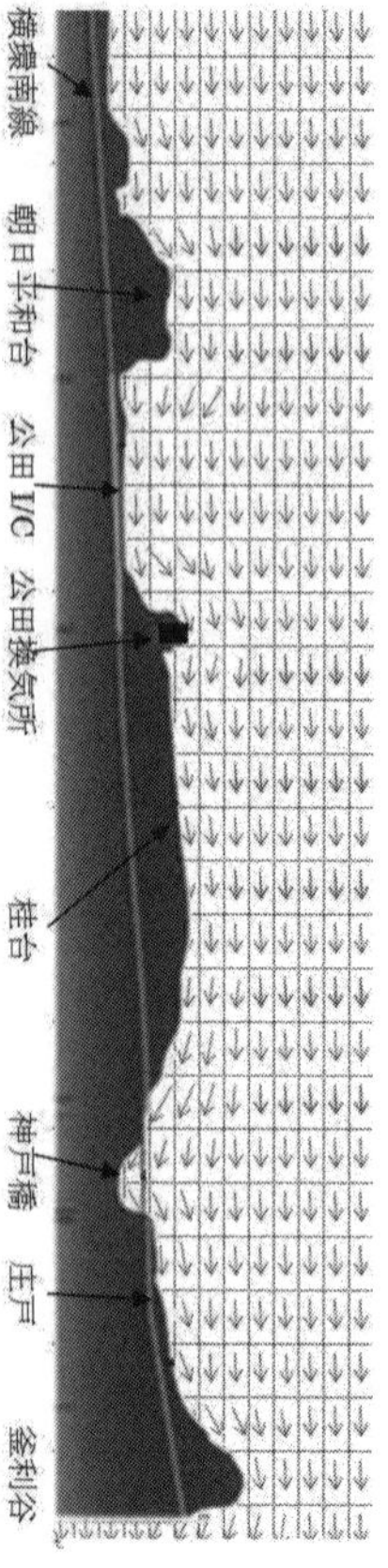

図1　三次元液体モデルの概念図

これに対して、プルームモデルは、図2のように平らな地面を一様な風が吹いているものとしている。地表面が凸凹であろうとお構いなしである。

図2　プルームモデルの概念図

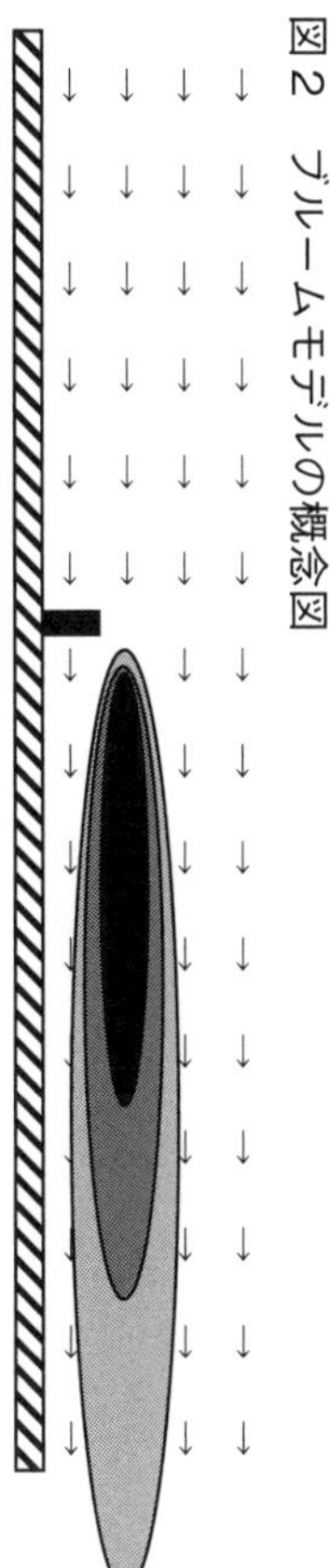

このように簡単なモデルでは、谷合い部など平坦でない地形地では排気ガスが溜まる状況を正しく評価することは出来ない。

調停開始以来、申請人は三次元流体モデルを主張し、被申請人は、プルーム・パフモデルを主張して議論は平行線を辿り、約一年が経過したが進展がなかった。そこで、申請人は、三次元流体モデルの主張を一時中断し、プルーム・パフモデルの弱点を追及し、被申請人の主張を崩すことに作戦変更した。

一九九三年の横環南線の環境影響評価書と数年おきに発表される「横環南線　環境影響の照査結果について」などを精査し、被申請人が主張する、地形条件の考慮、逆転層の影響などについて点検することにした。

2　被申請人の計算結果の変転

すると奇妙なことに気が付いた。被申請人等は、大気汚染の結果を一点だけしか発表していない。大気汚染が最大となる箇所（最大着地濃度地点）だけだったのである。その地点と濃度は、発表の都度に、次のように移動していたのである。

発表	最大着地濃度	最大濃度の出現地点
環境アセス	〇・〇〇〇七ppm	西四〇〇m
照査（二〇〇五年）	〇・〇〇〇〇二ppm	北七〇〇m
照査（二〇〇九年）	〇・〇〇〇〇五ppm	北六〇〇m

最大着地濃度が出現する地点は気象データに依存する。栄区の横環南線沿線の気象条件が数年おきに大きく変化するとは考えにくい。では何故毎回その地点が変わるのか。申請人は被申請人に対し、この問題を問い正すこととした。また、事業者側の大気汚染予測評価（アセスメント）では、最大着地濃度だけしか公開されない点も問題であった。住民の全てが自宅の近くの濃度を知りたいと思うのは当然である。最大着地濃度の地点が何ppmと言われてもピンと来ない。

すると、第一二回調停期日で調停委員から被申請人に対して次のような画期的な〝申し渡し〟が行われた。申し渡し事項は三項目で、二項目は計算条件や計算地点に関するものだが、第三項目に「当該地の予測濃度を地図上にコンターとして示すこと」とある。コンターとは、平面の等高線（等濃度

図３　公田換気所風下のNOX濃度プロフィール

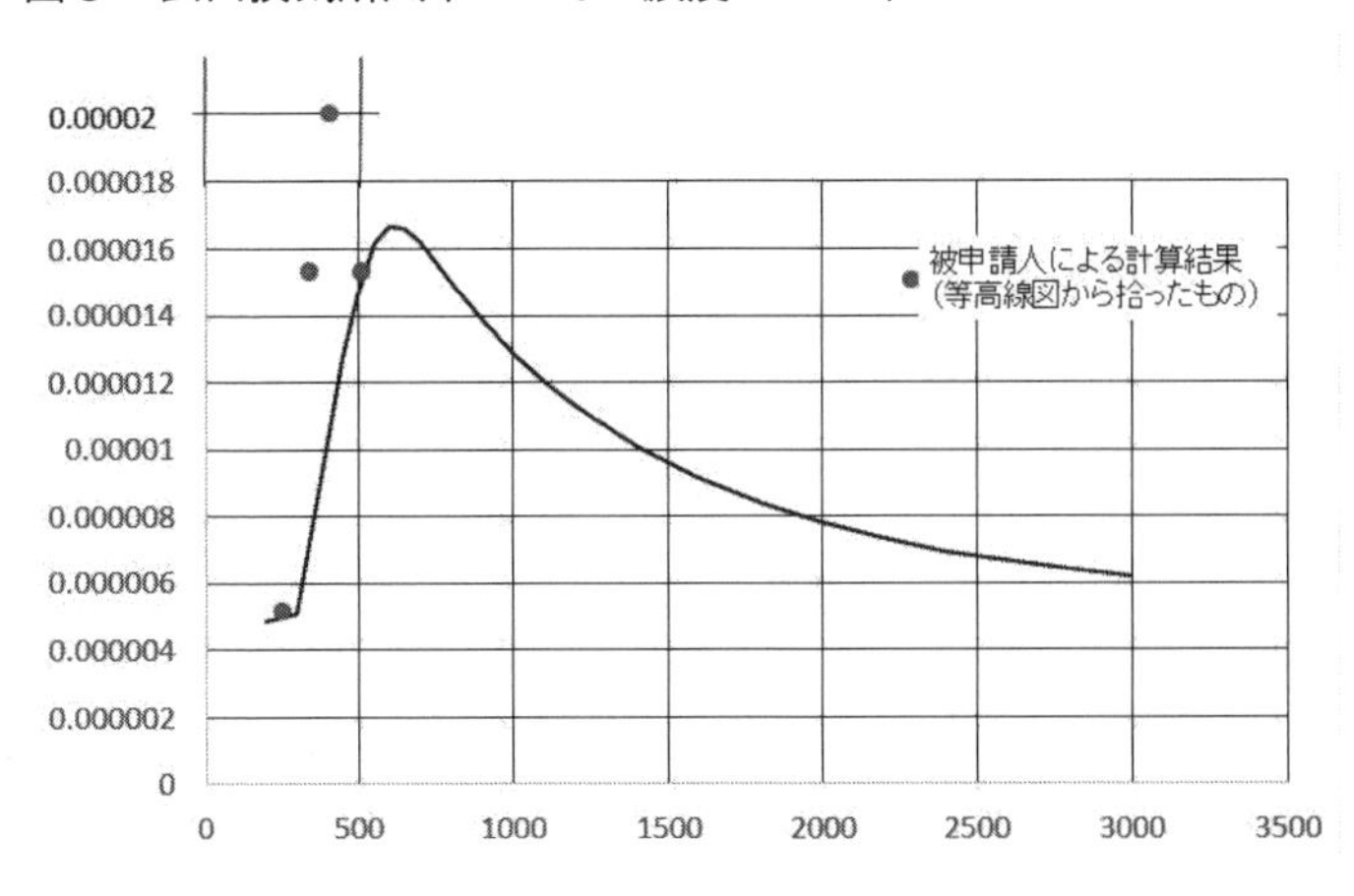

線）図のことである。これを見れば栄区南部沿線地域のＮＯＸ濃度の広がりが容易に分かり、最大濃度地点も一目で認識できる。

調停委員の申し渡しにより、二〇一三年一〇月三一日、被申請人は、栄区南部におけるＮＯＸの大気汚染予測濃度のコンターを提出した。公田換気所からのＮＯＸの濃度分布を示すものである。それを見ると、最大着地濃度出現地点が前記の地点では、換気所の北六〇〇ｍだったが、そのコンターでは、換気所の北四五〇ｍと書いてある。数式と言うものは、同じデータ（数字）を与えれば、同じ結果が出るものである。申請人は即座にこの疑問を提議したが、その後二カ月経っても被申請人から明確な回答はなかった。

３　申請人によるモデルの検証

そこで、申請人は、事業者（被申請人）のプルームモデルの計算が実際にどの様に行われているのかを具体的に再現し正確に検証することにした。そのためには、計算に使われるすべてのパラメータ、係数、環境データ、排出データ、など膨大なデータが必要であり、これを被申請人に要求した。被申請人は、これらデータの提供など協力は極めて良好であった。この情報のやり取りにおいて申請人、被申請人、調停委員の間のある種の信頼感は確実に醸成されていった。

結果、申請人は図3のＮＯＸ濃度の風下方向のプロフィールを提出した。縦軸は、公田換気所（単独）からの排気されるＮＯＸの濃度である。横軸は公田換気所から北方向の距離で単位はｍである。

申請人の計算結果は図中の曲線の通りである。比較のために被申請人の計算結果を描くと黒丸の様になる。何故この様な差が出るのか？　申請人は、被申請人から計算式の開示を受け、全てのデータの提供を受けての計算なので、申請人は、被申請人にこの違いの検討を求めた。第二〇回調停期日において、被申請人は、申請人の計算結果が正しい事を認めた。では何故結果が違うのか？

これで、被申請人の大気汚染予測計算に何らかの間違いがある事が明らかになった。当然、申請人も調停委員も原因追及を求めたが、被申請人からの説明はなかった。

一般的に、大きな物体の周りでは気流が乱れる。公田換気所は約四〇ｍの高さの巨大な突出した建築物である。その風下では、建物を包み込む様な渦（乱流）が発生するので拡散係数は大きい方向に補正されなければならない。これにより被申請人は、地形または地上構造物の影響を全く考慮していない事が明らかになった。

被申請人のプルームモデル支持（三次元モデル不採用）の理由を考えてみると、

一 「地形特性等を考慮した係数を適切に設定する（プルームモデル採用の理由）」について申請人が検証したモデルでは、拡散式の中に、地形を考慮した部分はなかった。唯一、排出口付近の建物の大きさを反映する部分が、国土交通省の規定に含まれているが、被申請人の計算には含まれていなかった。また、逆転層も考慮されていないことが分かった。

二 「三次元モデルは、パラメータなどの使い方で結果が変わってくるので信頼性が乏しい」という主張については、プルームモデルとしても多くの数式があるが、環境影響評価書と照査では、使っている式が異なっていた。拡散係数や各種パラメータにも選択の余地が各種あり、人によって結果は異なってくるので、プルームモデルが三次元モデルより優れているとは言えない。

つまり、プルームモデル採用の理由も、三次元モデル不採用の理由も根拠がなく、被申請人主張の根拠は完全に破綻したのである。しかし、その後申請人が主張した三次元流体モデルに関する議論は深まらず、被申請人の不首尾と改善努力を要求する次の様な調停案が取りまとめられ、本調停は終結した。

調停案

一 申請人及び被申請人は、次の事項について、認めるものとする。

（一）申請人は、プルーム・パフモデルによるＮＯ$_2$の予測方法を横浜環状南線の環境影響評価の大気汚染予測について適用したことを認める。

（二）被申請人は、被申請人の二〇一三年一〇月三一日付公田換気所におけるＮＯ$_2$の最大濃度と出現地点のコンター図に拡散係数などの入力に誤りがあり、その結果、環境基準に比べて微小な値であるが、差異を生じたことを認める。

二　被申請人は、次の事項について、最善を尽くすこととする。

（一）被申請人は、環境影響評価の大気汚染予測の方法について、科学的知見に基づき最適な予測手法を用いるものとする。

（二）環境影響評価の大気汚染予測結果について

①被申請人は、情報の開示に努めるものとする。

②被申請人は、品質管理の徹底に努めるものとする。

以上

平成二三年第二号事件は、二〇一六年二月二〇日、第三〇回を迎えた。三代目の調停委員長は「長い期間だったが、双方が真剣に議論したことによって、調停案を纏められ、大変うれしく、感謝する」と述べ、調停の終結を宣言した。本調停では、調停委員と申請人、被申請人が真摯に真剣に情報を交換し、意見を闘わせる事が出来たのは、大きな成果である。

脚注

注１　実例としては原子力災害時のＳＰＥＥＤＩ：Ｓｙｓｔｅｍが有名

第二節　高田町線をきっかけに未着手道路の廃止が本格化

高田町線を考える会代表　古田剛
道路公害反対愛知県民会議代表兼事務局長　篠原正之

1　第一次道路整備プログラム

名古屋市は、都市計画決定後三〇年以上経過している路線が九割以上、社会経済情勢も変化していることから、未着手都市計画道路について二〇〇四年八月に検討委員会を設置、二〇〇五年三月の提言を受け、二〇〇六年三月整備方針、二〇〇七年三月に「都市計画道路整備プログラム」で見直し方針を策定した。しかしこの時点で高田町線は整備する方針であった。

なお、国土交通省は二〇〇〇年から三度にわたり「都市計画運用指針」で都市計画道路の必要性の検証、廃止や幅員変更などの適切な見直しを発信したが、未着手率がほとんど解決しないため、「都市計画道路の見直しの手引き（第一版）」二〇一七年七月で、各県市のガイドラインや実施事例集を取りまとめた。

2　住民運動の粘り強い闘い

高田町線は、名古屋市千種区から南区までの延長約七七〇〇メートル、代表幅員二車線で、住宅が立ち並ぶ地域を通り、西の東郊線と東の名古屋環状線の間で地域内交通処理の道路として、戦後の一九四六年六月二七日に都市計画決定されていた。旧都市計画法では縦覧や住民意見を反映させるという規定はなく、内務大臣の決定と内閣の事業認可だけ有れば決定出来るという非民主的な手続きであった。この路線は鶴舞公園東側六〇〇メートルを南北に走る延長約三三〇〇メートルと終点の一部が住宅地の買収も進まず未着手のままであった。

市では二〇〇六年から未着手都市計画道路の整備方針の動きがあり、二〇〇五年一二月に昭和区選出の佐藤議員（共産）からその内容が地元区民に知らされ、「高田町線を考える会」（以後「会」と略）が二〇〇六年一月に発足した。市からは二〇〇七年に幅員三〇メートルを一八～二〇メートルに縮小した案を提出されたが、会はあくまでも高田町線の計画撤回を繰り返し要請してきた。

二〇一一年四月、愛知の住民いっせい行動による市要請（以下、「いっせい行動」）への回答が、前年の会への回答と同様で納得ができないとして、①地区内の交通処理は既に円滑に行われている。道路を造ればかえって「誘発交通」が発生し、環境悪化等を招くことは各地で経験されている、②避難路の役割は現状でもほとんどの道路がその役割を果たしている。むしろ耐震・防災のまちづくりの施策を強化すべき、③安全性確保のため安全で安心して歩ける生活道路こそ整備すべき、④これからは公共交通中心が重要、高田町線は必要ない、⑤河村市長は二〇一〇年一月昭和区のタウンミーティングで道路整備計画について「時代は変わった。いろいろ調べて勉強したい」と発言したが、その後の現在の認識はどうか、などと主張、要請した。

二〇一二年六月いっせい行動では、①前年末「道の座談会」で該当地域の住民意見は「整備に否定的な意見が多い」ことを認めた、②二〇一二年三月には街路計画課長が「整備に否定的意見が多いということを踏まえて部内で検討していく」と約束したがその後どんな結論に至ったのか、③吹上学区の区政協力委員の中では「整備計画賛成」の意見は全く出ていない。こうした点を理由にして、会では整備計画を白紙に戻して下さい、と要請した。

3 「廃止やむなし」市議会答弁

二〇一三年三月には市議会で昭和区選出奥村議員（民主党）の質問に田宮住宅都市局長（当時）が「防災や交通安全……整備するのが望ましいが、地域の総意であるなら計画廃止もやむなし」と答弁した。更に同年八月のいっせい行動で、市長は「もうちょっと一年ほどは時間をくれ」と発言した。

二〇一四年いっせい行動での要請に対しては、六月十三日に「従来から提案し説明してまいりました整備の方針にこだわることなく、計画廃止の案も選択肢に含め……地域の方々の意見を伺いながら検討して参りたい」と会へ文書回答があった。

同年九月、道路公害反対愛知県民会議・運動交流集会で、会の古田代表からこの間、①市の言い分を一つずつ反論し皆に伝える、②町内会長にもニュースを手渡し理解を求める、③山手植田線、八事天白渓線、弥富相生山線との共同の運動を進めてきた活動もあって現在は「高田町線不要」の声が増えている、某党某議員も賛成から反対に替わったとの報告があった。さらに、市長は「廃止のニュアンス」だが、市の部局は「廃止も含めて検討」、「反対しても当局が必要と考える場合は作る」との発言もあり予断を許せない。廃止させるまで粘り強くがんばる」との情勢分析と共に決意の表明があった。

4　高田町線廃止手続き始まる：九年越しの運動実る

二〇一五年七月、市は「高田町線（昭和区区間）については、都市計画を廃止する（道路の拡幅整備を行わない）方針としました」として、説明会開催を公表（八月四日：吹上小学校、八月六日：御器所小学校、八月九日：昭和区役所）。

八月の会のニュースは「この十年近くの間『高田町線を考える会』は何度も関係住民のみなさんとつどいを持ち、市当局に十数回もの話し合いと【廃止】要請を行ってきました。そしてついに市当局を動かすことができたと思います。みんなで力を合わせ粘り強くがんばれば私たちの要望が実現できることが実証されました。今後は『住みよい街づくり』を目指して運動を進めていきましょう。この間、三二回の集会、三回のタウンウオッチング、関係地域へのニュース配布十七回、会報五三号、区政協力委員や市会議員への働きかけなどの活動が、こうした成果を引き出した」とこの間の動きをまとめた。

二〇一五年一一月、都市計画案の変更理由は「今回変更する区間は、社会情勢などの変化を踏まえ、交通機能では将来交通量を考慮しても周辺道路による円滑な自動車交通処理が可能であることと合わせて、防災機能からの評価を考慮した結果、昭和区内の延長約二一三〇メートルの区間の計画を廃止します」とあった。廃止決定の都市計画案に対して会は「市が先行取得した沿線用地は、民間業者に安易に売却するのではなく、地元と十分相談し、有益な活用方法を検討してください」と意見書七件を提出し、廃止告示後の運動で、地域コミュニティセンターを設置させた。

こうして、昭和区内の高田町線二・一キロメートルは、二〇一六年二月、都市計画が正式な手続きを経て廃止された。行政にとって一度決めたことを廃止するということはとんでもない決断が必要であるが、この路線廃止の中で市側は地元との対応、交通・防災関係機関との協議・調整などで道路計画廃止の貴重な経験を積み、その後の市内全体の未着手道路の大胆な整備見直しにつながっている。また廃止に至る背景には市財政の悪化、老朽構造物の建替えなども影響を与えたものと思われる。

5　第二次道路整備プログラム「未着手都市計画道路の整備について」

二〇一六年六月に見直し方針が公表され、一二月のパブリックコメントを経て翌年三月「第二次道路整備プログラム」（未着手都市計画道路の整備について）が策定された。プログラムでは各対象路線について、整備効果の評価、事業性の検証を行い、①整備優先（一〇年以内に着手一〇カ所）、②その

図１　路線地図

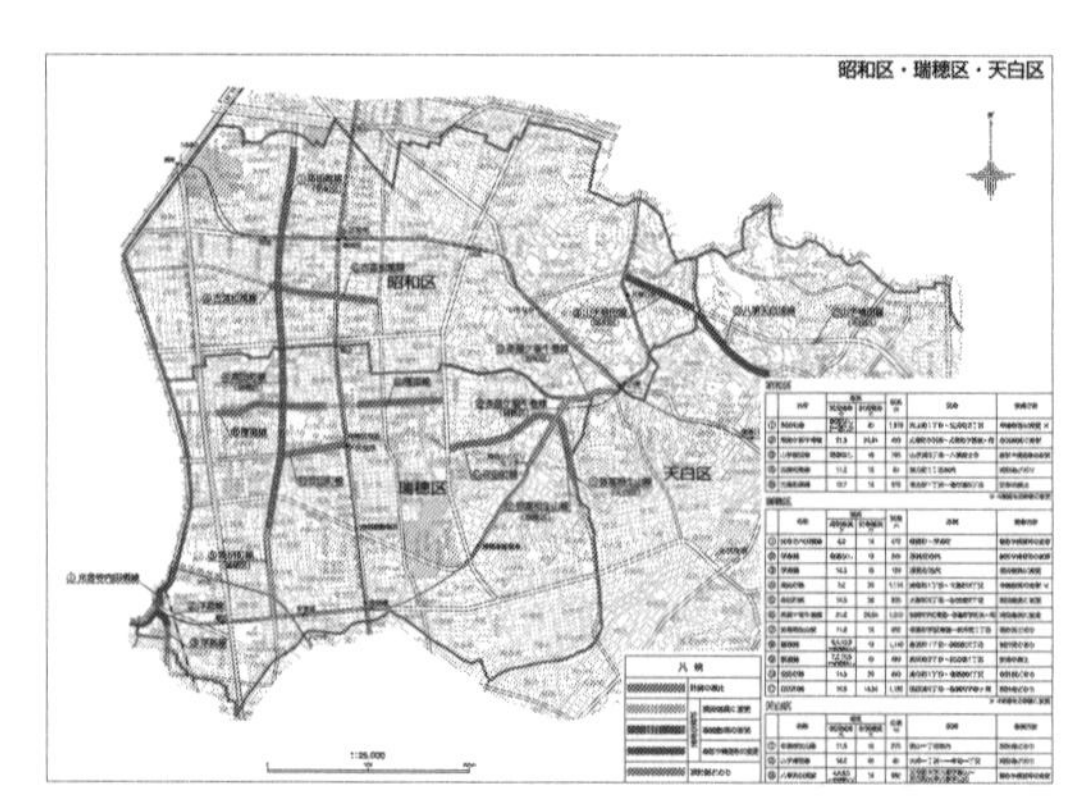

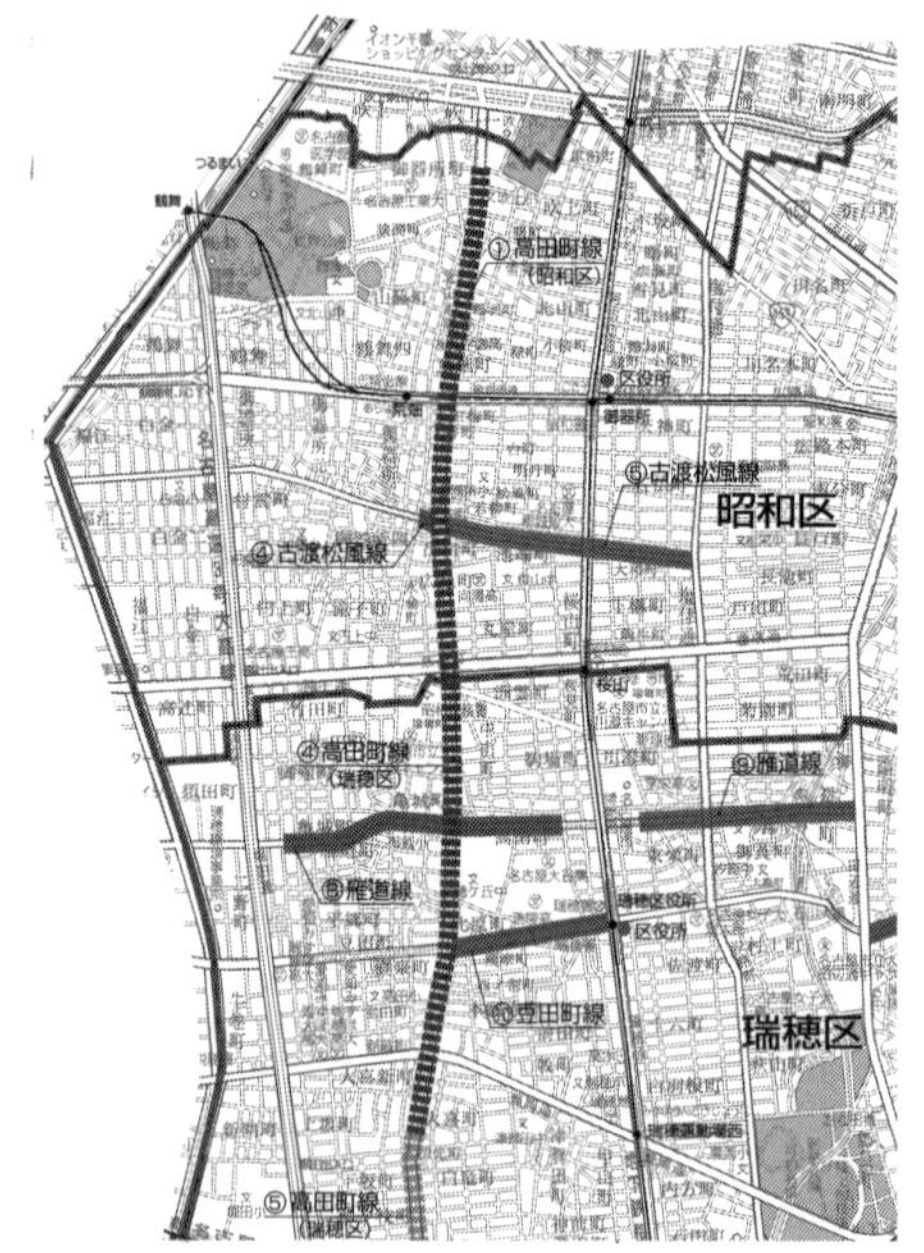

幻の高田町線　名古屋市の都市計画変更図書を加工

他（一〇年以降に着手四一カ所）、③今後整備しない路線（廃止候補三〇カ所、現状幅員等への変更二一カ所）とした。

この時のパブリックコメントでの道路公害反対愛知県民会議の意見は次のとおりであり、多くの住民の賛同を得た。

一、山手植田線や八事天白渓線などの廃止候補路線は必ず廃止することとし、直ちに都市計画手続きで廃止してください。

二、整備プログラム作成手続きを早急に進めてください。

三、弥富相生山線（相生山緑地内）は検討対象とし、市長の約束通り廃止候補路線に入れてください。

四、廃止・変更候補路線は、確実に廃止のための都市計画手続きを直ちに一括して実施してください。終期をあいまいにせず、期限を明記して手続きを進めてください。同様な手続きをした大阪市はパブコメ後三カ月の二〇一三年四月に都市計画変更を行いました。

五、廃止・変更候補路線は、その道路をより良い生活環境が確保できる措置をとってください。

六、今後整備する整備優先路線、計画存続路線は、環境予測を行い、関係住民に説明し、意見交換を行い、理解と納得を得てください。間違っても東京都のように強引な道路建設で四二六二人もの不服審査がされることのないようにしてください。

年現在の未着手道路の廃止・変更手続き進捗状況は以下の通りである

◎第一次手続き：二〇一八年八月二七日告示。廃止一四路線、変更一〇路線。

◎第二次手続き：二〇一九年八月二二日告示。廃止一〇路線、変更九路線。
◎第三次手続き：二〇一九年度作業開始　廃止一路線。
◎残りは、五路線
（山手植田線、雁道線、名古屋港線（変更含む）、笠寺緑線、八事天白渓線）

最後に

市内全域での未着手道路の廃止作業が始まり、道路廃止に伴う用途地域、高度地区、防火地域などの膨大な変更も含み、各地区での丁寧な説明が開始され、最初の一～二年は順調に手続きが進んだが、三年目からはたった一路線の作業が始まっただけで、都市高速道路の名駅周辺の出入口追加、名鉄立体交差化などに追われてか、ほとんど進展していない。山手植田線、八事天白渓線など、交通計画上も複雑な問題を含んでいる路線が放置されないよう、今後も粘り強い運動が必要となっている。

脚注

注1　より詳しくは本書二三四頁・山本俊明執筆の項をご覧ください
注2　いっせい行動とは、愛知県内の住民団体が愛知県と名古屋市を相手に要望実現を目標に行っている運動である。
注3　誘発交通とは、交通施設整備などにより新たな交通需要を引き起こすという現象を指す。つまり道路が無かった際には車での移動を選択肢から外していた人が、道路が出来たことで車での移動を選ぶことが増え、かえって渋滞などの原因になるという交通状態や事象。

第三節　東九州自動車道の路線変更を求める

東九州自動車道予定路線反対期成会

【路線概要】
①路線名：東九州自動車道（椎田南～宇佐区間）
②種別：高規格幹線道路
③規格等：第一種第三級　暫定二車線　延長二八・三km
④事業者：国土交通省・ネクスコ西日本
⑤事業費：一〇二九億円（平成二六年再評価時：一〇六五億円）

1　はじめに

東九州自動車道（椎田南～宇佐区間）は、一九九九年一一月に福岡県都市計画審議会で計画決定さ

れた。計画決定から約一五年、二〇一五年に最後まで買収を拒否し続けた岡本みかん農園の土地・施設を行政代執行（七月にみかん畑、九月に選果場・施設）によって強制収用、工事が強行された。二〇一六年四月の開通式は、沿線各自治体の首長らも出席して賑やかに行われ、これによって福岡県内の区間は全線開通となった。

それから約二年三カ月後の二〇一八年七月七日、西日本一帯をおそった豪雨の際に、この区間の豊前市松江付近の切通し（強制収用された岡本農園の北側に隣接する斜面）において、上り車線側斜面の約二八mの高さから崩壊が発生した。数千立方メートルの土砂は上下の車線を数十メートルにわたって覆い、反対車線側の斜面上七mの高さにまで達した。崩壊直前に通行止めとされて、人的な犠牲は回避されたが、一歩遅ければ大惨事となるところだった。

2　強引で不可解なコース決定

東九州道は一九八七年の「四全総」において「高規格幹線道路」として指定されたとされるが、当初地元で説明された予定路線には三つのコース（山間、山寄り、現行）が示されていた。それがいつ現行ルート一本に絞られたかは明確でないが、現行ルートでの「説明会」以降、当局は、ルートに関わる疑問や反対意見に対して一切耳を貸さない強硬姿勢をとっている。

一九九九年五月に行われた福岡県豊前市の都市計画審議会では、「……今日、詳しい資料をはじめてみたのだが、住民の声が反映されていない気がする。……もう少し時間が欲しい」という委員の発言に対して、事務局は「……国、県が概略ルート、そして詳細の発表をしたので、これを今さら変更ということにはならない」と答え「意見を出しても全く反映されないのならば棄権する」という委員がある中で、強引に「全会一致で賛成」と決議された（同議事録）。

3　予定路線反対期成会の結成と立木トラストの運動

計画発表された地域と周辺では、それまでの静かな地方都市の田園地帯に高速道路が建設されることによる集落の分断や、排ガス・粉塵・騒音・振動等の道路公害、さらには平坦な地形に数mの高さの土塁を築くことによる生活環境の変化（日照・通風悪化、湿気の滞留など）を懸念する声があがった。そのような地域の声を集約する形で結成されたのが「東九州自動車道予定路線反対期成会」である。会長は、父の代から開墾した一二haのみかん園の真ん中を、この道路によって分断されることになった岡本栄一である。

「期成会」の名称には「予定路線反対」という控え目な表現が使われた。この地域での高速道路建設の必要性は認めつつも「住宅や優良農地の多い地域を含む今回の路線案を見直して欲しい」という思いがこめられている。

結成までにも県知事宛の意見書提出など、地元の意見を伝え続けてきたうえでの「反対期成会」結成である。

地元地域からの根強い反対意見に対して「聞く耳なし」と、事業強行しようとする関係当局の姿勢に、危機感を強めた岡本会長や地元の有志たちは、より強力な抵抗の手段として「みかんの木トラスト」の立ち上げを決める。これは、高速道路によって二つに分断される岡本農園のみかんの立木について、一本ずつ個別に「所有者」を募り、売買契約を取り交わすというもの。立木は一九〇九年制定の「立木ニ関スル法律」によって「不動産ト看做ス」ことができる。みかんの立木について、一〇〇人以上もの所有者がいる状態になれば、強力な抵抗手段になるというもの。また、農場所有者の主張に賛同する多くの人々に、みかん樹の所有者として参加してもらうことで、運動への支援を広げることも期待できる。

トラスト契約書は、みかんの木一口五本が二〇〇〇円、契約者には毎年〝みかん狩り〟への案内があり、一口あたり二〇kgを収穫できる。みかん樹の肥培管理等は農園側が行い、みかん狩りに参加できない場合は、一口あたり一〇kgを送ってもらうことができる（送料は着払）。

トラストは、結成以来毎年一一月に〝みかん狩りのつどい〟を開き、東九州道予定路線をめぐる関係当局の動きと期成会としての対応、代替案作成等のとり組み、みかん園の状況等の報告、討論の他、法律や都市計画などの専門家や、各地の運動関係者を招いて勉強会を重ねている。

4　岡本みかん園の特徴

ここでこの運動の中心となってきた岡本農園についてふれておく（写真1）。

日本のみかん農家は、西南暖地を中心に中山間地の斜面を切り開いて造成されたところが多く、複

写真１：岡本農園（強制収用の３カ月後）

雑な地形に沿って数a（アール）〜十数a程度の小規模で、多くが急傾斜の畑が山や小島のあちこちに散在している状況が一般的である。

一方、岡本農園は豊前・求菩提山（七八二m）から北東に向かって延びる緩やかな尾根の南東斜面という地の利を活かして、一二haに及ぶ広大な、しかも一枚につながったみかん農園である。

南東方向に傾斜した園内は、等高線に沿った作業道が東西数百m、一万二〇〇〇本が植えられており、その左右に植栽されたみかん樹は二〜二・五m程度に仕立てられているので、収穫・施肥・防除・改植などの作業には中〜小型農機や軽トラックが活用されている。このように園内を軽トラック等が縦横に走り回って作業できる環境は、日本の果樹園では希な好条件であり、経営規模拡大、機械化と企業的経営を奨励・推進してきた戦後日本農政のモデル的な存在でもある。

さらに、岡本農園の特徴は、このような好立地・好条件を生かして、効率的な経営を行うことにとどまらず

〝草生栽培〟の呼称に示されるように、自然環境と調和した減農薬・有機肥料施用を中心に、みかん樹そのものの力を最大限に引き出して、高品質の果実を生産し続けている。

このような大規模みかん農園の真ん中を、四五ｍもの深さに切り取る高速道路の建設計画に対して、農園経営者を先頭に、地域の住民、農園労働者などが、反対の声をあげているものである。

5　山すそルートの検討、設計・費用の試算

東九州自動車道の運動の特徴は、高速道路建設反対ではなく「山すそ（代替）ルート」の提案である。それは「なぜ、わざわざコストの高い路線を選ぶのか」「税金のむだ遣いではないか」という問いかけでもある。

当初は、なぜ土地買収費用が高くなる平野部をムリに通そうとするのか、という素朴な疑問の声から出発した運動だったが、その後（一九九九年）「期成会」では、計画決定された当局ルートと対比して山すそルートについて様々な指標で優劣を示していく。

すなわち、山すそルートは、次のとおり低コストであった。

①沿線人口がきわめて少ない。当局ルートは八〇〇人程度、山すそルートは二〇〇人程度。

②山の方が低コスト。低く細い山々を横断するので、切り土・盛り土の工事が主体となり、土の運搬距離も短いことが予想された。

実際の設計でも、『道路公団工事実施積算単価表』と山すそルートに並行する広域農道の「高架橋

地盤情報」は参考になった。例えば高架橋は、橋脚の高さと間隔に合った材質を選べば低減できることであり、山すそルートは橋脚を支えるN値五〇の岩盤位置が高いことから材料の大半はRC製（鋼鉄）で収まり跨道橋も含めた積算では四三億三〇八九万七〇〇〇円で収まった。当局ルート一七八億円に比べ四分の一である。

土工については、山を二〇mごとに輪切りにし等高線で乗じた平均断面法で測った。切土量は三一〇万㎥で当局ルート四五四万㎥の六八パーセントであるが運搬距離が六六〇mと、当局ルート四五〇〇mの一五パーセントに収まることから、切盛土工費四九億円と、当局ルート一一二億円の半額以下になった。

用地、補償費については、地域の不動産業者に問い合わせ両ルートを詳細に調査した。山すそルートの用地の大半を占める山林単価は一〇アール四〇万円で、当局ルートの大半を占める水田は七〇〇万円の評価である。用地、補償費合計の山すそルート四一億円に対し当局ルート一八九億円で二二パーセントに過ぎない。

道路構造令と安全規格

高速道路は道路構造令区分として一種の最高規格に位置づけられる。時速八〇キロ以上の高速運転では路線の逸脱や追突で重大事故を招くからだ。カーブの場合、半径二三〇メートルが特例で認められているが山すそルートでは四〇〇メートル以上に設計されている。坂は七パーセントまで特例で認められ、山すそルートでは四・八パーセントが最も急であるが危険ではない。

写真２　2015年７月14日　福岡県が行政代執行。県の職員に担ぎ出される岡本さん。

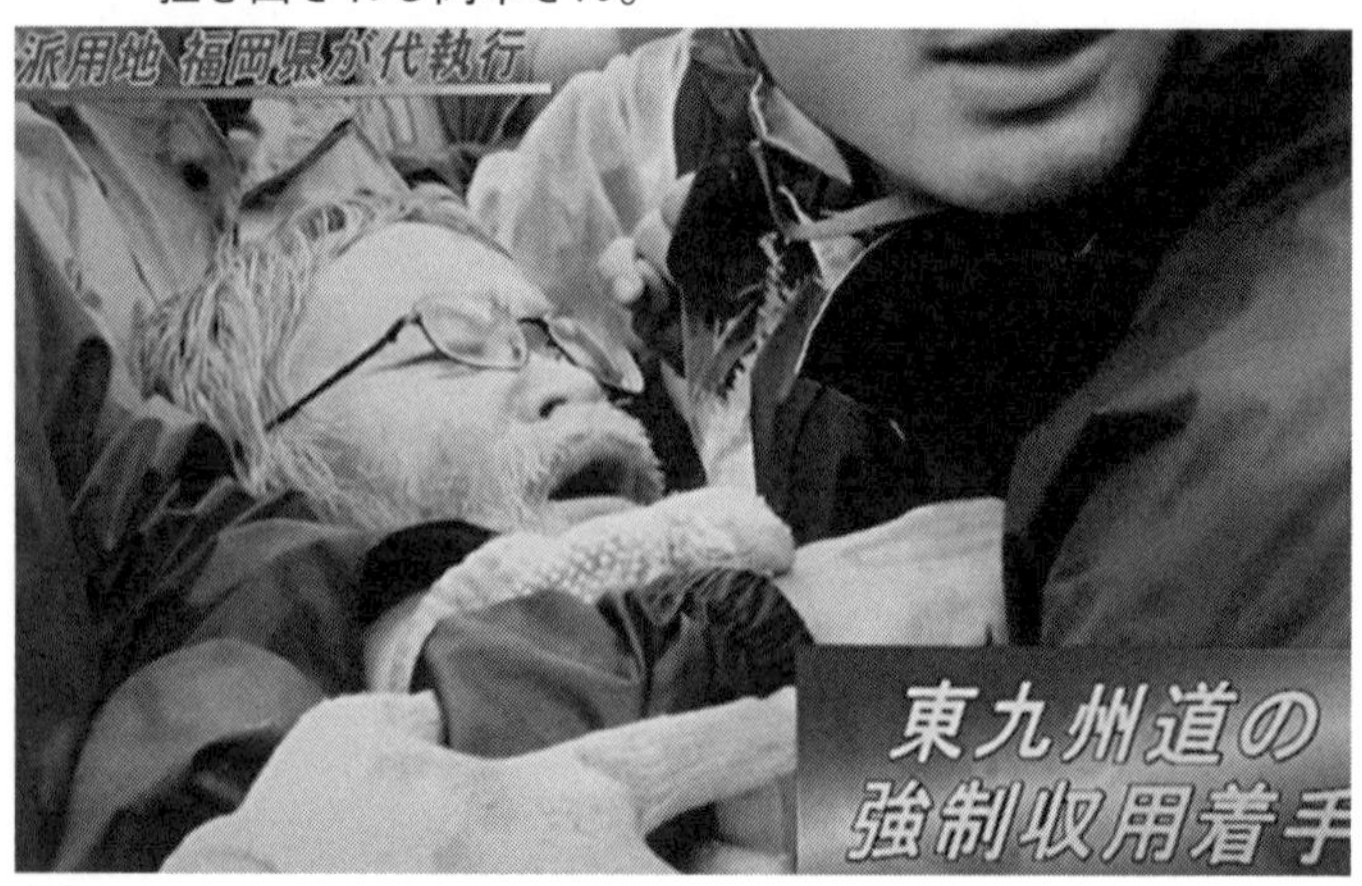

出典 i.ytimg.com

以上の結果、椎田南～宇佐間で約一〇二九億円とされる当局ルートの建設費に対して、岡本らの代替ルート（山すそルート）のそれは、約五五八億円圧縮でき四七〇億七一五九万円との結論に至った（二〇〇九年）。

6　政権交代など政治の波の中で

その後の環境影響評価（環境アセスメント：二〇〇三年）に際しても、地域の住民で講師を招き、勉強会を重ねて、地元住民としての意見をまとめて提出することなどに取り組む。この時期、期成会と岡本らは議会関係者などの支援をえて、「現行（当局）ルート」決定に関わる「調査検討のための業務契約書」や「業務の成果報告書」など基本的な行政資料の公開を求めたが、着工以前であるにも関わらず「保存期限を過ぎている」という理由で「不存在」とされている。悪質な情報隠しと思われる。またもし着工予定事業にかかるこうした基礎的な資料が本当に廃棄されていたのだとすれば、じつに杜撰な話である。

この段階で岡本らは、「用地買収差し止め仮処分」、「事業認定事前差し止め請求」の訴えを起こして、既成事実化に抵抗している。地域の人々からは「事業がすでに始まっていて、もう遅いのではないか」「止められるのか」などの疑問の出される状況を迎えたが、冬柴国土交通大臣は「事業の評価をやる」という言明を引き出すなど、国会でのとり組みとも連携して、事業見直し・中止を求め続けている（二〇〇八年）。

その後、民主党政権下での「事業仕分け」などを通して、公共事業も見直しの対象とされる中で、二〇〇九年には民主党内閣の国土交通大臣に直談判して「山すそルート」案を示し、用地買収の中止、現地視察、ルート決定にかかる資料の公開等を要請（一〇月）。このような経過も経て、東九州道建設は一旦凍結となったが、政権末期には「高速建設に逆戻り」といわれる状況になる。また、二〇〇九～一〇年前後は用地買収が活発に進行している。

そして二〇一二年の解散総選挙で自民党が政権に復帰すると、高速道路建設も息を吹き返し、事業再開後はその間の遅れを取りもどすかのように進められてゆく。

その間にも、岡本らは専門家による現地調査によって代替案（山すそルート）の検討・評価を行っておく必要を感じ、二〇一一年秋に「国土問題研究会」の調査団を受け入れている。調査の結果は翌年五月「報告書」としてまとめられ、その後の「事業認定取消請求訴訟」への意見書としても活用された。

7 岡本みかん園の強制収用と今後の課題

事業の開始を阻むために最初は二〇〇九年一月、事業認可取り消し請求訴訟を起こしていた。そして二〇一二年四月には中津市民会館において公聴会が開かれ、その後、事業者によるみかん園の土地収用申立（二〇一三年二月から翌年八月まで計九回の審理）、収用委員会（二〇一三年一月）、事業認定取消請求訴訟（二〇一二年〜二〇一六年）、収用裁決取消請求訴訟（二〇一五年四月〜二〇一六年五月）などが輻輳的に進行し、二〇一五年（七・九月）には「収用裁決取消請求訴訟」などの結論を待たずに行政代執行、収用・工事が強行され、冒頭にふれたような結果を迎える（写真2：行政代執行の写真）。

その後豪雨によって崩壊した箇所は、もともと保安林に指定されていたところで、豪雨時に土砂流出の前歴があったとされ、岡本らも危険性を指摘していたものである。

みかん園との関わりでは、水脈切断による乾燥被害（とくに下流側上部のみかん樹衰弱、枯死など）への補償要求などが取り組まれた。

二〇年余に及んだ「期成会」・トラストの運動を総括し、みかん園の再建・拡充を支援するとともに、東九州道の四車線化など更なるむだ遣いを止める運動、無駄の多い道路建設への監視、調査・啓発などに取り組むこと、そのための新たな運動組織を立ち上げる方向で論議を進めているところである。

第3部　資料編

(1)道路全国連の歴史

道路住民運動全国連絡会の歴史（全国交流集会の歩み）

開催回	日程	開催地	集会テーマ、スローガン等
第1回	1975年11月 2日～3日	愛知県名古屋市	
第2回	1976年11月 3日～4日	神奈川県川崎市	
第3回	1978年2月 18日～19日	兵庫県尼崎市	
第4回	1978年11月 5日～6日	東京都	
第5回	1979年11月 3日～4日	長崎県諫早市	
第6回	1980年11月 2日～3日	愛知県名古屋市 （愛知県勤労会館）	
第7回	1981年11月 7日～8日	奈良県生駒郡平群町	スローガン「道路公害から守ろう、住民のいのちと生活」「ストップ・ザ・環境破壊」「創造しよう新しい道路文化を　阻止しよう道路公害を」
第8回	1982年11月 7日～8日	東京都	
第9回	1983年11月 5日～6日	兵庫県神戸市 （神戸市立三宮勤労会館）	
第10回	1984年11月 10日～11日	大阪府枚方市	
第11回	1985年11月 9日～10日	愛知県名古屋市	
第12回	1986年11月 8日～10日	東京都八王子市 （大学セミナーハウス）	
第13回	1987年11月 7日～8日	大阪府大阪市 （大阪コロナホテル）	
第14回	1988年11月 12日～13日	香川県高松市 （オークラ・ホテル）	

第15回	1989年11月 11日～13日	神奈川県逗子市 （逗子会館）	
第16回	1990年11月 10日～11日	愛知県名古屋市	スローガン「住みよい、暮らしやすい町づくりを目指して住民運動のネットワークをつくりましょう」
第17回	1991年11月	兵庫県	「こんな道路いらない　43号線裁判勝利を」
第18回	1992年11月 6日～8日	京都府京都市 （京都教育文化センター）	
第19回	1993年11月 6日～8日	東京都中央区、江東区	大会スローガン「くるま社会を転換させよう」 サブスローガン「利権がらみの道路づくりから住民本位のまちづくりへ」「道路公害をなくし、被害者の完全救済を実行させよう」「公共交通の拡充と物流システムの転換で車を減らそう」
第20回	1994年11月 12日～13日	愛知県名古屋市	
第21回	1995年11月 18日～19日	大阪府大阪市	
第22回	1996年11月 9日～10日	神奈川県川崎市	メインスローガン「まちこわし・自治こわし・財政こわしの公害道路はもうゴメン」
第23回	1997年11月 8日～9日	京都府京都市 （立命館大学国際平和ミュージアム）	
第24回	1998年11月 7日～8日	愛知県名古屋市 （愛知県勤労会館）	
第25回	1999年11月 6日～8日	東京都八王子市 （大学セミナーハウス）	
第26回	2000年11月 18日～19日	大阪府大阪市 （大阪コロナホテル）	
第27回	2001年11月 10日～11日	神奈川県横浜市 （横浜情報文化センター）	
第28回	2002年11月 9日～10日	京都府京都市	集会名称「道路公共事業を問う!!　住民運動交流集会 in 京都」 メインテーマ「無駄と環境破壊の道路公共事業から持続可能な交通とまちづくりへ」

第29回	2003年10月 12日～13日	愛知県名古屋市 （愛知県勤労会館）	
第30回	2004年10月 9日～10日	千葉県市川市 （和洋女子大学）	スローガン「道路政策の転換を」
第31回	2005年11月 5日～6日	広島県福山市 （鞆公民館）	スローガン「道路行政の民主的転換を求めて」
第32回	2006年10月 14日～15日	東京都国分寺市 （東京経済大学）	スローガン「道路行政の民主的転換を求めて」
第33回	2007年11月 10日～11日	東京都国分寺市 （東京経済大学）	スローガン「道路行政の民主的転換を求めて」
第34回	2008年11月 8日～9日	大阪府大阪市 （エル・おおさか）	テーマ「二一世紀の道路行政と健康・環境を考える」
第35回	2009年10月 24日～25日	神奈川県横浜市 （横浜市従会館）	「今こそ、チェンジ‼　クルマ優先の道路行政」
第36回	2010年11月 13日～14日	愛知県名古屋市 （労働会館）	「50年来の交通政策の根本的転換を‼」
第37回	2011年11月 5日～6日	千葉県市川市 （千葉商科大学）	「環境破壊、住民無視の道路建設を止め、建設費を東日本大震災の復旧・復興へ」
第38回	2012年11月 24日～26日	広島県広島市 （広島市まちづくり市民交流プラザ）	「くらしを結び　まちを結び　心を結ぶ」
第39回	2013年11月 9日～10日	東京都国分寺市 （東京経済大学）	「国土強靭化に対峙する　新たなたたかいを!」
第40回	2014年10月 11日～12日	神奈川県横浜市 （神奈川県立あーすぷらざ）	「道路運動40年　これから」
第41回	2015年11月 7日～8日	東京都国分寺市 （東京経済大学）	テーマ「21世紀の公共事業―人間が主人公のまちづくり―」
第42回	2016年11月 12日～13日	愛知県名古屋市 （労働会館）	「車抑制・公共交通拡充を目指して」
第43回	2017年11月 11日～12日	千葉県市川市 （市川市文化会館）	「住民主体のまちづくりで道路交通政策の見直しを」
第44回	2018年11月 17日～18日	東京都国分寺市 （東京経済大学）	「人間が主人公のまちづくり　Part」
第45回	2019年11月 23日～24日	神奈川県横浜市 （神奈川県立あーすぷらざ）	テーマ「住民参加」の道路事業―住民が主人公であったか？　何を未来に伝えるか!」

(2)道路全国連参加団体の紹介

都道府県		所在地	対象	ウェブサイト
北海道	北見の自然風土を考える市民連絡会	北見市	北見道路	
首都圏	首都圏道路問題連絡会	昭島市	(首都圏道路全般)	
千葉	外環反対連絡会	市川市	東京外かく環状道路(千葉県区間)	
千葉	市川市松戸市外環連合	市川市	東京外かく環状道路(市川市・松戸市区間)	
東京	大気汚染測定運動東京連絡会	新宿区		http://taikisokutei03.o.oo7.jp/
東京	東京公害被害者と家族の会	文京区		http://www.t-kougaikanjakai.jp/
東京	外環道路反対連盟	調布市	東京外かく環状道路	
東京	外環ネット(世田谷区、杉並区、練馬区、武蔵野市、三鷹市、調布市、狛江市)		東京外かく環状道路	http://gaikan.net/
東京	市民による外環道路問題連絡会・三鷹	三鷹市	東京外かく環状道路	http://www.gaikangaikan.info/
東京	外環道検討委員会	世田谷区	東京外かく環状道路	
東京	東名JCT近隣住民の会	世田谷区	東京外かく環状道路	
東京	元関町一丁目町会外環道路計画対策委員会	練馬区	東京外かく環状道路	
東京	都市計画道路問題連絡会(道路連絡会)	杉並区	都市計画道路全般	https://t-road2018.jimdofree.com/

東京	住民の暮らしと安全・環境を守る会	品川区	補助29号線	https://ja-jp.facebook.com/hojo29gou/
東京	七宝会	世田谷区	補助216号線	
東京	都道52号線（環境破壊）に反対する会	世田谷区	補助52号線	https://setagaya52.tokyo/
東京	まもれシモキタ! 行政訴訟の会	世田谷区	補54号 世田谷区街路10号	http://www.shimokita-action.net/
東京	バイパスに反対する白鷺地域住民の会	中野区	補助133号線	
東京	池袋本町都市計画道路（補助73・82号線）建設問題を考える会	豊島区	補助73号線、82号線	
東京	暮らし・環境・歴史遺産を守る都道86号線住民の会	北区	補助86号線	
東京	志茂一保存会	北区	補助86号線	
東京	補助92号線を考える会	荒川区	補助92号線	
東京	環8道路から住民のくらしと環境を守る会	板橋区	都道311号（環状8号線）	
東京	とめよう「外環の2」ねりまの会	練馬区	東京外かく環状道路（練馬区内）	https://www.facebook.com/gaikan2hantai/
東京	タテ3の会 放射35号線を考える会	練馬区	放射35号線	http://road35.net/
東京	北西部幹線を考える会	八王子市	高規格道路北西部幹線道路	
東京	むさしの地区外環問題協議会	武蔵野市	東京外かく環状道路	
東京	外環の2を考える会（旧「外環の2」訴訟を支援する会）	武蔵野市、他	外環の2	http://stop-gaikan2.net/
東京	国分寺崖線の緑を守り、調布3・4・10号線を考える会	調布市	調布3・4・10号線	
東京	都市計画道路を考える小金井市民の会	小金井市	小金井3・4・1号線 小金井3・4・11号線	https://koganeiroad.jimdo.com/
東京	はけの自然と文化をまもる会	小金井市	小金井3・4・1号線 小金井3・4・12号線	http://hake-bun.blogspot.com/

東京	小平都市計画道路3・2・8号線事業認可取消訴訟団	小平市	小平都市計画道路3・2・8号線府中所沢線	
東京	28m道路計画を考える立川市民の会	立川市	立川3・3・30号線	https://notachikawa3330.jimdofree.com/
東京	36m道路を考える会	国分寺市	国分寺3・2・8号線	
東京	緑・住環境どうなる。保谷3・4・6道路ちょっと待ってよの会	西東京市	西東京3・2・6号調布保谷線	
東京	大二中を分断する道路を考える会	練馬区	補助135号線 補助232号線	https://ja-jp.facebook.com/135jidaisakugo
東京	都道133号線に反対する会	杉並区	補助133号線	http://www.route133.info/
東京	西荻の道路拡張を考える会	杉並区	補助132号線	https://blog.goo.ne.jp/ndk
東京	青梅街道インターに反対する会	練馬区	東京外かく環状道路	http://syakujiigawa.web.fc2.com/gaikan-index.html
東京	大山の暮らしとにぎわいを守る会	板橋区	補助26号線	
東京	安心して住み続けられる街をめざす代沢・北沢の会	世田谷区	補助26号線	
東京	くらしと道路問題を考える2020	国立市	国立3・3・15号線	
東京	恵泉裏地域の環境を守る会	世田谷区	世田谷106号線	
東京	小平3・2・8号線関係地域住民の会	小平市	小平3・2・8号線	
東京	3・4・11号線関係住民の会	小金井市	小金井3・4・11号線	
東京	白金猿町町会	港区	環状4号線	
東京	石神井まちづくり談話会	練馬区	補助132号線 補助232号線	
東京	庶民のまち十条を守る会	北区	補助73号線	
東京	立川若葉町都市計画道路対策会	立川市	立川3・4・15号線	

東京	玉川上水・すぎなみの会	杉並区	放射5号線	
東京	特定整備路線補助26号線を考える会	板橋区	補助26号線	
東京	都市計画道路田無3・4・7を考える会	西東京市	西東京3・4・7号線	
東京	放射23号線の会	世田谷区	放射23号線	
東京	三鷹3・3・6号線道路を考える会	三鷹市	武蔵野三鷹3・2・6号線	
神奈川	瀬谷区高速道路問題対策協議会	横浜市	横浜環状道路西側区間 横浜市環状3号線	
神奈川	都市計画道路岸谷線と大気汚染を考える会	横浜市	都市計画道路岸谷線	
神奈川	かながわ大気汚染・道路公害連絡会	横浜市	神奈川県内連絡会	
神奈川	横浜環状道路（圏央道）対策連絡協議会	横浜市	横浜環状道路南線（圏央道）	http://renkyoueditor.web.fc2.com/
神奈川	庄戸四町会合同道路委員会	横浜市	横浜環状道路南線（圏央道）	
神奈川	新設道路建設反対委員会	横浜市	横浜環状道路南線（圏央道）	
神奈川	川崎公害患者と家族の会 川崎公害根絶・市民連絡会	川崎市	川崎市内連絡会	http://kawasaki-kougai.net/
神奈川	川崎国道1号線問題協議会	川崎市	国道1号（川崎市区間）	
神奈川	秦野の自然と環境を守る会	秦野市	第二東名高速道路	
山梨	新山梨環状道路北部区間反対連絡協議会	甲府市	新山梨環状道路（北部区間）	
山梨	中部横断自動車道八ヶ岳南麓新ルート沿線住民の会	北杜市	中部横断自動車道（長坂～八千穂）	https://chubuoudando.sakura.ne.jp/
愛知	道路公害反対愛知県民会議	名古屋市	愛知県内連絡会	
愛知	高田町線を考える会	名古屋市	都市計画道路高田町線	

愛知	高速3号線を考える連絡会	名古屋市	名古屋都市高速3号大高線、4号東海線	
愛知	名古屋環状2号線から環境を守る会	名古屋市	名古屋環状2号線（西南部、南部II）	
愛知	名古屋・守山　小幡環状2号線公害反対の会	名古屋市	名古屋環状2号線	
愛知	相生山の自然を守る会	名古屋市	市道弥富相生山線	http://www.aioiyama.org/
愛知	八事天白渓線・東山公園整備を考える会	名古屋市	市道八事天白渓線	東山公園地区都市再生整備計画
愛知	名古屋・天白、緑東南部環状2号線問題懇談会	名古屋市	名古屋環状2号線	
京都	京の道と交通を考えるネットワーク	京都市	京都高速道路 京都第二外環状道路 京都市の交通政策とまちづくり	
大阪	道路公害反対運動大阪連絡会議	大阪市	大阪府下の道路	
大阪	道路公害に反対し東住吉区の環境を守る街づくりを考える連絡会	大阪市	阪神高速大阪泉北線	
大阪	中津リバーサイドコーポの環境を守る会	大阪市	阪神高速2号淀川左岸線	
大阪	第二京阪国道公害反対連絡会議	交野市	第二京阪国道（国道1号バイパス）	
兵庫	阪神間道路問題ネットワーク	西宮市	兵庫県内連絡会	https://blog.goo.ne.jp/piano_tuner_f
奈良	高速道路から世界遺産・平城京を守る会	奈良市	京奈和自動車道	
岡山	高規格道路をみんなで考える会	久米郡美咲町	高規格道路美作岡山道路	
広島	国道二号線沿道の環境を守る会	広島市	国道2号（広島市内）	

広島	「二葉山トンネル」を考える市民連絡協議会	広島市	広島高速5号線	
広島	高速一号線「福木トンネル」地盤沈下被害対策協議会	広島市	広島高速1号線福木トンネル	
広島	福山地域道路ネットワーク	福山市	福山道路（国道2号） 県道福山沼隈道路 福山西環状線（県道津之郷山守線） 福山SAスマートIC	
広島	福山バイパスと区画整理を考える会	福山市		
広島	福山道路・福山西環状線等を考える瀬戸町住民の会	福山市	福山道路（国道2号） 福山西環状線（県道津之郷山守線） 福山SAスマートIC	
山口	岩国大竹道路山手トンネル対策連絡協議会	岩国市	地域高規格道路岩国大竹道路（国道2号バイパス）	
山口	室の木台トンネル対策連絡協議会	岩国市	地域高規格道路岩国大竹道路（国道2号バイパス）	
徳島	とくしま自然観察の会	徳島市	四国横断自動車道	
大分	東九州自動車道予定路線反対期成会	豊前市	東九州自動車道（椎田南～宇佐）	https://ameblo.jp/okamoto-eiichi/

⑶「道路の定義」及び「道路に関連する計画」について

質問／高速自動車国道、一般国道、都道府県道、区市町村道の区分の基準を教えてください

回答／道路法における道路は、１.高速自動車国道、２.一般国道、３.都道府県道、４.市町村道の４つに分類されています（道路法第３条）。

それぞれの道路の定義は、以下のとおりです。

１.高速自動車国道

全国的な自動車交通網の枢要部分を構成し、かつ、政治・経済・文化上特に重要な地域を連絡する道路その他国の利害に特に重大な関係を有する道路【高速自動車国道法第4条】

２.一般国道

高速自動車国道とあわせて全国的な幹線道路網を構成し、かつ一定の法定要件に該当する道路【道路法第5条】

３.都道府県道

地方的な幹線道路網を構成し、かつ一定の法定要件に該当する道路【道路法第7条】

４.市町村道

市町村の区域内に存在する道路【道路法第8条】

質問／「高規格幹線道路」とは何ですか？

回答／高規格幹線道路とは、「高速自動車国道」および「一般国道の自動車専用道路」のことを言います。

これらは一般的に、自動車が高速で走れる構造で造られた自動車専用道路のことを指し、昭和62年6月に閣議決定された第四次全国総合開発計画に高規格幹線道路として位置づけられました。現在下記のとおり、全国の都市・農村地区から概ね1時間程度で利用が可能となるように約14,000㎞の道路網で形成されています。

上記は国土交通省　道路の定義・用語から抜粋したものです。

https://www.mlit.go.jp/road/soudan/soudan_01.html

A-1　高規格幹線道路（14,000km）の構成

道路	距離
高速自動車国道 （東名高速道路、中央自動車道など）	約11,520km
一般国道の自動車専用道路 （首都圏中央連絡自動車道、東海環状自動車道など）	約2,480km （うち本州四国連絡道路 約180km）

A-3　高規格幹線道路の体型、位置づけ

「第四次全国総合開発計画」（昭和62年6月30日　閣議決定）抜粋
（幹線道路）
全国的な自動車交通網を構成する高規格幹線道路網については、高速交通サービスの全国的な普及、主要拠点間の連絡強化を目標とし、地方中枢・中核都市、地域の発展の核となる地方都市及びその周辺地域等からおおむね1時間程度で利用が可能となるよう、およそ1万4千キロメートルで形成する。

「21世紀の国土のグランドデザインー地域の自立の促進と美しい国土の創造ー」（平成10年3月31日　閣議決定）抜粋
（陸上交通網）
国土を縦貫あるいは横断し、全国の主要都市間を連結する14,000kmの高規格幹線道路網とこれを補完し地域相互の交流促進等の役割を担う地域高規格道路が一体となった規格の高い自動車交通網、並びに大都市圏、地方中枢都市圏及び主要な地方中核都市を結ぶ高速鉄道網により、国土の骨格となる基幹的な高速陸上交通網を形成する。このうち、地域高規格道路については、既存ストックの有効活用も含めて、6,000 ～ 8,000kmの整備を進めることを目指す。

「国土形成計画」（平成20年7月4日　閣議決定）抜粋
(1)総合的な陸上交通網の形成
第四次全国総合開発計画や21世紀の国土のグランドデザインにおいては、国土を縦貫あるいは横断し、全国の主要都市間を連結するものとして14,000kmの高規格幹線道路網が構想された。
地域相互の交流促進等の役割を担う地域高規格道路と一体となった規格の高い自動車交通網は、地域の自主性の下に進められる広域ブロックの自立的な発展に向け、大都市圏及び拠点性の高い都市を結ぶ高速鉄道網とともに、基幹的な高速陸上交通網の役割を果たすことが期待される。

4

図　高規格幹線道路網図

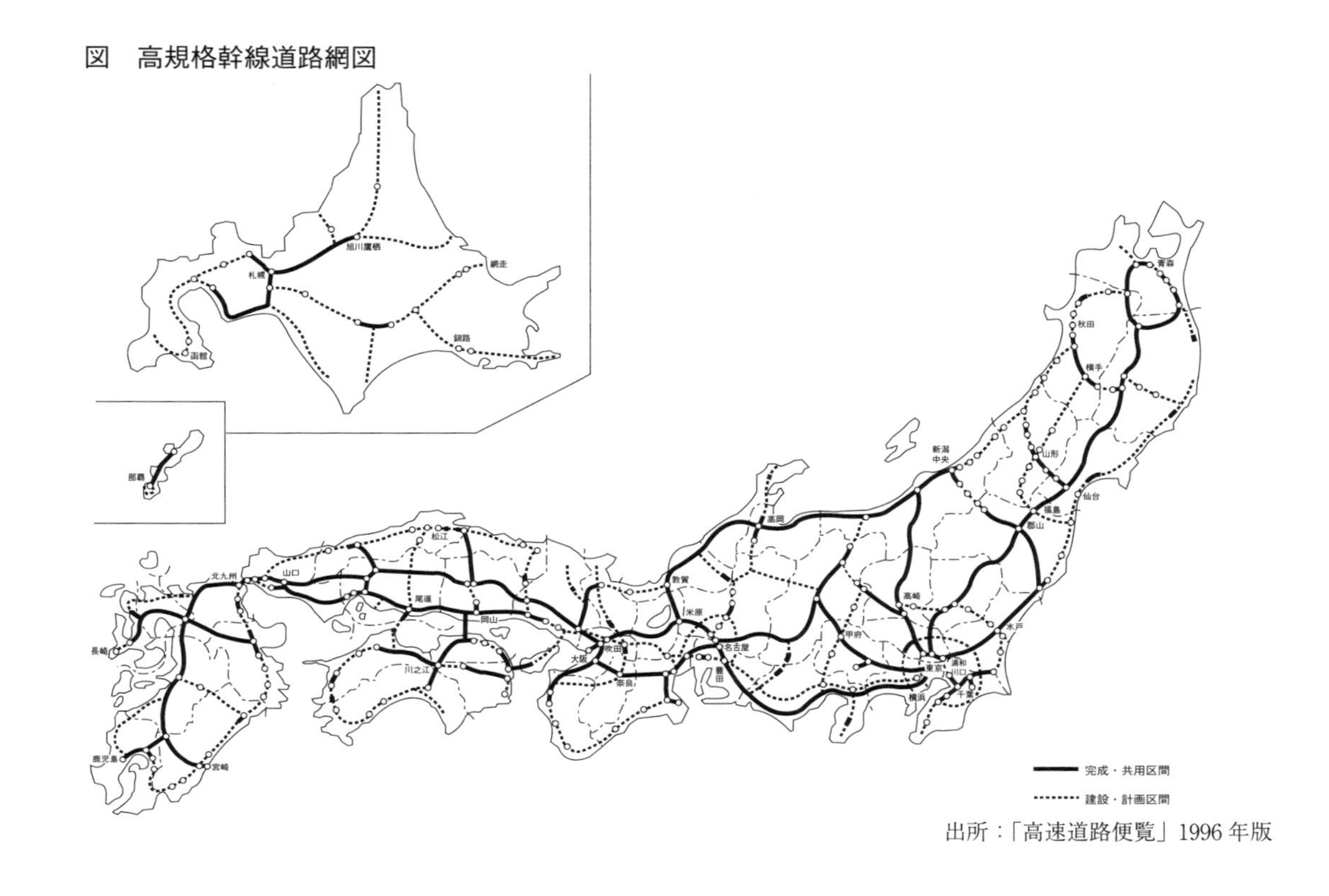

出所：「高速道路便覧」1996年版

B　一般国道自動車専用道路の考え方

一般国道自動車専用道路は、高速自動車国道と一体となって、高規格幹線道路網を構成。

高規格幹線道路　（全体構想：約１４，０００ｋｍ）

高速自動車国道
（全体計画：１１，５２０km）

一般国道自動車専用道路
（全体計画：約２，４８０km）

「新たに高規格幹線道路を構成する路線を、定めることについて」（昭和62年5月28日 諮問）

２１世紀への望ましい国土構造形成の方向を踏まえ道路交通の量的拡大・広域化にこたえていくため、また、高速・定時性といったニーズにこたえていくためには、規格の高い幹線道路網の拡充が必要である。このため既定の国土開発幹線自動車道等及び本州四国連絡道路を含め、これらと一体となって機能する高規格幹線道路網計画を策定し、これに基づき整備を推進していく必要がある。

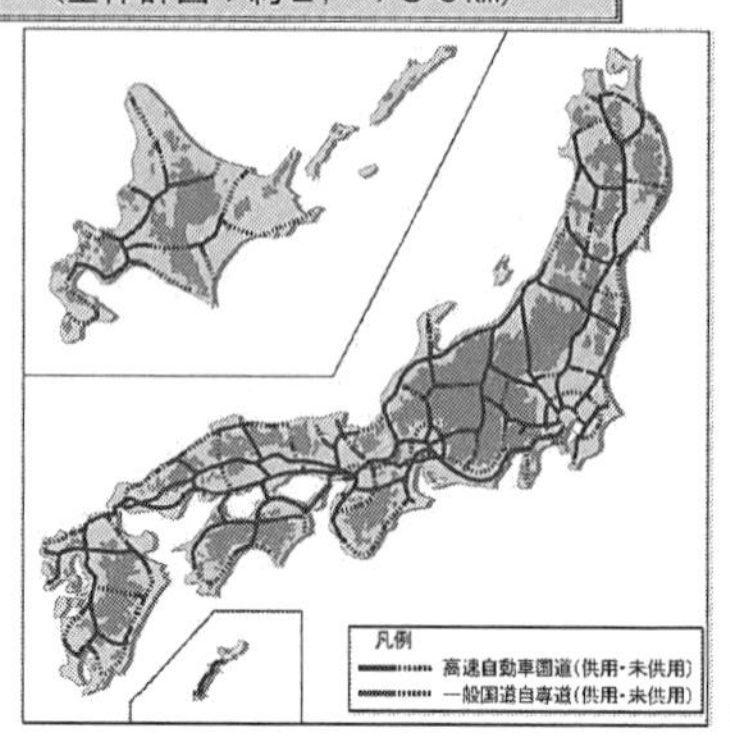

10

C　地域高規格幹線道路について

1. 地域高規格道路は、高規格幹線道路網を補完し地域相互の交流促進等の役割を担う道路であり、具体的には以下の3つの機能を確保するため、地域の実情を踏まえながら、概ね60km/hの旅行速度の確保を目指す。
   1）通勤圏域の拡大や都市と農山村地域との連携の強化による地域集積圏の拡大を図る
   2）高規格幹線道路を補完し、物資の流通、人の交流の活性化を促し地域集積圏間の交流を図る
   3）空港・港湾等の広域的交流拠点や地域開発拠点等との連絡を図る
2. 構造規格は、沿道の土地利用状況や交通特性など地域の事情に合わせて、沿道のアクセスをコントロールするタイプや、サービス速度を確保できる場合は、コスト縮減などの観点から、現道の活用や平面交差を設けることなどができる。

【沿道アクセスコントロール（副道設置）タイプ】　【現道活用のイメージ】

14

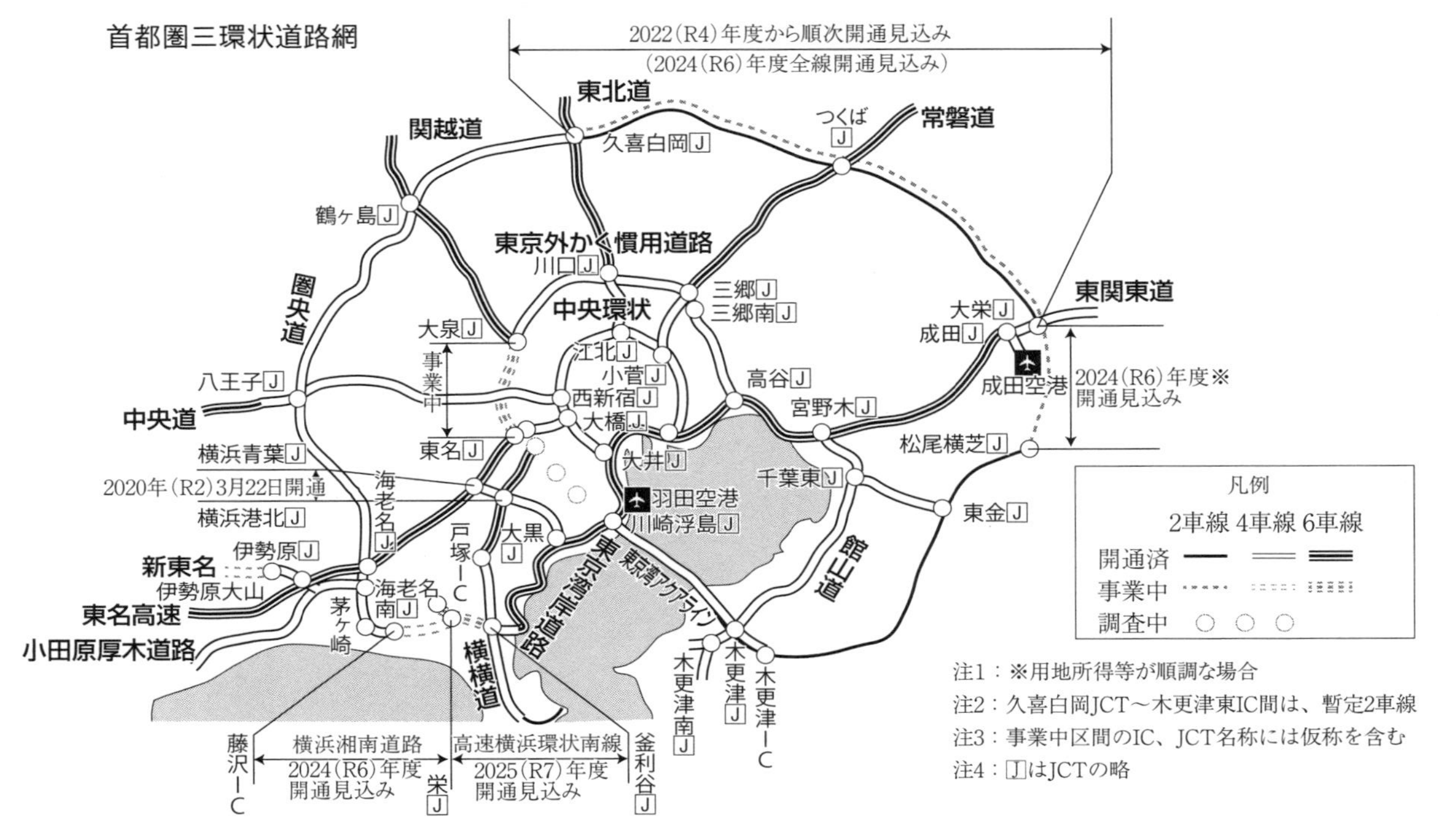
首都圏三環状道路網
2022(R4)年度から順次開通見込み
(2024(R6)年度全線開通見込み)
東北道
関越道
常磐道
つくばJ
久喜白岡J
鶴ヶ島J
東京外かく環状道路
川口J
三郷J
三郷南J
中央環状
圏央道
大泉J
事業中
江北J
小菅J
東関東道
大栄J
成田J
成田空港
2024(R6)年度※
開通見込み
八王子J
中央道
西新宿J
大橋J
高谷J
宮野木J
東名J
松尾横芝J
横浜青葉J
大井J
2020年(R2)3月22日開通
横浜港北J
海老名J
千葉東J
羽田空港
川崎浮島J
東金J
戸塚IC
大黒J
伊勢原J
新東名
伊勢原大山
東名高速
小田原厚木道路
海老名南J
海老名IC
茅ヶ崎
東京湾岸道路
東京湾アクアライン
館山道
横横道
木更津南J
木更津J
木更津IC
藤沢IC
横浜湘南道路
2024(R6)年度
開通見込み
栄J
高速横浜環状南線
2025(R7)年度
開通見込み
釜利谷J
凡例
2車線 4車線 6車線
開通済
事業中
調査中
注1：※用地所得等が順調な場合
注2：久喜白岡JCT～木更津東IC間は、暫定2車線
注3：事業中区間のIC、JCT名称には仮称を含む
注4：[J]はJCTの略

(4)2010年12月日弁連提案「公共事業改革基本法案」骨子(パンフ)

ムダづかいはやめましょう，もう。

公共事業の必要性をチェックする法律を作ろう

公共事業改革基本法のご提案

2012年11月

JFBA 日本弁護士連合会

公共事業をめぐる最近の情勢

「公共事業バラマキ」の動き

2009年に政権に就いた民主党政権は，公共事業改革を試みましたが，整備新幹線，高規格道路，八ッ場ダムなどの事業が「推進」されることになり，政権交代による公共事業の改革は成功しませんでした。2012年，自民党は「10年で200兆円」と事業費の目標も掲げた「国土強靭化基本法案」を国会に提出し，公明党が骨子をまとめた法案も「10年で100兆円」をうたっており，「防災・減災事業」と看板を付け替えて，公共事業を推進しようとする動きがみえています。

「公共事業バラマキ」を許さない社会情勢

① 人口減少

生産年齢人口(15～64歳)は，1995年以降減少傾向にあり，2010年は8173万人ですが，出生中位推計では，2060年には4418万人と推計されています。生産年齢人口の減少は，税収の減少要因であり，また，新設事業の必要性を低下させる要因でもあります。

② 厳しい財政状況

平成23年度の公債残高は676兆円，一般会計歳出に占める国債費の割合は22.8%に達しており，税収額が公債発行額を下回っています。

③ 既存施設の老朽化，更新費用の増大

過去の公共事業で蓄積された社会資本は，高度成長時代に集中的に整備されており，今後，老朽化が急速に進むとされています。図表は，国土交通省所管の社会資本を対象に，今後の維持管理・更新費を推計したものです。今後の投資可能総額の伸びが2010年度以降前年度比±0%で，維持管理・更新に関して今までどおりの対応をした場合，2011年度から2060年度までの50年間に必要な更新費は約190兆円と推計され，そのうち更新できないストック量が約30兆円と試算されています(国土交通省編『平成21年度国土交通白書』35頁)。

(図表)更新費用増加のグラフ　平成21年度国土交通白書の図表66

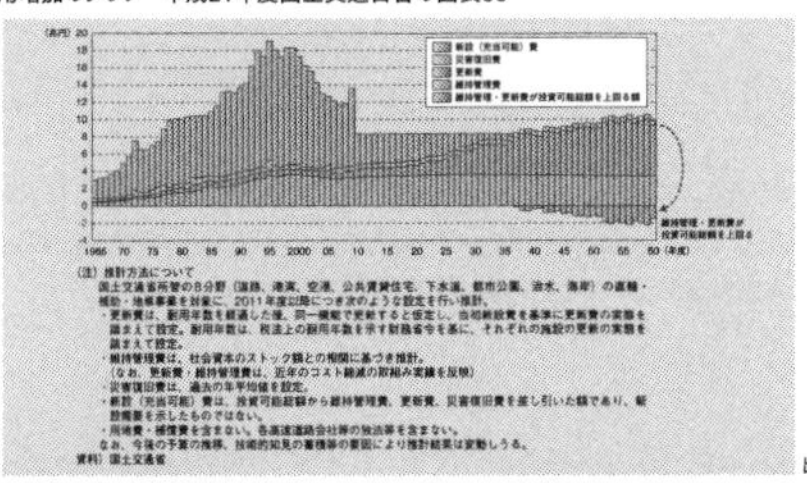

出典：平成21年度国土交通白書

⇒「新設事業」は必要性を厳しくチェックすることがますます重要！

公共事業をチェックする法制度はないの？

公共事業をチェックするために，現在いくつかの法制度がありますが，いずれも，実効的に機能しているとはいえません。

行政自身によるチェック①
～政策評価法による事業再評価制度～

行政機関が行う政策の評価に関する法律（政策評価法）に基づいて，事業者自身による自己評価がなされていますが，2005年時点の実績をみると，事前に不採択が妥当と判断された事業はゼロで，再評価により中止・休止が妥当と判定された事業の割合はわずか1.5％でした。このような傾向は，現在までほとんど変わっていません。

行政自身によるチェック②
～審議会などへの諮問制度～

行政が「第三者」の判断を仰ぐために，「審議会」などに諮問を行うことがありますが，審議会委員の人選や会議の公開など運営のルールについては，閣議決定があるだけで，法律の規制がありません。このため，事業者が，官庁の出身者を審議会の委員に選任したり，会議や議事録を非公開としながら，「審議会で第三者の公正な判断を得た」として，みせかけの「手続的公正さ」を作りだす例が後を絶ちません。

国会によるチェック

公共事業には予算が必要であり，予算審議は国会の権限ですが，日本の予算審議は，一括審議が通例で，特定の事業の予算を議論してチェックし，修正（減額）することは行われません。予算審議に限らず，国会審議自体が形骸化しており，公共事業チェックのための制度的保障として未成熟といわざるをえません。

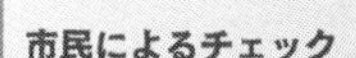

市民によるチェック

公共事業に関する情報は，情報公開法の非開示事由に該当するとか，「不存在」として公開されないことがあり，市民によるチェックを阻んでいます。また，公共事業の意思決定過程において，市民は「対話のパートナー」ではなく「説明する相手」「話を聞く客体」と位置付けられており，市民参加が不十分です。例えば，環境アセスメント（環境影響評価）制度は，本来，事業者と市民が対話して事業の環境負荷を低減させる仕組みですが，日本の制度には「対話」の場がありません。

司法によるチェック

もし,「この公共事業は必要性がない」「公共事業によって失われる自然を守りたい」と考える人がいても,「誰でも」裁判ができるわけではありません。現在は公共事業に関する行政判断を裁判で争う資格（原告適格）が制限されています。また，「圏央道」の工事差止などが争われた裁判において，東京高等裁判所が事業の合理性に疑問を述べつつも「裁量（判断の幅）」の範囲内として行政を勝訴させたことに象徴される，「事業者に甘い裁量審査」は，司法の公共事業チェックに限界があることを改めて明らかにしました。

⇒　新しい法制度が必要！

圏央道・南インターJCT（高尾山側から撮影）

公共事業をチェックする法律をつくろう

公共事業改革基本法（試案）作成の経緯

日弁連は，「持続可能な循環型社会の構築」がひとりひとりの人権実現のために必要であると考え，「持続可能な循環型社会の構築」のための提言を繰り返し行ってきました。

従来の公共事業の中には，「貴重な自然環境を破壊する」とか，「地域の生活や文化を破壊する」といった事業の問題点を指摘する声があっても，いわゆる政官業癒着構造の下で，合理的検証がないまま進められたものがありました。このような状況は，「持続可能な循環型社会の構築」を妨げるものですから，日弁連は，このような公共事業のあり方に警鐘を鳴らしてきました。

公共事業改革基本法（試案）は，公共事業に関するこれまでの日弁連の提言をふまえ，公共事業のあり方を改革する方途を改革法としてまとめあげたものです。

法案の意義　改革法でこんなに変わる！

市民によるチェックが可能になる

～「事業者が勝手に決める」から「事業者が市民と対話しながら決める」へ

情報公開の徹底（第6条など）
市民参加の充実（第5条など）

第三者機関によるチェックが可能になる

～事業の必要性，環境影響などを第三者が客観的，科学的にチェックする

審議会改革（第9条，第10条など）
事業評価審査委員会の設置（第9章）
争訟手続（第74条）

八ッ場ダム関連の工事

公共事業改革基本法（試案）のポイント

※　公共事業改革基本法(試案)全条文は、日弁連のホームページに掲載されています。
http://www.nichibenren.or.jp/library/ja/opinion/report/data/2012/opinion_120614_1.pdf

1　情報公開の徹底

現在は　公共事業の必要性を判断するために必要な情報について，事業者は，意思形成過程に関する情報として公開しないことができます。例えば，立地地点に関する情報も，「土地の買占めなどの弊害」が起こるとして，非公開とされる例があります。

しかし，早い段階で，事業に関する情報が公開されなければ，市民が何も知らされないまま事業が進められ「既成事実」が積み上げられてしまうことにもなりますし，事業者が主張する事業の必要性について，市民が検証することもできません。

改革法ができると　原則としてすべて公開する(第6条)ことになり，市民が事業者と対等な情報を得たうえで事業をチェックし，事業者と対話をすることが可能になります。

2　市民参加の充実

現在は　市民参加の方法として「パブリックコメント」の募集がされたり，「公聴会」が開かれることがありますが，市民から事業者に対し疑問や批判が出されても，事業者から「意味ある応答」がされたり，市民の意見が計画に反映されたりすることは少なく，形だけの手続で，市民の参加に対する意欲をそぐものです。

改革法ができると　市民の参加が「権利」であることを明記しています(第5条(2))ので，事業者は，市民の参加権を実現するために必要な対応をしなければならないことになります。

3　審議会改革

現在は　事業計画について「第三者から専門的知見を得る」ためなどとして，事業者が審議会に対し諮問して，審議会が事業の必要性を認める答申をすることがあります。審議会の答申は，「公平な第三者」の意見として取り扱われますが，実は，審議会の客観性を保障する法律の定めはありません。そのため，審議会の委員に利益相反する者がいたり，審議会の議事録の発言者名が非公開とされている例があります。

改革法ができると　委員の人選に事業者が関与する以上，事業者に都合のいい意見を述べる者を委員に選任するような，恣意的な人選のおそれは常に存在します。改革法は，審議会の公正さを確保するため，事業官庁出身者が委員になることを原則として禁止し(第9条(2))，委員の経歴の公表を義務付ける等，人選の透明性を確保することを保障しています(第9条(4))。また，会議，議事録の完全な公開を義務付けています(第10条(1))。

4　第三者による評価

現在は　行政機関が行う政策の評価に関する法律(政策評価法)にもとづいてなされる，事業者自身による自己評価の仕組みしかありません。2005年時点の実績をみると，この仕組みによって事前に不採択が妥当と判断された事業はゼロで，再評価により中止・休止が妥当と判定された事業の割合はわずか1.5%でした。このような傾向は，現在までほとんど変わっていません。

改革法ができると　事業の必要性などについて，事業者と利害関係のないメンバーで構成される第三者機関「公共事業評価審査委員会」が審査します。客観的な基準による事業の評価が保障され，実効的な見直しがなされることが期待できます。

沖縄やんばるの森～森林整備事業の林道建設～

5　不正行為の禁止

現在は　事業の必要性を根拠づける資料に，虚偽の内容が記載されていることがあります。虚偽が見過ごされると，ほんとうは必要性の低い事業が，必要性の高い事業として継続されてしまうことになります。事業者の不正行為による弊害はきわめて大きいのですが，野放しにされています。

改革法ができると　第23条(1)では，不正行為の禁止を明らかにしました。

6　費用便益分析

現在は　事業者自身が定めたマニュアルに従い，事業者から委託を受けたコンサルタントなどが行っているため，便益が過大に算定される例が少なくありません。公共事業の便益が過大に計算されていることは，会計検査院からも指摘されることがありますが，抜本的な見直しはされていません。

改革法ができると　費用便益分析のマニュアルは，第三者機関である事業評価審査委員会が定めることになりますので，便益が過大に算定されることを抑止し，適正な費用便益分析がなされることが期待できます。

7　中止の場合の措置

現在は　事業の必要性が，計画策定後の事情の変更(人口減少など)によって失われる場合があります。しかし，このような場合でも，事業を中止すると受取済みの補助金を返還しなければいけなくなるとか，事業の実施を前提に地域の社会経済が形成されてしまっていて，事業を中止すると地域が成り立っていかなくなる，という事情から，事業を見直し，中止するという選択の妨げとなることがあります。

改革法ができると　事業が中止された場合，原則として，すでに受け取った補助金は返還する必要がない(第67条)こととして，見直しの判断をしやすくしました。また，中止後の計画地域の生活再建のため，地域振興協議会を設置すること(第71条)など，中止後の生活保障についての仕組みを整備しました。

8　争訟手続

現在は　必要性のない公共事業や，自然環境に悪影響をおよぼす公共事業の計画を中止させたいと考えた人が，誰でも裁判を起こすことができるわけではありません。公共事業について裁判で争う方法は限られており，また，裁判の原告になる資格も制限されています。この「司法アクセス」の貧弱さが，ムダな公共事業が後を絶たない原因の一つです。

改革法ができると　公共事業評価審査委員会の決定に不服申立をした人は，誰でも裁判を起こすことができます(第74条)。

～美しい泡瀬干潟の様子(沖縄県)～

出所：日本弁護士連合会 web サイトより。https://www.nichibenren.or.jp/library/ja/publication/booklet/data/koukyoujigyou.pdf

(5)参考文献一覧

道路（運動）に関する参考図書など　2020/05/31現在
（一部絶版の図書を含む）

図書名	著者など	出版社	価格	初版日
脱・クルマ社会　道路公害対策のすべて	角橋徹也　編	自治体研究社	2500円	1994.9.25
道路の上に緑地ができた	道路公害反対運動全国連絡会　編	文理閣	1700円	1985.11.9
くるま優先から人間優先の道路へ	道路公害反対運動全国連絡会　編	文理閣	2300円	1999.11.20
くるま依存社会からの転換を	道路住民運動全国連絡会議　編	文理閣	2400円	2011.2.1
よみがえれ青い空　川崎公害裁判からまちづくりへ	篠原義仁 編	花伝社	1500円	2007.1.25
クルマと道路の経済学	柴田徳衛+中西哲之　編	大月書店	2100円	1999.9.20
安全な空気を取り戻すために	菱田一雄・嵯峨井　勝	岩波ブックレット	480円	2006.6.6
「国土強靭化」批判	五十嵐慶喜	岩波ブックレット	500円	2013.10.4
異議あり新国立競技場	森まゆみ　編	岩波ブックレット	520円	2014.4.4
守られなかった奇跡の山	高尾山の自然をまもる市民の会　編	岩波ブックレット	640円	2013.12.4
高尾山にトンネルは似合わない	辰濃和男	岩波ブックレット	480円	2002.1.18
道路独裁　官僚支配はどこまで続くか	星野眞三雄	講談社	1900円	2009.9.16
高速無料化が日本を壊す	上岡直見	コモンズ	1800円	2010.2.15
脱・道路の時代	上岡直見	コモンズ	1995円	2007.10.5
「都市再生」がまちをこわす	建設政策研究所　編	自治体研究社	2200円	2004.5.15

防災コミュニティ	中村八郎・森勢郁生・岡西靖	自治体研究社	2095円	2010.4.5
公共事業依存国家	中山徹	自治体研究社	700円	1998.2.20
人口減少時代のまちづくり	中山徹	自治体研究社	2095円	2010.8.6
地域づくりの経済学入門	中山徹	自治体研究社	2600円	2005.8.10
人口減少と大規模開発	中山徹	自治体研究社	1200円	2017.7.20
豊洲新市場・オリンピック村開発の不都合な真実	岩見良太郎・遠藤哲人	自治体研究社	1204円	2017.3.20
住民主権の都市計画	岩見良太郎・波多野憲男　他	自治体研究社	1600円	2019.10.25
豪雨災害と自治体	大阪自治体問題研究所　編	自治体研究社	1600円	2019.1.31
自動車公害根絶、安全・バリアフリーの交通をめざして	大阪から公害をなくす会　編	自治体研究社	1300円	2004.6.1
自動車排ガス汚染とのたたかい	篠原義仁	新日本出版社	1700円	2002.5.5
新たな防災政策への転換	中村八郎	新日本出版社	2200円	2012.5.30
公共事業改革の基本方向	中山徹	新日本出版社	1800円	2001.11.30
市民のための道路学	上岡直見	緑風出版	2400円	2004.7.10
日本を壊す国土強靭化	上岡直見	緑風出版	2500円	2013.7.24
持続可能な交通へ	上岡直見	緑風出版	2400円	2003.7.20
クルマが鉄道を滅ぼした	戸田清	緑風出版	3000円	2006.12.15
暴走を続ける公共事業	横田一	緑風出版	1700円	2003.10.31
政治が歪める公共事業	久慈力・横田一	緑風出版	1900円	1996.8.30
環境を破壊する公共事業	週刊金曜日編集部　編	緑風出版	2200円	1997.9.30
希望を捨てない市民政治	村上稔	緑風出版	2000円	2013.5.15
世界は脱クルマ社会へ	白石忠夫	緑風出版	2000円	2000.11.13
沿線住民は眠れない	海渡雄一・筒井哲郎	緑風出版	1800円	2018.5.28
自動運転の幻想	上岡直見	緑風出版	2500円	2019.6.30
僕の街に「道路怪獣」が来た	山本俊明	緑風出版	2200円	2019.10.10
ディーゼル排ガス汚染	嵯峨井勝	合同出版	1680円	2002.6.10

PM2.5、危惧される健康への影響	嵯峨井勝	本の泉社	1300円	2014.3.4
21世紀社会の将来像と道筋	日本科学者会議21世紀論研究委員会編	本の泉社	1300円	2011.10.20
これならわかる再開発	遠藤哲人	本の泉社	1429円	2011.2.10
公共事業と市民参加	江崎美枝子	学芸出版社	2000円	2007.6.10
道路独裁	星野眞三	講談社	1900円	2009.9.16
天狗さまのお通りだい	舘浩道	光陽出版社	1700円	1996.1.10
環8板橋　怒れ住民	佐藤政美	光陽出版社	952円	2011.9.20
私たちの環8物語	佐藤政美	光陽出版社	1000円	2019.8.15
住宅の真下に巨大トンネルはいらない!	丸山重威	あけび書房	1760円	2018.11.1
公害環境法理論の新たな展開	淡路剛久・寺西俊一　編	日本経済評論社	5500円	1997.4.15
場のまちづくりの理論	岩見良太郎	日本経済評論社	3800円	2012.6.25
再開発は誰のためか	岩見良太郎	日本経済評論社	3500円	2016.10.18
持続可能な交通への経済的アプローチ	兒山真也	日本経済評論社	4600円	2014.3.6
社会資本投資の費用・効果分析法	武藤博巳　監修	東洋経済新報社	2700円	1998.1.1
一歩前へ出る司法	泉徳治・渡辺康行・山元一・新村とわ	日本経済評論社	2700円	2017.1.30
情報公開法 第2版	松井茂記	有斐閣	4840円	2003.12.1
最先端の自治がまちを変える	福嶋浩彦	株式会社朝陽会	1000円	2018.7.1
現代総有論序説	五十嵐慶喜　編著	株式会社ブックエンド	2800円	2014.3.10
都市はどこへ行くのか	五十嵐慶喜	建築資料研究社	1800円	2000.5.3
朽ちるインフラ	根本祐二	日本経済新聞出版社	2000円	2011.5.25
アメリカ大都市の死と生	ジェーン・ジェイコブス	鹿島出版会	3300円	2010.4.30
救国のレジリエンス	藤井聡	講談社	1500円	2012.2.20
「行政暴力」と住民運動	三上富三郎・三上温子	同友館	1400円	1957.2.10
「住民いじめ」との闘い30年	三上富三郎・三上温子	同友館	1600円	1995.3.15

裁判を住民とともに	板井優	熊本日日新聞社	2000円	2011.3.1
新版　裁判官が日本を滅ぼす	門田隆将	ワック新書	933円	2013.6.5
裁判官は訴える!　私たちの大疑問	日本裁判官ネットワーク	講談社ブックス	1800円	1999.9.16
ポスト・モータリゼーション 21世紀の都市と交通戦略	北村隆一	学芸出版社	2300円	2011.12.1
選民たちの宴から住民の自治へ	澤田一郎	創流出版	1500円	2008.12.5
脱ダム、ここに始まる 私が蜂の巣城をつくった	森武徳	NPO法人くまもと地域自治体研究所	1575円	2010.4.21
圏央道建設計画の総合アセスメント	環境アセスメント研究会　多摩地域研究会　編	武蔵野書房	2800円	1988.7.30
クルマよお世話になりました	ケイティ アルヴォード	白水社	2900円	2013.11.5
京滋バイパス運動史	西村忠雄	星雲社	1000円	2019.8.5
〈新書・文庫〉				
自動車の社会的費用	宇沢弘文	岩波新書	700円	1974.6.20
東京の都市計画	越沢明	岩波新書	631円	1991.12.20
公共事業は止まるか	五十嵐慶喜、小川明雄	岩波新書	740円	2001.2.20
道路をどうするか	五十嵐慶喜、小川明雄	岩波新書	740円	2008.12.19
都市再生を問う	五十嵐慶喜、小川明雄	岩波新書	740円	2003.4.18
公共事業をどうするか	五十嵐慶喜、小川明雄	岩波新書	740円	1997.3.21
人間の条件	ハンナ・アレント	ちくま学芸文庫	1500円	1994.10.4
失敗の本質	戸部良一、他	中公文庫	762円	1991.8.10
権利の為の闘争	イェーリング	岩波文庫	350円	1982.10.18
地方消滅の罠	山下祐介	ちくま文庫	990円	2014.12.10
社会を変えるには	小熊英二	講談社現代新書	1300円	2012.8.20
縮小ニッポンの衝撃	NHKスペシャル取材班	講談社現代新書	740円	2017.7.20
都市計画の世界史	日端康雄	講談社現代新書	1050円	2008.3.20
絶望の裁判所	瀬木比呂志	講談社現代新書	946円	2014.2.19

道路の経済学	松下文洋	講談社現代新書	735円	2005.5.20
路面電車ルネッサンス	宇都宮浄人	新潮社新書	680円	2003.9.20
道路整備事業の大罪 道路は地方を変えない	服部圭朗	洋泉社	798円	2009.8.21
都市計画　利権の構図を超えて	五十嵐慶喜、小川明雄	岩波新書	580円	1993.8.20
財政投融資と行政改革	宮脇淳	PHP新書	800円	2001.5.29
論争・道路特定財源	中公新書ラクレ編集部	中公新書ラクレ	680円	2001.10.25
道路公団民営化の内幕	屋山太郎	PHP新書	700円	2004.4.30
高速道路の謎	清水草一	扶桑社新書	740円	2009.9.1

・個人名は著者名、編は共著や編纂責任者名となります。

・『道路整備事業の大罪』（服部圭朗）の中で、その他の参考図書＆資料一覧が記述してあります。

・上記リスト中の著者の他の図書も参考になります。

あとがき

昭和四〇年代初頭の高度度経済成長のもと全国では大型幹線道路が次々に建設され、走行する車からの排気ガスは沿線住民を襲い大気汚染公害が多発した。一九七五年、道路関係の住民団体や公害被害者団体は名古屋で「道路公害をなくし、道路文化を創造しよう」をテーマに全国集会を開催し、今日に至るまで全国の道路関係団体の運動は四五年を超えて続いている。

ある日突然、新聞で道路計画が発表され、説明会会場で配布された資料を見て当該住民は驚愕の事実を知ることとなる。なんと自分の家の上を計画路線が走っているのだ。道路住民運動全国連絡会（道路全国連）には人生の大半を住民運動や裁判に関わった九〇歳を越えた先輩たちを含めた多くの仲間がいるが、誰一人としてその道を好んで選んだ者はいないだろう。道路建設を強行する行政機関への怒り……、やむにやまれぬ思いで立ち上がったのである。

筆者は二〇一九年まで二〇年間、道路全国連事務局長の任にあったため、公共事業や道路関係の重要法案を審議する国会（国土交通委員会）で参考人として意見陳述の機会があったが、その都度、全国の仲間たちの思いを議員や官僚に伝えたものである。

高規格幹線道路は、一九八七年、中曽根内閣時代に第四次全国総合開発計画で閣議決定された一四〇〇〇キロの道路計画である（二〇二〇年六月時点で一二〇〇〇キロが整備済み）。私が関わった首都圏中央連絡自動車道（通称は圏央道）をはじめ全国のあまたの高規格幹線道路に抗する住民運動において、前記の閣議決定は法律に近いほどの重い意味があることを思い知らされた。

二〇二〇年六月、道路事業の法体系について国交省職員との議員レクチャーの場を持ったが、その席で担当職員は、この間の社会経済情勢の変化などは一顧だにせず、この閣議決定にしたがって着実に計画を進めていくと明言。四全総の閣議決定からすでに三〇年以上経過している今もなおその当時の決定通りに事業が進められているのである。自身の三六年の運動の経験から言えることは、国民のための公共事業を行うことのできる政府に替えなければならないということに尽きる。

この四五年史は、全国各地の道路住民運動団体の活動や経験、教訓の紹介はもちろん、四人の専門家にお願いして、この間の研究成果や事例分析を踏まえ、今後の公共事業や道路事業の在り方についての提言を執筆して頂いた。ご協力くださった専門家の皆さまと、専門的な用語や解説を分かり易い表現にする為に力を注いでくれた緑風出版の方々にお礼を申し上げたい。

この冊子が読者の皆さまの今後の様々な場面で役に立つことを祈念する。

前道路全国連事務局長　　橋本良仁

〈著者略歴〉 学者・研究者・弁護士など

中山 徹（なかやま とおる）

1959年、大阪府豊中市生まれ。京都大学大学院工学研究科博士課程修了。工学博士。現在、奈良女子大学生活環境学部教授。大阪自治体問題研究所理事長。専門は都市計画学。主な著書に「人口減少時代のまちづくり」自治体研究社、2010年。「人口減少時代の自治体政策」自治体研究社、2018年。

礒野弥生（いその やよい）

1947年東京生れ 東京都立大学社会科学研究科基礎法学博士課程退学。東京経済大学現代法学部教授を退職。東京経済大学名誉教授。専門は、行政法・環境法。著書に「現代行政法入門」(学陽書房)、共編著「地域と環境政策」(勁草書房) 等。公共事業と参加の課題に関連しては、「SDGsと参加の課題」(環境法研究 32号)、「リニア新幹線と戦略的アセスの課題」『日本の司法—現在と未来』（日本評論社）など。

上岡直見(かみおか なおみ)

1953年東京都生れ。早稲田大学大学院理工学研究科修士課程修了。2000年まで民間企業で化学プラントの設計･安全性評価等に従事。技術士(化学部門)。2001年より法政大学法学部非常勤講師(環境政策)。現職：環境経済研究所（技術士事務所)。著書は「持続可能な交通へ—シナリオ・政策・運動」(緑風出版)「市民のための道路学」(同)「国土強靭化が日本を壊す」(同)など。

小山雄一郎（こやま ゆういちろう）

1972年千葉県松戸市生れ。東京都立大学大学院社会科学研究科博士課程単位取得満期退学。2007年より玉川大学リベラルアーツ学部に勤務。専門は交通社会学および都市社会学。定量的／定性的なフィールド調査を通じて、主に交通網整備過程におけるステイクホルダー間のコミュニケーションのあり方を研究している。

吉田健一（よしだ けんいち）

1953年、群馬県生れ。一橋大学法学部を経て、1980年弁護士登録。以降、三多摩法律事務所(立川市)所属。横田基地騒音公害訴訟、沖縄米軍用地収用事件、圏央道あきる野事件・国分寺道路事件・小平道路事件の各認可取消訴訟、日立製作所解雇・賃金差別事件、京王バス差別事件、痴漢えん罪国賠訴訟などを担当。

足立修一（あだち　しゅういち）
1958年、兵庫県生れ。京都大学法学部を経て、1991年弁護士登録。以降、広島弁護士会に所属。広島国道2号線高架延伸差止訴訟、上関原発公有水面埋立取消訴訟、新石垣空港設置許可処分取消訴訟、岩国爆音訴訟、広島三菱韓国人元徴用工被爆者訴訟、西松建設中国人強制連行訴訟などを担当。

山本俊明（やまもと　としあき）
1955年岡山県岡山市生れ。早稲田大学政治経済学部卒業。時事通信社記者（1980～2020）、シドニー特派員、ニューヨーク特派員、編集委員を歴任。時事総研客員研究員。専門は国際経済。福島原発事故などで論文（「世界」掲載）多数。道路問題の取材にも取り組み2019年に「僕の街に『道路怪獣』が街に来た」（緑風出版）を発表。

※　著者略歴に記載のない原稿は、各地の運動団体（337頁～342頁）にて執筆したものです。

道路住民運動全国連絡会（略称：道路全国連）

全国の道路関係住民運動団体が「道路公害をなくし、道路文化を創造しよう」をスローガンに1975年に第1回全国交流集会を名古屋で開催し、毎年開催地を変えながら交流集会を重ね、第10回交流集会を機に「道路公害反対運動全国連絡会」を結成し、恒常的な各団体の情報交換・交流を開始した。その後、2010年に「道路住民運動全国連絡会」と改称し、各地で頻発する行政と住民とのトラブルや運動の悩みなどの相談にも応じている。

毎年開催している全国交流集会の他、適宜に道路問題や公共事業にかかわるシンポジウムなども開催し、その成果などは声明や提言などで発表している。更に、毎年行われている公害被害者総行動（https://ja-jp.facebook.com/kougaisoukoudo）にも参加し、公害被害者との連携・連帯を踏まえ、公害被害者や公害を無くすための活動も行っている。

道路全国連ホームページ／https://all-road.org/
（当会へのお問い合わせは上記ホームページからお願いいたします）

道路の現在と未来——道路全国連四十五年史

2021年7月20日　初版第1刷発行　　定価2600円＋税

編　者　道路住民運動全国連絡会 ©
発行者　高須次郎
発行所　緑風出版
〒113-0033　東京都文京区本郷2-17-5　ツイン壱岐坂
［電話］03-3812-9420　［FAX］03-3812-7262［郵便振替］00100-9-30776
［E-mail］info@ryokufu.com［URL］http://www.ryokufu.com/

装　幀　斎藤あかね
制　作　R 企 画　　印　刷　中央精版印刷・巣鴨美術印刷
製　本　中央精版印刷　　用　紙　中央精版印刷・巣鴨美術印刷　E1800

ISBN978-4-8461-2113-6　C0036

◎緑風出版の本

■全国どの書店でもご購入いただけます。
■店頭にない場合は、なるべく書店を通じてご注文ください。
■表示価格には消費税が転嫁されます

持続可能な交通へ
~シナリオ・政策・運動
上岡直見著

四六判上製
三〇四頁
2400円

地球温暖化や大気汚染など様々な弊害……。クルマ社会批判だけでは解決にならない。脱クルマの社会システムと持続的に住み良い環境作りのために、生活と自治をキーワードに、具体策を提言。地方自治体等の交通関係者必読!

日本を壊す国土強靭化
上岡直見著

四六判上製
二八四頁
2500円

自民党の推進する「防災・減災に資する国土強靱化基本法案」を総点検し、公共事業のバラマキや、原発再稼働を前提とする強靱化政策は、国民の生命と暮らしを脅かし、国土を破壊するものであることを、実証的に明らかにする。

プロブレムQ&A
どうする? 鉄道の未来
〔増補改訂版〕地域を活性化するために
鉄道まちづくり会議編

A5版変並製
二六四頁
1900円

日本全国で赤字を理由に鉄道の廃止が続出しているが、これでいいのか。日本社会の今後を考えれば、交通問題を根本から見直す必要があるのではないか。本書は地域の鉄道を見直し、その再評価と存続のためのマニュアルである。

脱原発の市民戦略
真実へのアプローチと身を守る法
上岡直見、岡將男著

四六判上製
二七六頁
2400円

脱原発実現には、原発の危険性を訴えると同時に、原発は電力政策やエネルギー政策の面からも不要という数量的な根拠と、経済的にもむだということを明らかにすることが大切。具体的かつ説得力のある市民戦略を提案。